W0332915

Vougar Aslanov

Flut und Sterblichkeit

EDITION
OUTBIRD

Impressum

1. Auflage: 15. November 2024
© Edition Outbird, Gera
www.edition-outbird.de

Covergrafik: Holger Much
Autorenporträt: Privat
Lektorat: Vanessa-Marie Starker, Hannah Rafalski, Tristan Rosenkranz
Buchsatz: Danilo Schreiter, Telescope Verlag

ISBN: 978-3-948887-42-1
Preis: 17,00 €
Alle Rechte vorbehalten.

VORWORT

Die Geschichten von Menschen und Göttern nach den Motiven der Mythen, Sagen und Legenden aus verschiedenen Epochen

Die himmlische und irdische Macht...

Es wird öfter von der Verbindung zwischen der himmlischen und irdischen Macht gesprochen. Je mehr Tyrannei auf der Erde, umso freier das Verhältnis zur himmlischen Macht. Und je tyrannischer die himmlische Macht ist, ein umso freieres Verhältnis hat man zur irdischen Macht. Wenn die Menschen keine Freiheit auf der Erde fanden, konnten sie es sich erlauben, die Götter-Tyrannen zu kritisieren. Je grausamer die Macht auf der Erde war, umso schärfer war auch die Kritik der Götter. Als dann die Religionen mit einem einzigen Gott entstanden waren, konnte man sie nicht mehr kritisieren. Vielleicht hat gerade das die Kritik der irdischen Macht und den Kampf des Menschen um die Freiheit verstärkt. Aber selbst, wenn man einmal auch ein freieres Verhältnis auf der Erde erreicht hatte, konnte man sich trotzdem von der Tyrannei und Willkür des Himmels nicht befreien...

„Geschichten von Menschen und Göttern“ ist ein Zyklus von Erzählungen, die ich nach den Motiven der Mythen, Sagen und Legenden aus verschiedenen Epochen und Kulturen geschrieben habe.

Die Überlieferungen aus den alten Zeiten sind nicht gleich: Eine Legende hat eher einen lokalen Charakter und ist mit einem Ereignis, mit einer Geschichte aus einem bestimmten Ort verbunden. Die Sagen sind zumeist Helden- und Liebesgeschichten, die Märchen können dabei als Endstoff betrachtet werden, da sie in der Regel später entstanden sind. Ich halte unter allen Überlieferungen die Mythen für wichtiger, weil diese irgendwann in alten Zeiten einen Grundstoff gebildet hatten, worin es öfter um die Entstehung der Welt und göttlichen Weltordnung ging. Die alten Religionen waren auch fast immer aus diesem Grundstoff entwickelt, daher hatten die Mythen, neben den Sagen über die Götter und Helden, immer einen größeren Einfluss auf die Menschen, als die anderen Überlieferungen.

Ich bin auch überzeugt, dass das Geheimnis der Welt in den Mythen verschlüsselt ist. Wer aber mit den Mythen arbeitet, ähnelt einem Dompteur, der Löwen dressiert. So wie in jedem Augenblick ein Dompteur von Löwen zerrissen werden kann, kann auch ein Mensch, der mit den alten Mythen arbeitet, von ihnen verschlungen werden. Er gleicht auch einem Taucher, der zu tief ins Meer hinabtaucht, viele kehren nie wieder zurück. Wie ein mächtiger Ozean eine Stadt überschwemmt, so können auch die Mythen die Persönlichkeit des Menschen überfluten. Wodurch wird dies verursacht? Hat man erst einmal die Kraft, Energie und Schönheit, die in Mythen versteckt sind, entdeckt, kann man davon fasziniert werden. Sie können sich aber nicht vorstellen, was für ein Risiko Sie eingehen, wenn Sie tief in einen Mythos eintauchen. In der Welt der Mythen herrscht eine feste Ordnung, es gibt keine Frage, die sie nicht beantworten.

Ergreifen die Mythen jedoch die Macht über Ihre Persönlichkeit, wird die Faszination zur unstillbaren Sehnsucht, die Begeisterung zur wahren Besessenheit. Das ist die große Gefahr. Deshalb will wohl überlegt sein, ob man sich in einen Mythos vertieft oder es besser sein lässt.

Dennoch gehen manche diesen gefährlichen, abenteuerlichen Weg.

FLUT UND STERBLICHKEIT

Nach Motiven der sumerisch-akkadischen und babylonischen Mythen

In Uruk, im Tempel des Obergottes Enlils, versammelte eines Tages der Oberpriester Kuntesch seine Gemeinde um sich. Er trommelte, als ob es im Himmel donnere, er rief so laut und so rasend nach den Göttern, als wolle er diese auf den Altar niederbringen. Indes er weiter trommelte, verkündete Kuntesch: „Oh, wie groß waren die Taten in der Vergangenheit! Einst gab es eine Flut, eine solch mächtige Flut, dass die ganze Erde tief unter Wasser stand. Es gibt eine Vorgeschichte, warum es zu dieser Flut gekommen war. Daher muss ich alles von Anfang an erzählen. Am Anfang war nur ein tiefer Abgrund, in dessen Tiefe Wasser floss, und der göttliche Geist flog über das Wasser. Durch diesen Flug wurde das Wasser schwanger und gebar einen Berg. Dieser war die Mutter Erde, die ihrerseits bald den Gott Himmel gebar. Bald wurde Mutter Erde vom Himmel geschwängert und gebar die Götter, deren ältester Enlil war. Enlil mochte seinen Vater Himmel nicht; dieser lag nur untätig in den Armen seiner Mutter und Frau Erde.

Eines Tages nahm Enlil ein Messer und trennte die beiden, so ging der Himmel hinauf und die Erde blieb unten. Danach tötete Enlil den Drachen Tiamat und schuf aus dessen Leib und Blut die Welt ringsum. Unsterblich wurden die Götter geschaffen und sie lebten sorgenfrei. Als jedoch einst ihr Vorrat an Essen und Trinken zu Ende ging, wurden sie nachdenklich: Sollten sie nicht ein Wesen schaffen, das ihnen ähnlich wäre und für sie arbeitete? Das sollte jedoch ein schwaches Wesen sein, das ihnen dienen und für sie arbeiten würde; so müssten sie selbst nicht arbeiten und ans tägliche Brot denken. Im Götterrat, den der große Gott Enlil leitete, wurde entschieden, ein Wesen ähnlich den Göttern zu schaffen, das aber viel schwächer sein müsste als die Götter und auch sterblich, damit es sich leicht unterordnen ließe. Dieses neue Wesen dürfte nicht im Himmel, sondern auf der Erde leben. Man fand auch einen Namen für dieses Wesen: Mensch. Er musste alle Schwierigkeiten des Lebens auf der Erde bewältigen, arbeiten, Tiere halten, ackern und ernten, den größten Teil der Ernte aber den Göttern zum Opfer bringen. So begann das Leben des Menschens auf der Erde, das voll von schweren Mühen und Sorgen, versehen mit Trauer und Kummer war. Die Götter wollten, dass dieses Wesen einen Nachkommen bekommt und waren bereit, nun seinen weiblichen Teil zu schaffen. Als der Mann im Schlaf war, machten sie zunächst aus seinem Bein eine Frau, dann aus seinem Arm, dann aus seinem Ohr. Aber jedes Mal sah der Mann sehr schlecht und hilflos aus ohne dieses oder jenes Körperteil. Dann entschieden sich die Götter, eine Frau aus seiner Rippe zu schaffen; es würde niemand sehen, dass in seinem Leib eine Rippe fehlt, dachten sie. Der Mann erzog mit dieser Frau die Kinder und die Menschen vermehrten sich immer weiter auf der Erde. Aber das Schicksal des Menschen war weiterhin von den Göttern abhängig, er war kein Herr über sich; das, was er hatte, auch seine Familie, gehörte ihm nur im Laufe seines Lebens. Der Preis für alle seine schweren Mühen und Leiden, die er ertragen musste, war der Tod, der nach einem kurzen Aufenthalt auf der Erde folgte und ihm alles wieder entzog. Ja schwer, sogar unerträglich war das Leben des Menschen auf der Erde, dennoch wollten die Götter daran nichts ändern; sie verlangten vom Menschen weiter treuen Dienst, Beten und das Bringen von Opfern, und das alles, während er sie für ihr sorgloses und sattes Leben versorgen musste."

Der Oberpriester Kuntesch trommelte ein weiteres Mal sehr laut und leidenschaftlich und rief wieder sehr heftig nach den Göttern; derweil waren jetzt in seiner Stimme mehr Trauer als Freude, mehr Enttäuschung als Begeisterung zu hören...

Die Großgöttin Inanna war alleiniger Trost für die Menschen. Sie stand ihnen am nächsten. Die ganze Nacht strahlte sie und schickte ihnen ihre Liebe und blieb bis zum Morgengrauen im Himmel. Die Liebesgöttin wollte dadurch den Menschen das Leben erleichtern, dass sie sich der Liebe hingaben und für eine Zeit vergaßen, welch schweres Schicksal sie hatten. Eines Nachts stand die Großgöttin Inanna wieder am Himmel und schaute sich um: Der ganze Himmel war von ihren Strahlen erhellt, die Erde schwamm im Licht, das sie nach unten schickte. Die Liebesgöttin ward stolz und fröhlich und sprach: „Ich bin Königin des Himmels, die Herrin der Länder, der Stern des Sonnenaufgangs. Alles ist mir untergeordnet, im Himmel und auf der Erde."

Doch als sie sich an die Unterwelt erinnerte, wurde sie nachdenklich. Im Totenreich herrschte ihre ältere Schwester Göttin Ereschkigal und das war eine Welt, in die Inanna nicht dringen konnte.

„Nein", sagte die Liebesgöttin. „So darf es fürderhin nicht länger bleiben: Meine Schwester quält die armen Toten, die es sehr schwer haben. Auch die Toten brauchen Licht und Liebe."

So entschied sich Inanna, in die Unterwelt hinabzusteigen, ohne jemandem etwas davon zu sagen, außer ihrem Diener Ninschpur, dem die Liebesgöttin erzählte, dass sie für eine kurze Zeit ihre Schwester im Totenreich besuchen wolle. So stieg Inanna in die Unterwelt hinab, verharrte vor dem Tor und wartete, bis der Wächter des Tores nahte.

„Heh, Wächter!", rief sie laut und fröhlich. „Öffne mir das Tor! Ich will dort hinein!"

„Wer bist du?", fragte der Wächter erstaunt. „Noch nie habe ich erlebt, dass jemand hier so laut rief."

„Ich bin Königin des Himmels, die Herrin der Länder, der Stern des Sonnenaufgangs. Alles ist mir untergeordnet, im Himmel und auf der Erde", sprach die Göttin feierlich und würdevoll.

„Wenn du die Königin des Himmels, die Herrin der Länder und der Stern des Sonnenaufgangs bist, was sucht du dann hier im Totenreich?", fragte der Wächter wieder erstaunt. „Hier gelten andere Gesetze und der Wille der Großgöttin Ereschkigal steht über allem. Nur sie kann dir erlauben, hereinzukommen."

„Ereschkigal ist meine ältere Schwester", antwortete die Liebesgöttin. „Ich bedauere es sehr, dass sie ewig in der Unterwelt verweilen muss. Dies will ich nun ändern. Meine Stärke, mein Licht reichen aus, um auch die Unterwelt zu erhellen, den Toten und meiner Schwester selbst will ich das Licht bringen, in ihren Herzen will ich die Liebe erregen, sie alle wieder glücklich machen. Trauer erfüllt sonst mein Herz, Wächter! Wenn ich von oben hinunterblicke und an das dunkle Totenreich denke, schmerzt es mich sehr. Es muss nicht mehr so bleiben! Sag meiner Schwester, der Göttin Ereschkigal, Bescheid, dass ich hergekommen bin, um das zu ändern. Sag ihr, dass sie mich hereinlässt, damit ich alle wieder glücklich mache."

Kopfschüttelnd ließ sie der Wächter alleine vor dem Tor zurück, trat vor Ereschkigal und berichtete alles der Herrin der Unterwelt.

Wie immer war Ereschkigal nicht alleine, sie saß umringt von zehn Richtern. Die Nachricht des Torwächters erzürnte sie sehr.

„Habt ihr dies alle gehört?!", fragte die Herrscherin des Totenreichs die Richter. „Meine kleine Schwester kommt hierher, um uns und unsere Toten glücklich zu machen! Macht will sie nun auch im Totenreich gewinnen! Sie vergisst jedoch, dass unser Vater, der große Enlil, unsere Aufgaben einst verteilt hat: Ihr gab er die Macht im Himmel, um ihn am längsten zu beleuchten, mich schickte er hierher, um das Totenreich zu regieren. Mit keinem Wort zweifelte ich an seiner Entscheidung, denn es war der Wille des großen Enlil; ich übernahm gehorsam meine Aufgabe und erfülle sie hier. Was will aber Inanna in Wahrheit? Sind für sie vielleicht zu wenige Männer im Himmel und auf der Erde? Sucht sie jetzt die Männer auch im Totenreich?"

Die Göttin Ereschkigal überlegte kurz und fragte dann den Wächter: „Wie ist sie gekleidet?"

„Die Göttin Inanna trägt sieben wunderschöne Kleider, oh Göttin Ereschkigal!", antwortete der Torwächter.

„Diese sind die sieben göttlichen Gesetze, die diese Leichtfertige unserem Vater Enlil gestohlen hat!“, sprach Ereschkigal empört. „Trunken machte sie einst den großen Enlil und raubte ihm diese Gesetze. Solange sie jedoch diese Gesetze trägt, ist sie unantastbar. Heh, Torwächter, gehe zurück und sage ihr, die Gesetze der Unterwelt seien unveränderbar. Hier kann man nur nackt eintreten. Daher soll sie ihre schönen Kleider vor dem Tor lassen.“

Der Wächter ging zurück zum Tor und teilte Inanna alles mit; die Liebesgöttin war darauf sehr enttäuscht. „Meine sieben Kleider, die ich übereinander angezogen habe, geben mir nicht nur Schutz, sondern bedeuten immer aufs Neue, dass die Liebe über allem steht, auch über den Gesetzen. Wenn sie mich jedoch unbedingt nackt sehen will, werde ich mich ausziehen und lasse meine Kleider vor dem Tor. Sieht sie erst meinen schönen Körper, so wird sie besser verstehen, was Schönheit bedeutet und weshalb diese auch in ihrem Totenreich herrschen sollte.“

Sie ließ ihre sieben schönen Kleider vor dem Tor und ging hinein. Der Wächter brachte sie zu Ereschkigal und ihren Richtern. So beeindruckt waren die Richter von der Schönheit der Liebesgöttin, dass sie nicht aufhören konnten, ihren nackten Körper zu betrachten. Das machte Ereschkigal noch wütender.

„Ah, meine kleine Schwester“, begrüßte sie Inanna, „sei willkommen im Totenreich. Lange Zeit habe ich dich nicht gesehen und bin sehr froh darüber, dass du gekommen bist, um deine ältere Schwester zu besuchen. Wie komme ich aber zur Ehre, von dir besucht zu werden, meine liebe Schwester? Was hat dich hergeführt?“

„Ereschkigal, meine liebe Schwester! Nicht unser Vater Enlil regiert die Welt, sondern die Liebe! Das bewegt Götter und Göttinnen im Himmel, die Menschen und die Tiere, von den Ameisen bis zu den Elefanten, alles Lebendige auf der Erde! Ob im Himmel oder auf der Erde, alles ist der Liebe untergeordnet. Auch der große Enlil selbst! Er kann mit mir nicht lange reden; dann läuft er weg, um sich vor den Strahlen meiner alles durchdringenden Liebe zu retten..."

„Einst hast du den großen Enlil betrunken gemacht und ihm die Gesetze gestohlen, kleine Schwester, das weiß ich..."

„Trunken war er dereinst nicht vom Wein, den wir zusammen genossen, es waren meine Liebesstrahlen, die ihm die Sinne raubten. Deswegen scheut er es seitdem, sich lange mit mir zu unterhalten..."

„Aber, kleine Schwester, sag mir, warum du gekommen bist? Was sucht so eine Schöne, vor Liebe Strahlende hier im Totenreich?"

„Meine liebe Schwester Ereschkigal, höre meine Worte: Heute des Nachts stand ich oben und freute mich darauf, wie man sich im Himmel und auf der Erde der Liebe hingeben würde. Ich erkannte plötzlich, dass nicht Enlil, sondern die Liebe den Himmel und die Welt regiert. Dann dachte ich an die Unterwelt, an jene armen unglücklichen Toten, die als einzige von der Liebe nichts haben..."

„Das sind die Gesetze, die unser Vater – der große Enlil – festgelegt hat, kleine Schwester!"

„Wer ist aber unser Vater Enlil? Er ist ein alter, greisenhafter Gott, der selbst des Öfteren nicht mehr weiß, was er tut. Einmal wollte er die Menschen und auch alles Lebendige auf der Erde vernichten. Wie lange flehte ich ihn an, dies nicht zu tun, jedoch hörte er mir nicht zu. Gelang es ihm dann schließlich, die Menschen zu vernichten? Nein."

„Höre, kleine Schwester: Ich habe kein Recht und keine Macht, um über die Gesetze und Taten des großen Enlils zu richten. Meine Aufgabe ist einzig, seine Gesetze und Befehle getreu zu erfüllen!"

„Meine liebe Schwester Ereschkigal! Wozu brauchen wir, sag mir, diesen alten verblödeten Enlil? Die Welt regiere ich, alles ist im Himmel und auf der Erde meinem Willen unterworfen, der Liebe untergeordnet. Ich beherrsche auch die Gesetze Enlils, die ich jetzt vor dem Tor liegen lassen habe. Lass mich die Macht mit dir teilen. Wir, als Göttinnen verschwistert, werden Himmel, Erde und Unterwelt regieren. Erlaube mir nur, auch dein Reich zu erhellen, meine Liebestrahlen auch hier eindringen zu lassen. Auch die Toten sollen wissen, was Liebe bedeutet und glücklich sein in deinem Reich. Einzig die Macht fehlt mir in deinem Reich!"

„Jetzt habe ich dich gut verstanden, kleine Schwester! Du selbst willst Herrscherin von allem sein, unseren Vater, den großen Enlil stürzen, und mich rufst du zur Verschwörung gegen ihn auf! Du hast aber eins vergessen: Wer hat mich und dich erschaffen? Wer hat mir und dir unsere Aufgaben zugeteilt? Nein, Schwester, ich kann gegen den Willen des großen Enlils nicht angehen: Seine Gesetze sind unverletzbar und ein jeder muss sie erfüllen, ob Gott, Mensch oder Tier. Denkst du, dass es mir gefällt, ewig hier in der Unterwelt zu verweilen? Als Enlil die Aufgaben verteilte, machte er mich zur Göttin der Unterwelt, weil er dich, seine Liebste unter den Töchtern, zur Liebesgöttin machen wollte. Ich sagte nichts dazu, ich unterwarf mich dem Willen unseres Vaters und seitdem erfülle ich hier meine Aufgabe. Du bist aber verwöhnt durch ihn, tust alles, was du willst, im Himmel und auf der Erde, und jetzt willst du Enlil stürzen und auch mir mein Reich streitig machen?"

„Meine liebe Schwester Ereschkigal! Hör mich an!", bat Inanna die Herrscherin des Totenreichs.

„Nein, kleine Schwester, ich habe dir schon lange genug zugehört. Meine Richter werden jetzt entscheiden, was mit dir geschehen soll".

Nun hörten alle Richter Ereschkigal aufmerksam zu und schauten die nackte Inanna nicht mehr an.

„Ihr Richter, entscheidet nun, ob Inanna schuldig ist: Hat sie versucht, euch, die Richter des Totenreichs, zu verführen? Hat sie mich zur Verschwörung gegen den großen Enlil aufgerufen? Hatte sie die Absicht, mir die Macht über die Unterwelt zu entreißen?"

„Ja", sagten alle Richter. „Das alles hat sie vor unseren Augen getan. Sie ist schuldig!"

„Kann man die Gesetze des Totenreichs ändern?", fragte die Göttin Ereschkigal.

„Nein", antworteten alle Richter. „Man kann die Gesetze des Totenreichs nicht ändern! Sie gelten gleich für Menschen und Götter!"

„Lasst dann euer Urteil für Inanna hören, für die leichtsinnige Tochter des großen Enlil."

"Tod!", schrien alle Richter. „Sie hat den Tod verdient!"

„Was sagt ihr?", empörte sich Inanna. „Ich bin die Königin des Himmels, Herrin der Länder, der Stern des Sonnenaufgangs. Alles ist mir untergeordnet, im Himmel und auf der Erde..."

„Aber kleine Schwester, du bist jetzt in der Unterwelt. Die Gesetze der Unterwelt sind unerschütterlich. Du hast diese Gesetze verletzt. Es führt kein Weg zurück, wenn man einmal in die Unterwelt eingetreten ist."

„Du bedenkst nicht die Folgen, meine liebe Schwester Ereschkigal!", warnte Inanna die Herrscherin des Totenreichs.

„Hast du je an die Folgen deiner Tat gedacht, kleine Schwester?", fragte Ereschkigal. „Du hast gegen die Gesetze der Unterwelt verstoßen, dein Todesurteil ist eine Bestrafung dafür. Es reicht aber jetzt! Herbei, meine Helfer! Vollstreckt das Urteil der Richter!"

Die Helfer der Göttin Ereschkigal waren die Dämonen, die schnell hereinkamen. Sie nahmen Inanna und schlugen sie mit großen Nägeln an eine Säule, die bereit stand. So starb selbst die schutzlose Liebesgöttin, die den Toten helfen wollte.

Inannas Diener Ninschpur war beunruhigt, als er bemerkt hatte, dass die Rückkehr der Liebesgöttin aus der Unterwelt auf sich warten ließ. „Vielleicht wollte sie auf ihrem Weg auch die Erde besuchen?", dachte er und machte sich auf, seine Herrin zu suchen.

Was aber Ninschpur dieses Mal auf der Erde erlebte, erschreckte ihn derart, dass er schnell wieder in den Himmel zurückkehrte und nach dem Obergott Enlil suchte.

„Enlil, oh großer Enlil!", schrie Inannas Diener lauthals und suchte überall nach dem Obergott.

Enlil hörte das Geschrei und war sehr empört über Ninschpur.

„Was ist denn los? Wieso schreist du so laut?", fragte ihn Enlil.

„Ein Unglück, ein großes Unglück ist geschehen, oh großer Enlil!", sagte Ninschpur. „Die Großgöttin Inanna ist tot."

„Woher weiß du das?“, fragte ihn Enlil.

„Meine Herrin ging in die Unterwelt, um dort ihre Schwester, die Göttin Ereschkigal zu besuchen. Es scheint, als habe die Herrscherin des Totenreichs auch ihr das Leben genommen...“

Diese Nachricht erstaunte jedoch den Obergott nicht.

„Ja, das stimmt, Ninschpur! Ich weiß, dass meine Tochter Inanna tot ist. Sie hat das aber verdient. Was hatte sie im Totenreich zu suchen? Ohne jemanden vorher zu fragen, stieg sie dort hinab und rief ihre Schwester Ereschkigal zur Verschwörung gegen mich auf; sie wollte mich stürzen und selbst überall, auch in der Unterwelt, herrschen. Ereschkigal unterstützte sie aber nicht. Sie ist anders, völlig anders als Inanna. Ereschkigal hat Inanna hinrichten lassen, weil sie gegen die Gesetze der Unterwelt verstoßen hat. Ich war schon selbst sehr verärgert über Inanna. Sag mir, ob jemand sie wirklich mag: Im Himmel sind die Göttinnen über sie erzürnt, auf der Erde sind es die Frauen; sie sagen, dass Inanna ihre Männer schamlos verführe. Sie ist sehr leichtsinnig, und mich selbst hat sie ein paar Mal betrogen. Also hat sie die Strafe verdient und niemand will Inanna mehr haben.“

Ninschpur gab sich mit dieser Antwort nicht zufrieden und sprach zu dem Gottvater: „Ich sah zunächst, dass kein Gott mit einer Göttin zusammen war, aber achtete darauf nicht allzu viel. Da die Göttin Inanna aber sehr lange nicht zurückkam, vermutete ich, sie habe vielleicht auf dem Rückweg noch die Menschen besucht und machte mich auf den Weg zur Erde. Dort traf ich zunächst einen Mann, der seine Frau verlassen wollte. Die Frau wollte ihn halten, sie versprach ihrem Mann alles Mögliche in Liebesdingen, der Mann war jedoch davon nicht beeindruckt und verließ sie schließlich. Das hat mich verwundert, weil ich früher so etwas nie erlebt hatte. Dann ging ich weiter und traf einen Stier und eine Kuh. Es war wieder umgekehrt: Nicht der Stier lief der Kuh hinterher, sondern die Kuh ihm. Sie wollte den Stier festhalten und zum Bespringen einladen, aber der Stier wollte das nicht und rannte weg. Da habe ich verstanden, dass die Göttin Inanna tot ist. Oh großer Enlil, überlege, was geschieht, wenn die Liebesgöttin nicht mehr von den Toten aufersteht? Die Götter gehen nicht mehr zu den Göttinnen, Männer gehen nicht mehr zu ihren Frauen, die Stiere nicht zu ihren Kühen, die Hähne nicht zu ihren Hühnern. Himmel und Erde werden zusammenstürzen, wenn die Liebe nicht mehr da ist; denn sie ist es nämlich, die alles zusammenhält."

„Daran habe ich wirklich nicht gedacht. Du bist wirklich klug, Ninschpur! Ohne Inanna, ohne die Liebesgöttin, dank der alles zusammenhält, werden Himmel und Erde wirklich zusammenbrechen."

Nun besann sich der große Enlil und sprach dann wieder zu Ninschpur:

„Ich sollte dem Götterrat diese Frage stellen, aber es bleibt keine Zeit mehr dafür. Deswegen entscheide ich dieses Mal alleine: Geh jetzt zum Tor der Unterwelt und übermittle der Göttin Ereschkigal meinen Willen. Sie muss dringend Inanna frei lassen, damit die Liebesgöttin wieder ihre Aufgaben erfüllen kann."

Dann gab der Obergott dem Diener Inannas ein paar Tropfen vom Lebenswasser, das er alleine im Besitz hatte.

Ninschpur war sehr glücklich und eilte in die Unterwelt.

„Heh, Torwächter“, schrie Ninschpur laut und freudig, als er vor dem Tor stand. „Die Göttin Ereschkigal soll die Liebesgöttin Inanna wieder frei lassen und dies sofort! Das hat der große Enlil befohlen!“

Der Wächter lachte höhnisch: „Ha-ha! Inanna! Wir haben deine Liebesgöttin gesehen. Sie sagte: ‚Ich bin die Königin des Himmels, die Herrin der Länder, der Stern des Sonnenaufgangs. Alles ist mir untergeordnet, im Himmel und auf der Erde.‘ Und was ist jetzt? Sie hängt hier tot an der Säule. Auch sei du nicht so laut! Vergiss nicht, wo du dich befindest: vor dem Eingangstor ins Totenreich! Hier gibt es keine Gnade für die Stolzen und Lauten!“, sprach der Torwächter.

„Lieber Torwächter...“, Ninschpur senkte jetzt seine Stimme. „Bitte gib diesen Befehl des großen Enlil weiter an deine Herrin, die Großgöttin Ereschkigal. Enlil hat gesprochen: Ereschkigal müsse Inanna sofort frei lassen, damit die Liebesgöttin ihre Aufgaben wieder erfüllen könne.“

„Ja, jetzt verstehe ich dich und ich gehe nun zu der Großgöttin, um ihr Bescheid darüber zu geben“, sagte der Torwächter und ging.

Wie eingeschüchtert aber war der arme Ninschpur, als der Torwächter nach einer Weile mit der Göttin Ereschkigal zurückkam. Der Gesichtsausdruck der Herrscherin des Totenreichs war erschreckend und bedrohlich. Die Dämonen, die hinter ihr herliefen, so furchteinflößend, dass er am liebsten sofort davongelaufen wäre. Als er aber sah, wie die Dämonen die Leiche der Liebesgöttin zum Tor trugen, vergaß er alles; die Liebesgöttin war auch tot unglaublich schön, sogar das zarte Lächeln hatte ihr Gesicht nicht verlassen.

Ereschkigal stand hinter dem Tor und sagte: „Ninschpur, hör mir gut zu: Ich und meine Richter haben beschlossen, den Willen des großen Enlil zu erfüllen. Inanna wird freigelassen. Aber für sie muss ein gleichwertiger Ersatz gegeben werden."

Hierauf brachten Ereschkigals Dämonen Inannas Leiche hinaus aus dem Totenreich und legten sie vor Ninschpur nieder. Als die nackte und tote Liebesgöttin vor Ninschpur lag, konnte er nicht mehr an sich halten und weinte laut. Dann fand er Inannas Kleider, die ringsum verstreut waren, und kleidete sie damit an. Danach schüttete er die Tropfen des Lebenswassers, die ihm Enlil gegeben hatte, aus seinem Mund auf ihren Körper, und die Liebesgöttin kam langsam wieder zu sich.

„Wo bin ich?", fragte Inanna.

Dann erkannte sie Ninschpur: „Ninschpur! Was suchen wir hier? Das ist doch das Totenreich!"

Ereschkigal, ihre Dämonen und der Torwächter lachten lauthals, als sie Inannas Worte hörten.

„Dich hat niemand hier eingeladen, kleine Schwester", sagte Ereschkigal, stehend hinter dem Tor des Totenreichs. „Du kamst von alleine zu uns, nach deinem eigenen Willen. Du hast danach gegen die harten Gesetze des Totenreiches verstoßen und dafür wurdest du bestraft!"

„Langsam kehrt mein Gedächtnis zurück", sprach die Liebesgöttin. "Ihr habt mich gezwungen, mich auszuziehen und so schutzlos zu werden. Und danach habt ihr mich getötet... Wie grausam bist du, meine Schwester!"

„Jetzt ist Schluss damit, kleine Schwester!", sagte Ereschkigal. „Dein Glück ist, dass Enlil sich für dich eingesetzt hat. Sonst würdest du nie wieder das Licht der Welt sehen. Jetzt gehe mit deinem Diener zurück. Du musst aber einen gleichwertigen Ersatz für dich zu mir schicken. Meine Helfer begleiten euch und holen jenen, der ein Ersatz für dich sein wird."

So kamen Inanna und Ninschpur wieder in den Himmel zurück, begleitet von den Dämonen Ereschkigals. Inanna war sehr traurig: Ihr kamen die schrecklichen Erinnerungen an ihre Hinrichtung und ihren Tod zurück.

„Ich habe jetzt selbst erfahren, wie schrecklich es ist, tot zu sein! Deine Seele geht ins Nichts, du wirst in eine unendliche Tiefe eingesaugt. Oh Ninschpur, du kannst dir nicht vorstellen, wie schrecklich dies war... Aber sag mir nun, mein treuer Ninschpur! Gab es außer dir noch jemanden, der sich um mich sorgte, der um mich trauerte und der dich fragte: Wo ist meine geliebte Inanna?"

„Nein, meine Herrin", antwortete Ninschpur. „Es ist sehr enttäuschend für dich, das weiß ich. Niemand fragte nach dir, niemand sorgte sich um dich und niemand trauerte um dich."

„Ja ... es ist traurig..., aber sage mir: Wie war es denn mit meinem Sohn, meinem Geliebten, meinem Mann – dem Mondgott Sin? Fragte auch er nicht, was ist mit Inanna?"

„Nein, meine Herrin, auch er fragte nicht nach dir", sagte Ninschpur.

„Oh Sin, o mein Sin", schrie Inanna vor Schmerzen.

Sin hörte das und erschien sofort vor ihr.

„Inanna, meine Liebe! Bist du zurückgekommen? Du kannst es dir nicht vorstellen, wie glücklich ich darüber bin. Wenn du nur wüsstest, wie es ohne dich traurig für mich war!"

Sin wollte Inanna umarmen, aber die Dämonen standen zwischen ihnen.

„Wer sind diese schrecklichen Gestalten, Inanna?“, fragte Sin.
„Den nehmt, den!“, schrie Inanna wütend und zeigte den Dienern Ereschkigals den armen Sin. „Er wird für mich ein würdiger Ersatz sein!“
Die Dämonen fielen über Sin her, packten ihn und begannen den Mondgott in Richtung Unterwelt zu zerren. Der arme Sin wehrte sich im Griff der Dämonen, konnte dem aber nicht entkommen und schrie nur: „Inanna, hilf mir! Inanna, rette mich! Inanna!“
Inanna würdigte den unglücklichen Sin keines Blickes und die Dämonen nahmen ihn mit in die Unterwelt.

Enlil war traurig, als er hörte, wen Ereschkigal als Ersatz für die Liebesgöttin bekommen hatte. Er bemühte sich nun darum, seinen Enkel aus ihrer Gefangenschaft zu erretten. Letztendlich traf er mit der Herrscherin des Totenreiches eine Vereinbarung: Sin kehrt in den Himmel zurück, aber er muss zwei Monate im Jahr in der Unterwelt verbringen. So kam Sin zurück, Inanna versöhnte sich mit ihm und teilte wieder das Bett mit ihrem Sohn.

***

Wieder einmal versammelte der große Enlil den Götterrat, um gemeinsam über die himmlischen und irdischen Angelegenheiten zu reden. Im Götterrat saßen einige Götter auf den weichen Kissen, die anderen lehnten sich an die flaumigen Strohsäcke. Der große Gott Enlil erinnerte sich an ein Ereignis und erzählte: „Als die Schwester und der Bruder zu uns kamen und danach fragten, wer von ihnen die wichtigere Arbeit ausführe, war ich sofort dafür, Brot und Wein für wichtiger zu halten als das Spinnen und die Milchherstellung."

„Du hast Recht, oh großer Enlil", sagte einer der Götter, „denn das Brot ist wichtig fürs Leben wie kaum etwas anderes und der Wein erfreut die Seele."

„Das ist alles gut", sagte der Sonnengott Schamasch. „Aber was werden wir nun mit den Menschen tun? Sie werden immer mehr und mehr auf der Erde. Ist das nicht gefährlich für uns? Vielleicht werden diese einmal kommen und wollen das Geheimnis der Unsterblichkeit für sich entdecken, um die Macht im Himmel selbst zu ergreifen?"

Als Antwort darauf erklärte der große Gott Enlil: „Die Menschen müssen vernichtet werden, sonst werden sie gefährlich für uns!"

So schickten die Götter Heuschreckenschwärme auf die Erde, damit sie die ganze Ernte auffressen und die Erdenbewohner vor Hunger sterben lassen. Sie waren schon dabei, die ganze Ernte zu vernichten, dennoch haben die Menschen es geschafft, die Heuschrecken zu vernichten und einen Teil der Ernte zu retten; dank dessen überlebten sie. Enlil war jetzt sehr ungehalten und traf im Götterrat eine härtere Entscheidung: „Es soll regnen, regnen und regnen, ohne aufzuhören, bis die ganze Erde im tiefen Wasser versinkt."

Einer der Götter aber, nämlich der Gott der Weisheit, Enki, überlegte: Wird Enlil selbst es nicht bedauern, wenn kein Mensch mehr auf der Erde lebt? Wer wird dann für uns arbeiten, säen und ernten, uns rühmen und uns Opfer bringen?

Einige der Menschen müssen überleben. Deshalb ging Enki zu einem Mann in der Stadt Schuruppaka am Ufer des Euphrat, zu einem Mann, der Utnapischtim hieß. Enki verriet ihm die Absicht der Götter und empfahl ihm: „Oh Utnapischtim! Jetzt höre mir zu: Baue ein Schiff, sammle dort deine ganze Familie und deine Verwandtschaft, nimm auch von jedem Tier und jedem Vogel ein Paar mit. Aber erzähle niemandem, warum du das tust. Es beginnt bald zu regnen und es wird nicht aufhören, bis die ganze Erde überflutet ist. Nur du kannst mit deiner Verwandtschaft gerettet werden."

Wie es weitergegangen war, erzählte viel später Utnapischtim seinem Urenkel Gilgamesch, dem Regenten von Uruk. Mit Gilgamesch selbst hat sich aber vorher etwas anderes ereignet.

Die Liebesgöttin Inanna, unter deren Schutz auch Uruk stand, war einst in Gilgamesch verliebt.

„Oh Gilgamesch", sprach die große Göttin zum ruhmreichen Mann. „Du bist so schön, so mutig und stark, ich kann nicht aufhören, von dir zu träumen. Werde mein Geliebter, oh Gilgamesch! Wir werden dadurch beide sehr glücklich sein!"

„Meine Göttin..." – Gilgamesch kniete vor ihr – ...ich verehre dich sehr, du bist der Schutz von Uruk! Meine Dankbarkeit dir gegenüber ist grenzenlos! Ohne dich hätten die Götter Uruk schon lange vernichtet. Nur dank deinem Schutz konnten wir den Regenten von Kisch besiegen und überleben. Aber sage mir, meine Göttin, kann ein Geliebter von dir glücklich sein? Du hast deinen eigenen Sohn, den Mondgott Sin schamlos zu deinem Geliebten gemacht, dann hast du ihn geheiratet. Den armen Sin, deinen Sohn und Ehemann, schicktest du ins

Totenreich, um dich selbst von der Macht deiner Schwester Ereschkigal zu retten. Wie viele Regenten, wie viele Männer hast du schon zu deinen Geliebten fingiert! Alle hast du sie dann aber verraten oder unglücklich gemacht; und keinem warst du treu. Du bist eine Hure, meine Göttin!"

Diese Vorwürfe Gilgameschs machten die Göttin Inanna sehr wütend und sie schrie: „Gilgamesch, bald wirst du es sehr bedauern, dass du meine Liebe verschmäht hast und mich zudem noch beleidigtest!"

Darauf ging Inanna zu ihrem Vater Enlil und bat ihn, sich für diese Beleidigung an Gilgamesch zu rächen. Enlil war sehr empört, als er dies von seiner Tochter hörte und schickte den Himmels-Stier, um Gilgamesch zu töten. Aber Gilgamesch besiegte den Himmels-Stier. Darauf schuf Enlil ein neues Wesen – halb Tier, halb Mensch, genannt Enkidu – und schickte es gegen Gilgamesch. Drei Tage dauerte der Kampf zwischen den beiden und keiner von ihnen konnte ihn gewinnen. Am vierten Tag des Kampfes bot Gilgamesch seinem Gegner an, Freundschaft mit ihm zu schließen. Enkidu nahm das gerne an; kurze Zeit später gingen sie beide zusammen gegen den Riesen Humbaba vor und besiegten ihn. Gilgamesch wurde dadurch noch stärker und ruhmreicher.

Das hat die Götter im Himmel wieder sehr beunruhigt. Sie entschieden sich, seinen Freund Enkidu zu töten, um Gilgamesch zu schwächen. Einst war Enkidu stark erkältet und starb bald darauf. Das machte den Regenten von Uruk sehr traurig, sein einziger Trost war nun seine junge, schöne Geliebte. Gilgamesch wollte sie heiraten, bald wurde sie aber selbst krank und starb. Die Trauer Gilgameschs war grenzenlos, er fühlte sich sehr einsam und unglücklich. In der tiefen

Trauer rief er nach seinem gestorbenen Freund Enkidu aus dem Totenreich. Als der Geist Enkidus vor ihm auftauchte, fragte ihn Gilgamesch: „Oh Enkidu, mein Freund, wie lebst du im Totenreich der Göttin Ereschkigal?"

„Das ist kein Leben, Gilgamesch!", antwortete Enkidu. „Wir sind dort nur die kriechenden Schatten."

„Oh Enkidu, wie schwer und traurig ist, dies von dir zu hören! Aber ich möchte dich noch etwas anderes fragen: vor einigen Tagen habe ich meine Geliebte beerdigt. Das war die schönste Frau auf der ganzen Welt; sie hatte eine sehr zarte Haut, große Brüste und runde Schenkel. Jetzt möchte ich wissen, wie es ihr in der Unterwelt ergeht? Was ist aus ihrem schönen Körper geworden? Aus diesem schönen Körper, den ich so liebte und so oft streichelte?"

„Ich habe es gesehen, Gilgamesch", antwortete Enkidus Geist, „ich habe gesehen, wie den schönen Körper deiner Geliebten, den du so liebtest und öfter streicheltest, die Würmer fraßen."

„Nein, Enkidu, nein, das kann nicht sein!", schrie Gilgamesch tief betroffen.

Der Geist von Enkidu war aber schon wieder verschwunden.

Gilgamesch wurde noch trauriger, er konnte und wollte nichts mehr essen und schlief wenig. Alles schien ihm jetzt sinnlos zu sein. Die Göttin Inanna merkte das und rief wieder nach ihm:

„Gilgamesch, ich habe gesehen, wie traurig und unglücklich du jetzt aussiehst. Ich habe dir deswegen die Beleidigung vergeben. Aber sag mir, bist du so traurig wegen des Todes deines Freunds Enkidu und deiner Geliebten, oder hat das noch einen anderen Grund? Sag mir, was ist mit dir passiert? Vielleicht kann ich dir helfen?"

„Oh meine Göttin!", antwortete Gilgamesch. „Ich kann nicht mehr vergessen, was mich nach meinem Tod erwartet. Wozu muss ich meinen Körper pflegen, ihn sauber halten, wenn ihn nach meinem Tod die Würmer fressen werden? Ich kann nicht mehr so weiterleben, meine Göttin. Ich will unsterblich werden."

„Ich verstehe dich, Gilgamesch", sagte die Liebesgöttin. „Der Mensch wurde von Göttern als sterbliches Wesen erschaffen. Ob hier was zu ändern wäre, ist schwer zu glauben. Dennoch möchte ich dir einen guten Rat geben. Gehe zum Ufer des Weltmeers und treffe dort den Fährmann. Nimm viel Gold mit und biete es ihm an; nur wegen des Goldes wird er einverstanden sein, dich gegen den Willen der Götter über das Weltmeer zu Utnapischtim zu bringen, zu deinem Urgroßvater. Utnapischtim ist der einzige Mensch, dem die Götter zusammen mit seiner Frau die Unsterblichkeit geschenkt haben, nachdem sie die große Flut überlebt hatten. Aber unter der Bedingung, dass er jenseits des Weltmeers lebe und keiner der Menschen ihn besuchen könne. Nur Utnapischtim kann dir helfen."

Gilgamesch bedankte sich sehr bei der Göttin, und durch den Weg, den sie ihm empfohlen hatte, gelangte er mit großen Schwierigkeiten über das Weltmeer zu Utnapischtim.

Sein Urgroßvater und seine Urgroßmutter waren sehr froh darüber, ihn zu sehen. Utnapischtim bestätigte die Geschichte von der großen Flut und ergänzte: „Ich tat alles so, wie es mir Gott Enki empfohlen hatte. Kaum war unser Schiff vom

Ufer entfernt, begann es stark zu regnen. Bald stieg das Wasser im Euphrat sehr hoch und danach war ganz Schruppaka unter Wasser."

„Wir sahen, wie die anderen, unter denen auch unsere Freunde und Nachbarn waren, gegen die Flut kämpften; sie schwammen noch eine Zeit lang im Wasser und riefen nach Hilfe. Aber niemand hat ihnen geholfen und sie alle ertranken", erzählte weinend Utnapischtims Frau.

„Die ganze Erde stand tief unter Wasser und unser Schiff schwamm alleine hindurch, mehrere Tage und Nächte. Es hörte auf zu regnen, aber der Himmel selbst war immer noch von dunklen Wolken bedeckt. Dann sah ich eines Tages einen dunklen Flecken in der Ferne. ‚Das könnte ein Stück Land sein', dachte ich und schickte zunächst eine Taube und danach eine Schwalbe dorthin. Sie konnten aber nirgendwo landen und kamen wieder zurück, doch der Rabe, den ich hinterherschickte, kam nicht zurück. Dann fanden wir auch jenes Stück der Erde – es war die Spitze des Berges Ninzir, wo wir dann auch alle landeten. Meinen größten Stier aus dem Schiff brachte ich den Göttern zum Opfer; die Götter bemerkten dies und bald schon waren sie auch auf diesem Berg versammelt. Die Götter waren sehr erstaunt, sie konnten es nicht verstehen, wie einige der Menschen überleben konnten, bis Enki alles gestand. Sie schenkten dann mir und meiner Frau die Unsterblichkeit und schickten uns hier her."

Nachdem dieser die Geschichte von der Flut beendet hatte, erklärte Gilgamesch seinem Urgroßvater das Ziel seiner Reise. Und so antwortete ihm Utnapischtim: „Trinke Wein, verbringe deine Tage in Vergnügen, oh Gilgamesch, und vergiss den Tod! Wozu brauchst du die Untersterblichkeit? Du kannst dir nicht vorstellen, wie langweilig es ist, ewig zu leben."

Seine Urgroßmutter bedauerte aber Gilgamesch und überredete ihren Mann, ihm zu helfen. Utnapischtim brachte ein Gras, gab dieses Gilgamesch und sagte: „Nimm dieses Gras mit; du brauchst nur jeden Morgen daran zu riechen; wenn du das tust, wirst du niemals alt und krank werden und stirbst nicht."

Gilgamesch bedankte sich bei ihnen sehr herzlich und wollte jetzt wieder nach Uruk zurückkehren. Unterwegs sah er einen Teich und wollte dort baden. Das Gras jedoch ließ er am Ufer, neben seinen Kleidern. Es wurde aber von einer Schlange gestohlen.

Gilgamesch verstand, dass die Götter ihm es nicht erlaubten, unsterblich zu werden.

Er war wieder sehr traurig und sagte: „Der Mensch wird niemals frei sein auf dieser Erde! Er wird immer wieder versuchen, unsterblich zu werden, er wird immer wieder versuchen, selbst Gott zu werden. Es gelingt ihm aber nicht. So ist das Schicksal der Menschen! Hier kann man auch nichts ändern."

Gilgamesch heiratete danach, seine Frau gebar ihm viele Kinder. Er regierte noch lange in Uruk, bis einst auch der Tag kam, an dem Gilgamesch sterben musste. So ging das Leben des Menschen zu Ende, der schon auf der Erde die Wahrheit erreicht hatte.

Vor dem Tor zur Unterwelt empfing ihn die Herrin des Totenreichs selbst.

„Willkommen in meinem Reich!", sagte die Göttin Ereschkigal zu ihm. „Oh Gilgamesch! Du bist der klügste unter den Menschen, du bist der mutigste der Männer. Du wirst zu einem meiner Richter. Zusammen werden wir die Menschen nach ihrem Tod über ihre Taten richten und entscheiden, wo sie im Totenreich eingestuft werden sollen."

So wurde Gilgamesch nach seinem Tod zum Richter im Totenreich.

Und die Welt ging weiter und die Menschen lebten weiter, wie sie stets gelebt hatten. Ab und zu einmal gab es Rebellen aus ihren Reihen, die das Schicksal der Menschen verändern und sie befreien wollten. Diese wurden aber von den Göttern immer wieder grausam niedergeschlagen. So ging es wieder weiter...

DER GROSSSCHAMANE

Nach Motiven der alten Mythen aus Vorderasien und Schamanen-Geschichten aus Sibirien

Eines Tages versammelte Ensuh-Keschdanna, der Regent von Aratta[1], seinen Staatsrat am Hof. Der Regent saß auf dem Thron und sprach mit den Hofleuten über die Angelegenheiten, wie die Lage in der Stadt zu verbessern wäre. Dabei waren auch der Großschamane, das Oberhaupt der alten Religion – des Schamanen-Kults –, und der Hohepriester, das Oberhaupt des Inanna-Kults, anwesend.

Befriedigt von diesen Gesprächen, sagte Ensuh-Keschdanna zum Schluss: „Das Fest zu Ehren Inannas muss diesmal noch großartiger sein: Wir dürfen die Heilige Hand – unsere Großgöttin Inanna – nicht mehr verärgern. Überall in Aratta müssen in ihrem Namen Tiere zum Opfer gebracht werden; die Menschen müssen so satt werden wie nie zuvor. Sie wird dann zufrieden sein."

Danach fragte er den Hohepriester: „Möchtest du etwas zum Inanna-Fest sagen?"

„Ich habe meinerseits schon einige Vorbereitungen getroffen. Ich habe die Großgöttin Inanna gebeten, unsere Opfer anzunehmen, zufrieden mit unserer Stadt zu sein und ihre Hand immer über uns zu halten. Sie scheint aber unzufrieden

1 Aratta war ein Frühstadtstaat, der im 3. Jahrtausend vor unserer Zeitrechnung an der Grenze Mesopotamiens existiert hatte.

mit uns zu sein", antwortete das Oberhaupt des Inanna-Kults in Aratta.

Diese Aussage machte den Regenten unruhig.

„Warum? Was haben wir gegenüber der Heiligen Hand – der Großgöttin Inanna – falsch gemacht?", fragte er den Hohepriester.

„In Aratta sind immer noch nicht alle Menschen Anhänger Inannas. Das ärgert die Heilige Hand – Großgöttin Inanna", antwortete dieser.

Als er das hörte, machte der Großschamane ein unzufriedenes und besorgtes Gesicht. Ensuh-Keschdanna schaute den Großschamanen von der Seite an und rief:

„Was müssen wir jetzt tun? Müssen wir alle Anhänger des alten Kultes zwingen, Inanna-Anhänger zu werden? Nein! In Aratta kann jeder selbst wählen, zu welcher Religion er gehören möchte: zum alten Schamanen-Kult oder zum neuen Inanna-Kult. Mein Vater, der früher in Aratta regiert hatte, war der erste Inanna-Anhänger. Er hat auch damals diese Regel eingeführt: Niemand kann in Aratta mit Gewalt zum Inanna-Anhänger gemacht werden."

„In diesem Fall, mein Herrscher, können wir nicht mit dem vollen Schutz durch Inanna rechnen", sagte der Hohepriester.

Danach zog er sich zu den Hofleuten zurück, aber beobachtete alles weiter.

„Lass das, ich weiß selbst, wie ich Aratta regieren muss!", rief Ensuh-Keschdanna ihm hinterher.

Danach rief er den Großschamanen zu sich: „Komm zu mir! Du musst dir keine Sorgen machen. Der alte Kult, der Kult unserer Ahnen, wird in Aratta immer weiterleben."

Hier kam ein Bote der Sumerer herein und kündigte laut an:

„Enmerkar – der Herrscher von Sumer hat einen Brief an den Regenten von Aratta geschickt."

„Was für ein Brief, was will Enmerkar von uns?", fragte Ensuh-Keschdanna aufgeregt.

Zwei Menschen brachten eine große Tontafel auf auf Rädern herein.

„Ist das der Brief? Lies ihn vor!", sagte Arattas Herrscher.

Der Bote las vor: „Ensuh-Keschdanna, hör mir aufmerksam zu: Deinen Eigensinn werde ich nicht mehr dulden! Du musst dich mir unterordnen! Als Beweis deiner Gehorsamkeit schick mir jetzt Gold – je mehr Gold du mir schickst, umso mehr kannst du mich von deiner Treue und Untergebenheit überzeugen. Tust du es nicht bald, nehme ich Aratta ein, lasse dort keinen Stein auf dem anderen."

„Ah, was für eine Unverschämtheit!", sagte Ensuh-Keschdanna. „Er vergisst, dass Aratta die Stadt der Inanna ist und wir unter dem Schutz der Großgöttin stehen. Warte, Enmerkar, wir zeigen dir, was Aratta bedeutet! Du wirst das nie vergessen!"

Danach sagte er zum Boten: „So gib dies alles auch an deinen Regenten weiter."

Der Bote verbeugte sich und ging ab, ihm folgten auch die Briefträger nach.

„Nichts anderes, nur der Schamanen-Kult ist an allem schuld. Inanna will uns nicht mehr unterstützen", erläuterte jetzt der Hohepriester.

„Alle hinaus! Nur der Großschamane bleibt!", befahl Arattas Herrscher.

Der Hohepriester verließ den Palast als Letzter. Er sah sehr unzufrieden aus und sagte leise zu sich: „Gut! Es ist sowieso nicht viel Zeit geblieben für euch."

Als sie zu zweit geblieben waren, sagte das Oberhaupt der Stadt zum Großschamanen: „Hast du gehört, wie Enmerkar uns wieder droht? Und diesmal benimmt er sich besonders frech. Es wäre falsch, ihm nachzugeben, dann würde er noch frecher. Seine Armee ist größer und stärker als unsere, trotzdem muss man ihm einen Kampf geben. Unsere alte Religion ist Schamanismus, das erste Mal führte mein Vater den Inanna-Kult ein, er nannte Aratta die Stadt der Heiligen Hand – Großgöttin Inanna, die unter ihrem Schutz stehen muss. Er tat das, dass damit Frieden zwischen Sumer und Aratta herrsche. Mein Vater hat das auch in Wirklichkeit erreicht mit dem Vater von Enmerkar. Aber Enmerkar selbst ist stur wie ein Esel. Es ist unmöglich, ihm etwas zu erklären, es ist unmöglich, mit ihm zum Einverständnis zu kommen. Er will uns nun unterordnen, schafft das aber nicht. Wir geben ihm eine harte, verdiente Antwort. Ich will, dass du, Großschamane, deine Gemeinde dafür vorbereitest und sie überzeugst, dass Aratta niemals auf die Religion und Traditionen der Ahnen verzichten wird. Dass ich, Arattas Herrscher Ensuh-Keschdanna, bis ans Ende euch schützen werde."

„Oh Herrscher, deine Treue, deine Achtung und Liebe gegenüber dem Schamanen-Kult ist jedem in unserer Gemeinde bekannt", antwortete ihm der Großschamane. „Wir sind eine Gemeinde des Friedens, haben nichts gegen die anderen Kulte. Gegenüber den Anhängern vom Inanna-Kult haben wir auch immer friedlich gehandelt. Aber wenn nun der Herrscher von Sumer zu uns kommt, um den Schamanen-Kult zu Ende zu bringen, müssen wir auch selbst Widerstand dagegen bieten. Die großen Geister, die unseren Ahnen dienten, werden uns

gegenüber auch weiter treu sein, wenn wir sie nicht verärgern."
„Aratta ist die Stadt der alten, starken Geister", sagte Ensuh-Keschdanna zu ihm. „Sie verlassen uns nie, auch wir werden immer unseren Geistern treu bleiben. Sie haben unseren Ahnen immer geholfen, um sich vom Feind zu schützen. Sie werden uns auch diesmal helfen. Bereite deine Gemeinde vor. Wir müssen etwas unternehmen, sonst wird bald Enmerkar vor dem Tor Arattas stehen."

„Ich tue das, oh Herrscher, und tue das bald", sagte der Großschamane und verließ auch den Palast.

Inzwischen wartete Ermerkar an seinem Hof in Uruk auf die Antwort aus Aratta. Neben ihm standen sein Hohepriester und der Oberbefehlshaber der Armee von Sumer.

„Ich habe die Launen von Ensuh-Keschdanna lange geduldet", begann Enmerkar zu reden. „Ich möchte aber es jetzt klar machen: Entweder unterwirft sich Aratta mir oder ich zerstöre die Stadt völlig."

Als er mit seiner Rede fertig war, kam sein Bote, den er nach Aratta geschickt hatte, herein, verbeugte sich und kündigte an: „Eine Botschaft des Herrschers Atattas, Ensuh-Keschdanna, ist da."

„Lass uns hören, was uns Ensuh-Keschdanna geantwortet hat!", befahl ihm Enmerkar nicht ohne Aufregung.

Der Bote antwortete: „Er sagte: ‚Enmerkar! Was für eine Unverschämtheit! Du vergisst, dass Aratta die Stadt der Inanna ist und wir unter dem Schutz der Großgöttin stehen. Warte, Enmerkar, wir zeigen dir, was Aratta bedeutet! Das wirst du niemals vergessen!'"

Enmerkar stand empört auf, als er das gehört hatte.

„Das war deine letzte Antwort, Ensuh-Keschdanna! Du wirst jetzt sehen, wer Enmerkar ist: Von dir und von deiner Stadt lasse ich keine Spur mehr übrig! Nachdem ich Aratta zerstört habe, werde ich in Säcken sogar die Erde deiner Stadt wegtragen lassen, dass dort nur ein Loch zurückbleibt."

Danach befahl er dem Boten grob: „Jetzt gehe und gib das an unseren Feind weiter!"

Der Bote verbeugte sich und ging wieder ab.

Enmerkar sagte zu seinem Oberbefehlshaber: „Jetzt musst du die Armee für die Einnahme Arattas vorbereiten. Sag allen Kriegern, dass wir diesmal eine reiche Stadt erobern, und jeder von ihnen bekommt eine große Beute davon."

Der Oberbefehlshaber verbeugte sich und ging auch weg.

Danach sagte Enmerkar zum Hohepriester von Sumer: „Von Aratta wird nichts mehr übrigbleiben, deshalb wird auch die endgültige Verbreitung des Inanna-Kultes dort nicht mehr nötig sein."

„Oh Herrscher des heiligen Sumers!", antwortete ihm der Hohepriester. „Deine Entscheidungen sind immer sehr klug und gerecht. Aber ist es diesmal wirklich nötig, Aratta völlig zu zerstören? Zerstören wir Aratta völlig, werden dadurch nicht nur diejenigen, die immer noch im Dunklen des alten Glaubens bleiben, ums Leben kommen, sondern auch die Anhänger des Inanna-Kults, die die gute Hälfte der Bevölkerung Arattas bilden. Denke selbst, guter Herrscher, was die Götter dazu sagen würden. Wird das nicht die Großgöttin Inanna selbst empören, wenn du eine Stadt, die unter ihrem Schutz steht, vernichtest, und damit zugleich auch ihre Tempel und Statuen, die dort stehen? Wird sie sich nicht danach selbst an uns rächen wollen, die mächtige Großgöttin?"

Enmerkar wurde bedenklich, als er das gehört hatte.

„Ich weiß, dass die Götter es nicht mögen werden, wenn ich Aratta zerstöre, aber ich kann auch nicht mehr dulden, was sich Ensuh-Keschdanna uns gegenüber herausnimmt."

Sein Hohepriester antwortete ihm dazu: „Wenn du die Stadt einnimmst, kannst du Ensuh-Keschdanna hinrichten lassen. Der Hohepriester vom Inanna-Kult in Aratta ist sehr schlau und sehr eifersüchtig; wäre nicht diese tückische Politik des Ensuh-Kaschdannas, so hätte man in Aratta heute alleine den Inanna-Kult. Du kannst diesen Hohepriester dann zum Regenten Arattas machen. Wird er der Regent von Aratta, wird niemand mehr im alten Glauben bleiben, glaub mir: Er lässt dies nicht zu. Selbst Ensuh-Keschdanna war früher ein Priester, erst danach wurde er zum Regenten von Aratta. Aber in seinem Herzen bleibt er im alten Glauben."

„Ja, vielleicht wäre es so wirklich besser", sprach der Herrscher von Sumer. „Da ich zu wütend auf diesen sturen Ensuh-Keschdanna bin, kann ich auch nichts mehr von dem ganzen Aratta hören."

„Ich verstehe dich, guter Herrscher! Du bist sehr empört wegen der Antwort von Ensuh-Kaschdanna: Du rechnetest mit dem Gehorsam, mit seiner Unterordnung, er selbst hat nun aber dir in seiner Nachricht gedroht und dich dadurch beleidigt. Du wirst diese Schmach aber vergessen, wenn du mit eigenen Augen siehst, wie er hingerichtet wird."

„So eine Lösung wäre möglich", sagte Enmerkar, „wenn Aratta einverstanden sein wird, meine Macht möglichst schnell anzuerkennen."

Nachdem der Hohepriester den Hof verlassen hatte, erinnerte er sich lange an das letzte Gespräch mit Enmerkar und überlegte zum Schluss: Glaube ihm niemals, wenn ein Herrscher dir sagt: Ich diene den Göttern, ich tue alles für sie. In Wahrheit tun sie alles nur für sich, und missbrauchen nur die Namen der Götter. Für einen Regenten scheinen seine eigenen Gefühle, seine Wünsche und auch seine Rache viel wichtiger zu sein, als der Wille der Götter.

Im Tempel der Göttin Inanna in Aratta versammelte der Hohepriester wieder seine Gemeinde.

„Es ist die Zeit gekommen: Der große Herrscher Enmerkar wird bald mit seiner Armee in Aratta eintreffen", kündigte er an. „Bald wird überall der Inanna-Kult herrschen. Die Großgöttin nimmt alle Menschen der Welt unter ihren Schutz und ihre Gnade. Ehre sei der Großgöttin Inanna!"

„Ehre sei der Großgöttin Inanna!", wiederholte die Gemeinde.

Der Hohepriester setzte fort: „Endlich können wir unsere Pflicht gegenüber der Großgöttin erfüllen: Kein anderer Kult mehr kann in unserem Land herrschen, außer dem Kult von Inanna! Ehre sei der Großgöttin Inanna!"

„Ehre sei der Großgöttin Inanna!", wiederholte die Gemeinde erneut.

„Außer der Liebe ist alles andere auf dieser Welt vergeblich!", erklärte der Hohepriester von Aratta. „Und Inanna ist die Liebesgöttin! Diese Schamanen reden von ihren Geistern, von bösen und grausamen. Sie sagen, diese Geister regieren die Welt. Das ist nicht wahr! Die Welt regiert alleine die Liebe! Und die Großgöttin Inanna, weil sie die Liebesgöttin ist. Unsere Göttin Inanna ging einst einmal in die Unterwelt, die von ihrer älteren Schwester Ereschkigal regiert wird. Unsere Göttin konnte sich nicht damit abfinden, dass die Toten in der Unterwelt ihrer Schwester weiter leiden mussten. Sie wollte in diese dunkle Welt der Totengöttin Licht und Liebe bringen, um auch die Toten glücklich zu machen. Aber ihrer Schwester bereitete das Angst, sie fürchtete, dass Inanna – die Herrscherin des Himmels und der Erde – nun auch in der Unterwelt regieren wollte. Ereschkigal ließ ihre Schwester alle ihre sieben göttlichen Kleider ausziehen, damit sie ihre Göttlichkeit und ihren Schutz verliere. Sie begründete es damit, dass man in die Welt der Toten nur nackt eindringen könne. Als dann Inanna in die Unterwelt kam, tötete ihre Schwester die betrogene, schutzlos und sterblich gewordene Großgöttin und hing sie an einer Säule auf. Im Himmel waren viele froh darauf, dass es Inanna nicht mehr gab. Aber bald merkte man, dass ohne sie nichts mehr im Himmel und auf Erden lief. Es wollten nicht mehr die Götter mit den Göttinnen, die Männer mit den Frauen, die männlichen Lebewesen mit den weiblichen Lebewesen, die Liebenden überhaupt, zusammenkommen. Ohne Inanna hätte bald das ganze All untergehen müssen. Aber dann entschlossen sich die Götter, Inanna zu retten. So wurde unsere Großgöttin von den Toten auferweckt. Ereschkigal jedoch forderte einen Ersatz für die Göttin, um sie freizulassen. Inanna gab ihr als Ersatz an ihrer Stelle ihren Sohn und Ehemann Sin, den Mondgott. Seitdem verbringt Sin zwei Monate im Jahr in der Gefangenschaft der Ereschkigal."

Der Großpriester schaute durch die Öffnung des Tempels den Himmel an und sagte dann:

„Schaut dort hin! Der Mondgott Sin wird gerade von Dämonen der Unterwelt überfallen. Er bietet jedes Mal Widerstand, jedes Mal kommt es zum Kampf zwischen ihm und den Dämonen. Dann wird er langsam Tag für Tag von Dämonen gefangen genommen und in die Unterwelt gebracht. Der arme Sin!"

„Der arme Sin!", wiederholte die Gemeinde.

„Aber dank dieses Opfers kehrte die Großgöttin Inanna wieder aus der Unterwelt zurück. Alle sahen und verstanden, dass sie die wichtigste und beste Göttin ist, weil ohne sie die Welt untergeht. Ehre sei der Großgöttin Inanna!"

„Ehre sei der Großgöttin Inanna!", wiederholte die Gemeinde abermals seine Worte.

Auch der Großschamane versammelte seine Gemeinde am Schamanen-Platz in Aratta. Er trommelte, tanzte und rief nach den Geistern, blieb dabei immer in einem Kreis. Dann fiel er in Trance und kam zur Ekstase, währenddessen trat Schaum aus seinem Mund. Danach stand er wieder auf.

„Die Geister erzählen von schweren Zeiten, die bald kommen werden. Wir müssen darauf gut vorbereitet sein", verkündigte er.

Der Großschamane machte danach einige Schritte auf seine Gemeinde zu, schaute alle aufmerksam an, dann blieb er vor einer jungen Frau stehen und sagte zu ihr: „Komm zu mir."

Die junge Frau ging zum Großschamanen und begrüßte ihn.

„Ich muss jetzt jemanden nennen, der nach mir Großschamane in Aratta wird", erklärte der alte Mann. „Ich habe mit vielen jungen Menschen gesprochen, habe ihre Geschichten zur Bewerbung angehört. Diese junge Frau hat mir am besten gefallen. Wenn mir etwas zustößt oder wenn ich einmal sterbe, wird sie die Großschamanin von Aratta sein."

Danach wandte er sich wieder an die junge Frau: „Komm, erzähle jetzt deine Geschichte noch einmal vor der Gemeinde, damit alle wissen, wer ihre Großschamanin wird."

Die junge Schamanin kam nach vorne und begrüßte alle: „Oh meine Gemeinde, oh Großschamane! Es begann plötzlich: Als ich noch ein Kind war, besuchten mich die Geister meiner Ahnen, sie sagten mir, dass ich Schamanin werden solle. Einmal sagten sie mir, dass ich in die Berge gehen und dort bleiben solle. Ich ging in die Berge und blieb dort alleine zehn Tage; nach zehn Tagen kehrte ich zurück und konnte nicht mehr sprechen. Dann war ich wie besessen, habe den Verstand verloren, sprang in den Fluss, wusste danach mehrere Tage nicht, wo ich mich befand. Dann kamen die Ältesten unseres Stammes und sagten mir, dass ich mich den Schamanen weihen lassen muss. Dann brachten mich meine Verwandten zu dir, oh Großschamane, und baten dich, mich zur Schamanin zu weihen."

„Ja, das ist gar nicht lange her", sagte der Großschamane zu ihr. „Erzähl jetzt, was du erlebt hattest, nachdem wir mit deiner Weihung zur Schamanin begonnen hatten. Hast du es gelernt, mit den Geistern zu sprechen?"

„Ich habe angefangen, im Traum zu singen", antwortete die junge Schamanin. „Mich besuchten jeden Tag die Geister und lehrten mir jedes Mal etwas. Ich habe es gelernt, mit ihnen zu sprechen."

„Als ich ein Schamane werden wollte, kam zu mir der Mutter-Vogel, der aussieht wie ein Adler", merkte der Großschamane. „Hat er dich auch besucht?"

„Ja, der Mutter-Vogel hat mich auch besucht", war ihre Antwort.

„Was machte der Mutter-Vogel mit dir?“, fragte jetzt das Oberhaupt des Schamanen-Kults in Aratta.

„Der Mutter-Vogel nahm mir die Seele weg und brachte sie in die Berge“, antwortete die junge Frau. „Dort ließ sie meine Seele an einem Baum liegen, bis sie reif war. Eine Woche lang lag mein Körper in der Hütte, bis der Mutter-Vogel meine Seele wieder zurückbrachte. Dann kamen die Geister, sie zerstückelten meinen Körper, ersetzten meine Knochen und machten meinen Körper wieder neu.“

„Bist du danach durch den Himmel gereist?“, stellte der Großschamane ihr eine andere Frage.

„Ja, die Geister nahmen mich danach in den Himmel und ich reiste dort lange in deren Begleitung“, gab diese bekannt.

„Was hast du im Himmel erlebt?“, fragte der sie wieder.

„Ich habe dort auch andere Geister getroffen; sie lehrten mich wie ich selbst zum Himmel fahren kann. Den Rückweg sollte ich aber selbst finden. Ich wusste nicht, wie ich wieder auf die Erde zurückkommen sollte, dann habe ich den Weg doch gefunden“, erläuterte sie.

„Warst du auch in der Unterwelt?“, war die nächste Frage an die werdende Schamanin.

„Nachdem ich auf die Erde zurückkam, sagten mir die Geister, dass ich nun in die Unterwelt gehen solle“, erklärte sie. „Sie brachten mich in die Unterwelt und ließen mich dort wieder alleine. Ich sprach mit den Seelen der Gestorbenen und traf unter denen auch die Seelen der gestorbenen Schamanen. Sie lehrten mich, wie ich die Seelen der Toten in die Unterwelt begleiten solle.“

Der Großschamane war zufrieden mit dieser jungen Frau und legte feierlich aus: „Gut! Du wirst heute zur Schamanin und zu meiner Nachfolgerin erklärt. Das müssen aber auch die Geister so haben wollen. Bist du bereit für die endgültige Weihe zur Schamanin und zur Benennung als Nachfolgerin des Großschamanen?"

„Ja, ich bin dazu bereit, oh Großschamane!", war ihre Antwort.

Der Großschamane machte ein Zeichen; zwei Männer aus der Gemeinde brachten ein Bodentuch und legten es vor die junge Schamanin. Dann wurden auf dem Bodentuch die Blätter von Salbei gelegt und Räucherstäbchen entzündet. Sie nahm die Salbeiblätter, zündete diese an, richtete den Rauch auf ihren Kopf, die Nase und Brust, damit umkreiste sie der Rauch dreimal. Sie nahm danach drei Räucherstäbchen, schwenkte mit ihnen in Richtung des Himmels, der Erde und aller vier Richtungen der Welt.

Schließlich erklärte sie laut: „Vater Himmel, Mutter Erde, die Geister der Ahnen, alle Geister – niedrige und hohe: Ich verehre euch alle! Seid mir wohlgesonnen, hört mir zu: Ihr habt mich berufen, eine Schamanin zu werden. Gebt mir Kraft, eine Schamanin zu werden; weiht mich ein, schützt mich, zeigt mir den richtigen Weg! Ich danke euch, danke euch, danke euch! Huraj, huraj, huraj!"

Der Großschamane lobte die junge Schamanin wieder und sagte danach: „Ich muss jetzt zu einem sehr Schwererkrankten eilen, daher bin ich gezwungen, euch zu verlassen. Ich wiederhole es: Wenn mit mir etwas passiert, wird diese junge Frau zu eurer neuen Großschamanin."

Bald erreichte der Großschamane die Hütte eines Todkranken und ging hinein. Die Frau des Erkrankten, die neben dessen Bett stand, begrüßte den alten Mann und räumte für ihn Platz frei.

Der Großschamane setzte sich zum Bett und fragte den Erkrankten: „Was fühlst du? Siehst du etwas?"

Der Mann hustete stark und antwortete aus letzter Kraft: „Ich sehe... Ich sehe ein ... großes Tor..."

Danach hustete er noch stärker.

Der Großschamane hielt ihn am Arm und fragte wieder: „Ja, was siehst du noch?"

Der Erkrankte hustete wieder und konnte diesmal damit nicht aufhören. Der Großschamane legte ihm seine Hand zum Hals, massierte ihn, rutschte zu dessen Brust, drückte leicht, bis der Erkrankte aufhörte zu husten und sagte wieder zu ihm: „Ja, erzähle jetzt."

„Hier steht jemand...", sagte der Mann langsam, „und er fragt ... fragt mich, warum ich hier bin..."

Nachdem er das gesagt hatte, starb der Mann.

Der Großschamane sagte zu ihm beruhigend: „Du kommst nicht ins Reich der Schatten!"

Danach stand er auf, ging zur Frau des Verstorbeben und sagte zu ihr: „Der große Geist Singa wollte die Seele deines Mannes ins Reich der Schatten mitnehmen. Er war aber ein guter Mann und hat keine schlechten Taten in seinem jetzigen Leben getan. Deswegen haben die anderen Geister den großen Geist Singa daran gehindert. Dein Mann kommt nicht ins Reich der Schatten, sondern wird in den Himmel geschickt; er wird bald wieder geboren."

Der Großschamane trommelte, tanzte, machte Kreise, danach fiel er in Ohnmacht und sein Körper zitterte eine Zeit lang wieder sehr stark. Aus seinem Mund lief Schaum.

Als er wieder zu sich gekommen war, erklärte der Großschamane: „Ich sehe gerade, wo der verstorbene Mann ist. Er wurde gerade neu geboren, im Norden, in einer großen Familie."

Die Frau des Verstorbenen schrie laut vor Freude und umarmte den Großschamanen. Danach ging sie auf die Straße und erklärte die Neugeburt ihres Mannes in einer guten Familie. Als auch der Großschamane herausging, wurde er auf der Straße von vielen Frauen und Männern umgeben. Alle waren glücklich, alle stießen einen Freudenschrei aus.

Der Regent von Aratta, Ensuh-Keschdanna, schickte für das Oberhaupt des Innana-Kults. Als der Hohepriester wieder am Hof erschien, sagte der Arattas-Herrscher zu ihm: „Hör mir zu! Der Sumerer-Herrscher Enmerkar ist sehr verärgert wegen meiner Antwort. Er schickte mir einen neuen Drohbrief. Er wolle nun Aratta nicht nur erobern, sondern es völlig zerstören, dass hier nur ein tiefes Loch bleibt. Er ist jetzt unterwegs zu uns mit seiner großen Armee, habe ich erfahren. Wir können nicht lange seiner Armee standhalten. Deswegen bleibt uns nur eins: in den nächsten Tagen möglichst mehr Opfer zu Großgöttin Inanna zu bringen; sie kann vielleicht die Sumerer stoppen. Sie kann uns vielleicht wieder unter ihren Schutz nehmen..."

„Mein Herrscher, du wolltest mir niemals glauben; ich sagte immer, dass die Großgöttin dadurch verärgert ist, weil nicht alle in Aratta zu ihrer Gemeinde gehören", antwortete ihm der Hohepriester.

„Das kann man nicht mit Gewalt tun, Großpriester", erklärte Ensuh-Keschdanna. „Wenn es einmal dazu kommt, dass alle in Aratta aus eigenem Willen Inannas Anhänger werden, habe ich nichts dagegen. Aber das müssen die Menschen, die heute zu unserem alten Schamanen-Kult gehören, selbst entscheiden: ob sie beim alten Glauben bleiben wollen oder sich dem neuen zuwenden."

„Wenn es so bleibt, können wir nicht mit dem Schutz der Großgöttin rechnen. Sie ist jetzt sowieso verärgert." Der Hohepriester äußerte wieder seine Unzufriedenheit.

„Gehe, Großpriester", befahl ihm der Regent von Aratta, „bereite alles so vor, wie ich es dir gesagt hatte. Mit dem Bringen großer Opfer gewinnen wir wieder den Schutz und die Liebe der Großgöttin. Jetzt geh!"

„Gut, mein Herrscher, ich gehe jetzt. Ich werde alles so tun, wie du mir gesagt hattest", antwortete das Oberhaupt des Inanna-Kults in Aratta.

Nachdem er den Palast verlassen hatte, sagte er hinter dem Rücken des Aratta-Herrschers: „Es bleibt nicht viel bis zum Ende deiner Regentschaft! Wenn Enmerkar kommt, bringt er dich als Erstes um. Dann bekomme ich die völlige Macht über Aratta als Hohepriester. Es wird hier dann allein der Inanna-Kult herrschen."

Ensuh-Keschdanna schickte danach für den Großschamanen; er war sehr besorgt und konnte keinen Platz für sich finden.

„Vielleicht sollte ich Enmerkar nicht so verärgern?", fragte er sich selbst. „Vielleicht sollte ich mich ihm doch unterwerfen? Nein, niemals! Aratta war immer unabhängig – diese Berge werden es nicht ertragen, sich jemandem niederzudrücken. Ich habe ein unabhängiges Aratta geerbt, so muss es auch bleiben."

Der Großschamane kam plötzlich herein und fragte ihn: „Wolltest du mich wiedersehen, oh Herrscher?"

Ensuh-Keschdanna freute sich über dessen Kommen und sagte zu ihm: „Ja, komm! Schön, dass du hier bist. Weißt du, Großschamane, für dich soll es kein Geheimnis sein, dass Enmerkar mit seiner großen Armee zu uns kommt."

„Ja, Herrscher! Ich weiß: Sie werden in drei Tagen hier sein."

„Du weiß selbst, Großschamane, dass wir keine große und starke Armee haben, um unsere Stadt von Enmerkar zu schützen."

„Ich weiß es auch, oh Herrscher!"

Ensuh-Keschdanna schaute den alten Mann prüfend an und brachte danach Folgendes zum Ausdruck: „Deswegen möchte ich dich bitten, alleine die Schlacht gegen die Sumerer aufzunehmen."

Der Großschamane wurde nachdenklich, überlegte kurz und sagte dann zu ihm: „Ich kann das gerne tun, Herrscher. Aber der Erfolg wird nicht nur von mir alleine, sondern auch vom Willen der Geister abhängen."

„Ich hoffe, dass du es schaffst, die Geister davon zu überzeugen, dass sie Aratta vor den Sumerern schützen müssen."

„Ich werde es versuchen. Es wird aber nicht einfach: Viele Geister sind dadurch verärgert, was der Großpriester in letzter Zeit gegen den Schamanen-Kult unternommen hat", antwortete der alte Mann.

„Ich verspreche es dir, wenn du es schaffst, Enmerkar zum Rückzug zu bewegen, werde ich den Schamanen-Kult völlig unter meinen Schutz stellen und niemand kann mehr etwas gegen ihn unternehmen. Der Kult unserer Ahnen wird wieder blühen", sagte ihm der Regent von Aratta.

„Wenn ich dieses den großen Geistern in deinem Namen verspreche, werden sie uns wieder helfen. Darauf hoffe ich sehr", war die Antwort des Großschamanen.

„Jetzt gehe, Großschamane“, sagte ihm danach Ensuh-Keschdanna. „Ganz Aratta hofft jetzt auf dich und deine Geister. Ich glaube sehr, dass du mit dem Sieg zurückkommst.“

„Ich tue alles, oh Herrscher, was ich kann“, sagte der Großschamane und verließ bald darauf den Palast.

„Er ist die letzte Hoffnung Arattas!“, sagte Ensuh-Keschdanna ihm hinterher.

Ermerkar kam schon Aratta ganz nah und baute ein großes Lager vor der Stadt. Er beobachtete nun zufrieden seine unzähligen Krieger, schaute ins Weite, hinter den Mauern von Aratta, die schön zu sehen waren, und sagte seinem Hohepriester, der neben ihm stand: „Hm, wo ist jetzt Ensuh-Keschdanna? Er hat sich wie ein Schakal versteckt in Aratta. Warum schickt er keine Armee gegen uns? Was sind denn seine Drohungen, seine Weigerung sich den Sumerern zu unterwerfen?“

„Aratta hat keine starke Armee. Ensuh-Keschdanna wollte dich trotzdem überzeugen, dass Aratta unbesiegbar ist“, antwortete ihm der Hohepriester von Sumer.

„Unbesiegbar – ohne Armee! So was gibt es nicht“, sagte Enmerkar empört. „Er log immer, dieser freche Mann. Jetzt wird bald alles ein Ende haben.“

Der Großschamane tauchte plötzlich vor ihnen auf und kündigte feierlich an: „Aratta ist wirklich unbesiegbar, weil es die Stadt der großen Geister ist.“

Dass so ein alter und merkwürdiger Mann jetzt vor ihm stand und Aratta für unbesiegbar erklärte, ließ Enmerkar erstaunen. Er wandte sich wieder an seinen Hohepriester und fragte ihn:

„Wer ist das?“

„Das ist der Großschamane von Aratta“, antwortete ihm der Hohepriester von Sumer.

„Der Großschamane selbst? Wirklich? Und was sucht er hier?“ Der mächtige und grausame Herrscher von Sumer war weiterhin erstaunt.

„Das fragst du besser ihn selbst“, bekam er dann die Antwort.

„Ich bin gekommen, eure Armee bis zum letzten Mann ins Reich der Schatten zu schicken“, gab der Großschamane selbst eine Erklärung zu seiner Erscheinung.

„Ins Reich der Schatten willst du meine Armee schicken? Wo ist dieses Reich? Und wie willst du das alleine bewerkstelligen?“, fragte ihn Enmerkar, der immer noch nicht wusste, wie er mit diesem merkwürdigen Mann umgehen sollte.

„Er wird jetzt seine Geister zur Hilfe rufen, um gegen deine Armee zu kämpfen“, erläuterte der Hohepriester von Sumer.

„Welche Geister noch? Wovon redest du? Hat man in Aratta die Geister nicht hinter die Berge verjagt? Aratta nennt sich doch Stadt der Großgöttin Inanna!“ Enmerkar wurde unsicher.

„Sie können jederzeit wieder zurückkommen, wenn die Schamanen sie rufen“, war die Antwort seines Hohepriesters.

„Das muss dann ihr letztes Erscheinen sein. Ich will von keinen Geistern mehr hören!“, schrie der Herrscher von Sumer.

Der Großschamane begann inzwischen zu trommeln, zu tanzen und zu kreisen.

„Oh große Geister!“, rief er, „helft unserer Stadt – Aratta, es ist eure Stadt.“

Die Geister Rach, Mach und Zach tauchten im Lager Enmerkars nacheinander auf. Alleine der Großschamane aber sah sie.

Seinerseits wurde Enmerkar noch böser und befahl seinen Kriegern: „Tötet diesen Mann samt seinen Geistern!“

Der Großschamane trommelte und tanzte weiter.

„Oh Himmel und Erde, oh große Geister, hört mir zu! Schützt mich von allen Seiten, sodass die feindlichen Pfeile mich nicht erreichen. Schützt mich! Schick deren Pfeile auf die Feinde zurück!"

Enmerkars Krieger schossen auf den Großschamanen. Ihre Pfeile erreichten ihn aber nicht und flogen wieder auf sie zurück.

Enmerkar war jetzt erschrocken und fragte wieder seinen Hohepriester: „Was ist das? Warum erreichen die Pfeile den Schamanen nicht und fliegen wieder zurück? Schützen ihn wirklich die Geister?"

„So sieht es aus, oh Herrscher!", folgte die Antwort.

Enmerkar schrie seine Krieger an: „Noch stärker, noch mehr schießen! Tötet ihn endlich!"

Der Großschamane tanzte und sprach mit den Geistern weiter und blieb unverletzbar. Die Krieger Enmerkars fielen hingegen nacheinander durch ihre zurückfliegenden Pfeile.

Der Geist Mach sagte plötzlich zum Großschamane: „Hör mir zu, das ist nicht das erste Mal, das wir dir helfen. Du erfüllst jedoch dein Versprechen nicht immer."

Der Geist Rach unterstützte das: „Das ist wirklich so. Er sagte das letzte Mal, dass in Aratta uns niemand mehr beschimpfen werde. Aber dieser Hohepriester und seine Anhänger beschimpfen uns tags und nachts. Wie lange müssen wir diese Schikane noch dulden?"

Darauf äußerte auch der Geist Zach seine Unzufriedenheit: „Das muss ein Ende haben, und zwar schnell. Ich wollte mehrmals diesen Hohepriester und seine Anhänger überfallen. Jedes Mal hast du mich daran gehindert, Großschamane!"

„Du sagtest, dass sich Ensuh-Keschdanna selbst um den Frieden in Aratta kümmern wird", erläuterte wieder der Geist Mach, „ich sehe das aber nicht. Von Inanna-Anhängern werden wir immer weiter beleidigt. Weder du noch der Regent unternehmen etwas dagegen."

Der Großschamane antwortete nicht, tanzte und kämpfte mit der Hilfe der Geister weiter.

Erschrocken und traurig sagte Enmerkar zu seinem Hohepriester: „Der Großschamane hat schon die Hälfte meiner Armee vernichtet. Wenn es so weiter geht, bleibt von meiner Armee nichts übrig. Oh Götter! Warum helft ihr uns nicht?"

„Ich sagte dir, oh Herrscher, dass du zu wenig Opfer bringst für unsere Götter und Göttinnen", antwortete ihm der Hohepriester von Sumer. „Sie alle – selbst Obergott Enlil und seine Tochter, die Großgöttin Inanna, sind unzufrieden mit dir. Deswegen kannst du nicht an so einem schweren Tag mit ihrer Unterstützung und ihrem Schutz rechnen."

Enmerkar bemerkte: „Ich gestehe meinen Fehler. Ich bin aber bereit, ihn zu berichtigen. Vielleicht kannst du etwas dafür tun? Ich verspreche den Göttern, dass ich ihnen große Opfer bringe, wenn sie diesen Schamanen samt seinen Geistern beseitigen."

„Ich fürchte, dafür ist es jetzt zu spät", antwortete ihm der Hohepriester aus Sumer. „Wenn du wieder mit der Hilfe und dem Schutz der Götter rechnen willst, muss du zunächst ein Jahr lang große Opfer bringen. Nur danach kann sich hier etwas ändern."

„Das heißt, es gibt keine Gnade der Götter für uns? Vielleicht sollten wir jetzt besser fliehen?“, fragte der Herrscher von Sumer, noch mehr erschrocken.

„Das wäre die richtige Entscheidung“, war die Antwort.

Inzwischen wuchs die Unzufriedenheit der Geister mit dem Großschamanen.

„Wann kommt das Ende der Schikane gegen uns in Aratta?“, fragten sie ihn alle zusammen.

Der Großschamane war schon beunruhigt wegen des geänderten Verhaltens der Geister und versuchte, diese wieder zu beruhigen: „Ensuh-Keschdanna versprach mir, alles wieder in Ordnung zu bringen, für euch wird wieder Platz sein in Aratta.“

Jetzt war es aber nicht mehr einfach, die Geister davon zu überzeugen.

„Wir wollen dir und Ensuh-Keschdanna nicht mehr glauben“, antworteten sie ihm. „Wir verlassen dich, wir verlassen Aratta.“

Danach verließen die Geister den Großschamanen.

Er schrie ihnen hinterher: „Nein, geht nicht weg, lasst mich hier nicht alleine!“

Die Geister wollten aber nicht mehr zurückkommen und verließen ihn auf dem Schlachtfeld. Ein feindlicher Pfeil erreichte kurz danach den Großschamanen, und er fiel tot zu Boden.

Als Enmerkar das gesehen hatte, machte er vor Freude einen Sprung.

„Der Großschamane ist gefallen! Er ist tot! Auch seine Geister haben ihm nicht geholfen!“

„Seine Geister haben ihn verlassen, so wie unsere Götter dich, oh Herrscher!“, deutete der Hohepriester von Sumer das Geschehene.

Enmerkar gab aber nicht viel Acht auf dessen Worte, blieb weiterhin fröhlich und sagte:

„Wie auch immer, für mich ist nur eins wichtig: Jetzt liegt der Weg nach Aratta frei und ich nehme es bald ein."

Danach rief er seinen Kriegern zu: „Hej, jetzt geht es weiter nach Aratta!"

Dennoch wollten nicht alle seine Krieger seinem Aufruf folgen. Ein älterer Krieger äußerte sich zum Ruf des Herrschers von Sumer: „Enmerkar, es ist genug, Kriege zu führen, wir wollen zurück nach Hause."

Ein jüngerer Krieger erwiderte ihm: „Nein, ich möchte möglichst schnell Aratta erobern. Das Gold, die Frauen und alles, was Aratta hat, müssen mir zu Füßen liegen!"

Und es kam bald zu Unruhen im Lager. Einige unterstützten den ersten, die anderen den zweiten Krieger.

Enmerkar war empört wegen der Verweigerung einiger Krieger Aratta zu erobern und sagte seinen Leuten: „Es gibt unter euch noch viele dumme Leute: Das wusste ich bis jetzt nicht! Wovon reden diese Dummen? Wir müssen zurückkehren? Womit aber? Wie kann eine Armee mit leeren Händen zurückkehren? Womit werdet ihr dann euch und eure Familien ernähren? Ihr habt keine andere Beschäftigung, außer Kriege zu treiben, ihr könnt nichts anderes, außer einen Kampf durchzuführen. Wenn wir die Reichtümer von Aratta nicht ergreifen und das alles nicht nach Sumer übertragen, werden ihr und eure Kinder Hungers sterben! Guckt mal, wann diese Dummen von euch vom Verrat anfangen zu reden: Der Großschamane ist getötet, wir stehen ganz in der Nähe von Aratta! Diese wollen, dass unsere Mühen verloren gehen, dass die Feinde über uns lachen werden! Das lassen wir aber nicht zu! Wer weiß, vielleicht hat sie Ensu-Keschdanna für sich beworben! Jetzt überfallt diese Verräter und tötet sie! Ihr, die echten Sumerer werdet mit mir zusammen Aratta erobern und plündern!"

Eine Kriegerin namens Rehha kam nach vorne und sagte allen: „Tut das nicht! Enmerkar denkt immer nur an sich, niemals an uns! Wir sind nur wenige Frauen unter euch. Nachdem unsere Männer in Kriegen gefallen waren, hatten wir keinen anderen Ausweg, als selbst in den Krieg zu ziehen. Warum? Hat Enmerkar einmal sein Versprechen erfüllt? Hat er den Witwen der gefallenen Krieger geholfen? Aber sollte er unserer Familie nur ein kleines Stück Erde geben, könnte ich mit meinen Söhnen ackern und uns damit ernähren. Enmerkar will nur Kriege führen, und das Gut anderer an sich reißen. Auch diesmal wird er euch nichts davon geben, was er aus Aratta tragen wird: Für seine Gier ist alles zu wenig, was er plündert und stiehlt."

Enmerkar wurde nun wirklich zornig.

„Hej, macht diesem Weib den Mund zu! Schneidet ihr die Haare ab und führt diese Frau durch die Reihen der Krieger, damit jeder mit ihr machen kann, was er will. Es müssen alle wissen, was es heißt, sich gegen Enmerkar zu stellen! Mich haben die Götter über euch gestellt! Mein Wille ist der Wille der Götter! Gegen mich zu sein, bedeutet, gegen die Götter zu sein! Jetzt bestraft dieses böse Weib!"

Einige Krieger wollten jetzt Rehha überfallen, die anderen verhinderten das. Der ältere Krieger überfiel Enmerkar mit den Worten: „Enmerkar, dein Ende ist gekommen!", und schlug ihn mit dem Schwert.

„Ah! Oh Götter...", schrie Enmerkar, fiel und starb.

„Oh Enmerkar!", rief der Hohepriester von Sumer auf. „Ich sagte doch, dass unsere Götter dich verlassen haben."

Das Lager der Sumerer wurde wieder geteilt: Einige Krieger jubelten „Enmerkar ist tot! Enmerkar ist tot!", die anderen machten sich hingegen Sorgen und baten den Himmel um Rettung.

„Oh Götter! Helft uns!"

Einer der Krieger fragte plötzlich laut: „Wer wird jetzt unser Anführer sein? Wer wird jetzt der Regent von Sumer sein?"

Der Mann, der Enmerkar umgebracht hatte, antwortete dazu: „Ihr braucht nicht zu weinen! Man muss wirklich jubeln, dass wir uns von Enmerkar – von diesem bösen Mann – befreit haben. Und Rehha wird unsere neue Anführerin sein. Sie zeigt uns den richtigen Weg."

Die meisten Krieger zeigten sich von dieser Erläuterung jedoch besorgt: „Eine Frau? Wie kann das sein? Sie schafft es nicht, unsere Anführerin zu werden!"

Der Mann, der Enmerkar umgebracht hatte, sagte dann wieder: „Doch! Sie schafft es! Rehha, komm nach vorne und sag, dass du unsere neue Herrscherin sein kannst!"

Rehha kam wieder nach vorne und sagte allen: „Hört mir zu: Ich würde das nie tun! Aber es ist jetzt eine schwere Zeit für unser Land gekommen. Deswegen möchte ich euch helfen. Ja, ich kann und will eure neue Herrscherin werden".

Einige Krieger jubelten wieder und schrien: „Sei dir Ehre, Rehha! Sei Ehre unserer neuen Herrscherin!"

Die anderen aber lehnten das wieder ab: „Wir wollen sie nicht! Was kann sie uns geben?"

„Ihr alle seid für mich wie meine Söhne", antwortete Rehha. „Ich möchte, dass wir alle zurückkehren und ein friedliches Leben anfangen."

„Wovon werden wir aber leben?“, fragte sie einer der Krieger. „Wenn wir keine Kriege mehr führen, keinen Fang, keinen Raub mehr haben, dann sterben wir vom Hunger.“

Rehha antwortete ihm ruhig: „Nein, das ist nicht so. Wenn wir nach Sumer zurückkehren, bekommt jeder ein Stück von Erde. Wir werden ackern, Weizen anpflanzen, mahlen, Brot backen, friedlich und glücklich leben...“

Dieser, der ihr die Frage gestellt hatte, wandte sich jetzt an die anderen Krieger: „Ich sagte doch, dass keine Frau eine Regentin von Sumer werden kann. Wir sind ein Kriegervolk, sie will uns jetzt zu einem Bauernvolk verwandeln...“

Wieder unterstützten ihn viele.

Der Mann setzte fort: „Was werden wir tun, wenn Aratta selbst oder Ägypten uns überfällt? Unsere Schwerter werden unbrauchbar und rostig, wir können uns nicht mehr verteidigen, weil wir zu kämpfen verlernen, wenn wir als ein Bauer leben werden...“

Rehha fand auch diesmal eine Antwort für ihn: „Um in Frieden leben zu können, muss man auch sich selbst und den Frieden verteidigen. Sonst wird ein Frieden nicht möglich, wenn jeder uns überfallen kann. Aber das Schwert brauchen wir nur dafür, um uns zu verteidigen, nicht dafür, um die anderen zu überfallen.“

Jetzt meldete sich wieder ein anderer älterer Krieger: „Ich muss sagen, dass ich selbst kriegsmüde bin. Ich bin bereit, mein Schwert mit dem Spaten zu ersetzen, will nur sicher sein, dass ich ein Stück Brot für meine Familie habe.“

Dann fragte er die anderen Krieger: „Vielleicht hat sie recht? Vielleicht kehren wir zurück zum friedlichen Leben? Was sagst du dazu, Hohepriester? Du hast bis jetzt geschwiegen...“

Der Hohepriester von Sumer antwortete: „Ich habe bis jetzt geschwiegen, aber alles aufmerksam beobachtet. Ich sagte schon vorher mehrmals zu Enmerkar, dass er mit den Kriegen aufhören soll. Das wollen auch die Götter nicht mehr, sie hatten ihn schon längst verlassen. Enmerkar wurde zurecht von den Göttern bestraft, weil sie ihn nicht mehr als Regent in Sumer haben wollten. Ich bin damit völlig einverstanden, was Rehha gesagt hat. Frieden ist viel besser, als Kriege gegen die Nachbarn zu führen. Denn einmal überfällt dich jemand anderer und zerstört dein Land, wie du es gegen die anderen gemacht hattest. Rehha wird eine würdige Regentin von Sumer! Sei dir Ehre, Rehha! Sei dir Ehre, die neue Regentin von Sumer!"

Alle wiederholten nach ihm: „Sei dir Ehre, Rehha! Sei dir Ehre, die neue Regentin von Sumer!"

Rehha bedankte sich: „Danke für euer Vertrauen! Ich glaube sehr, dass ihr wegen dieser Entscheidung niemals enttäuscht werdet. Wir müssen aber zunächst einen Brief an Aratta schicken und die Leute dort benachrichtigen, dass wir gegen sie nicht vorgehen und nach Sumer zurückkehren werden."

Alle sagten wieder: „Sei dir Ehre, Rehha! Sei dir Ehre, die Regentin von Sumer!"

Inzwischen bekam Arattas Regent Ensuh-Keschdanna den Bescheid vom Tod des Großschamanen. Er wurde dadurch sehr traurig, aber auch besorgt und sagte dem Hohepriester:

„Er ist tot, der Großschamane! Ich habe sehr gehofft, dass er doch mit den Geistern zusammen den bösen Enmerkar bekämpft... Es scheint so, dass sich auch die Geister von uns abgewandt haben."

Arattas Hohepriester sagte zu ihm: „Das ist nicht so schlimm, mein Herrscher. Das Wichtigste ist, dass die Großgöttin Inanna mit uns sein wird. Ich habe diesmal der Großgöttin so viele Opfer gebracht, dass sie sicherlich bald wieder zu uns zurückkommen wird."

Enttäuschung und Kummer klangen wieder in seiner Stimme, als der Regent sagte: „Ich sehe, dass nichts mehr übrigbleibt, als uns den Sumerern zu unterwerfen. Das ist doch besser, als Enmerkar zu erlauben, Aratta zu zerstören."

Arattas Hohepriester bestätigte das: „Ja, das ist viel besser, mein Herrscher! Wieso sollte man unsere Stadt zerstören lassen?"

„Jetzt müssen wir warten, bis er mit seiner Armee vor den Toren Arattas auftaucht", sagte Ensuh-Keschdanna. „Dann gehen wir beide zu ihm und erkennen seine Herrschaft über Aratta an."

Hohepriester stimmte ihm zu: „Das ist die richtige Entscheidung, mein Herrscher! So muss es auch sein!"

Der Hohepriester dachte jedoch anders: Ensuh-Keschdanna habe nun Angst vor Enmerkar und werde jetzt den Herrscher der Sumerer um Gnade bitten. Aber würde ihm das helfen? Der Hohepriester von Aratta war überzeugt, dass Enmerkar den Regenten von Aratta nicht am Leben lassen würde.

Ensuh-Keschdanna hatte wirklich Angst, und nicht nur um sein Leben und seine Macht, auch das Schicksal seiner Nahestehenden und der ganzen Bevölkerung der Stadt beunruhigte ihn. Er war sehr verzweifelt und glaubte, dass die Eroberung seiner Stadt durch die Sumerer schlimme Folgen bringen würde. Er konnte aber jetzt nichts dagegen tun. Es blieb ihm nur, mit Enmerkars Gnade zu rechnen, und er war schon bereit, den ganzen Reichtum ihm zu übergeben, nur sollte der Herrscher von Sumer Aratta nicht zerstören, sein Volk nicht verfolgen.

Während er in solchen schweren Gedanken war, sprach der Hohepriester zu ihm: „Mein Herrscher, ich will dir zeigen, was wir in letzten Tagen in Tempeln der Großgöttin gemacht haben."

„Gut, dann zeige mir das", war die Antwort des Herrschers von Aratta.

„Wir beten erst", schlug der Hohepriester vor.

Beide begannen dann zu beten:

Oh Inanna, hilf uns,
Sei mit uns, Göttin schöne.
Du bist Königin des Himmels
Auch Herrscherin der Erde.
Ohne dich, ohne deines Willens
Es kommt nichts zu Ende.

Auch die junge Schamanin wusste schon davon Bescheid, was mit dem alten Großschamanen geschehen war. Sie ging zu ihrer Gemeinde und sagte: „Unser Großschamane ist gefallen. Er ging, um Aratta mit Hilfe der großen Geister zu verteidigen. Er war kurz davor, Enmerkars Armee zu besiegen. Die Geister aber wollten ihn nicht länger unterstützen. Sie waren unzufrieden damit, was man in letzter Zeit in Aratta dem Schamanen-Kult angetan hat. Wir müssen es jetzt schaffen, die Religion unserer Ahnen zu schützen, unabhängig davon, wer kommt, um uns zu erobern, Enmerkar oder ein anderer. Wir müssen die Geister davon überzeugen, dass wir ihnen treu sind, und deswegen müssen auch sie uns gegenüber wieder treu werden. Ich übernehme heute die Aufgabe der

Großschamanin und verspreche euch, diese Aufgabe würdig zu erfüllen."

Die junge Schamanin trommelte, tanzte, rief nach den Geistern und sagte danach: „Sie sind hier, die großen Geister, sie haben meine Stimme gehört. Sie sind bereit, wieder mit uns zusammen zu sein."

Die junge Schamanin trommelte, tanzte und kreiste wieder.

Unterdessen war der Regent von Aratta wieder am Hof mit seinem Hohepriester zusammen.

„Enmerkar wird schon bald mit seiner Armee vor den Toren Arattas stehen. Hast du überlegt, was wir ihm sagen, wenn wir ihn dort treffen?", fragte Ensuh-Keschdanna sehr nachdenklich.

„Keine Sorge, mein Herrscher! Ich weiß, was ich Enmerkar und dem Hohepriester von Sumer sagen werde, wenn wir sie vor den Toren Arattas treffen", folgte die Antwort des Geistlichen.

Plötzlich kam ein Hofbediensteter mit jemandem zusammen herein und sagte: „Oh Herrscher von Aratta! Dieser Mann ist ein Bote der Sumerer. Er hat wieder einen Brief für dich."

Der Bote machte einige Schritte nach vorne und sagte: „Ensuh-Keschdanna! Die Sumerer haben nun eine neue Herrscherin – Rehha! Sie haben einen Brief an den Regenten von Aratta geschickt."

Ensuh-Keschdanna war von dem, was er gehört hatte, sehr aufgeregt.

„Haben die Sumerer nun eine Frau als neue Herrscherin?", fragte er, „Rehha heißt sie? Wo ist der Brief?"

Zwei Hofbediensteten brachten auf Rädern eine große Tontafel herein.

Ensuh-Keschdana sagte zum Boten: „Lies den Brief vor!"

Der Bote las vor: „Ensuh-Keschdanna, du sollst es wissen: Wir Sumerer haben nun eine neue Regentin – das ist Rehha! Mit Enmerkar waren wir nicht einverstanden, wir wollen keine Kriege mehr gegen die Nachbarn führen, deren Städte erobern und zerstören. Er jedoch wollte das weiterhin tun. Wir sind kriegsmüde und wollen ab jetzt in Frieden leben. Enmerkar wollte uns nicht zuhören. Wir haben ihn gestürzt und getötet..."

„Ah wirklich?", fragte Ensuh-Keschdanna sehr froh. „Ich kann daran nicht glauben!"

Der Hohepriester von Aratta sah aber nun sehr verloren aus: „Wie kann das sein? Wie kann das sein? Ich glaube nicht..."

Ensuh-Keschdanna sagte wieder zum Boten: „Ja, lies weiter!"

Der Bote las weiter vor: „Wir wollen, dass ihr in Aratta eins versteht: Wir Sumerer sind keine Feinde von euch! Wir wollen euch jetzt etwas anderes anbieten: Frieden, Freundschaft und gegenseitige Unterstützung."

Ensuh-Keschdanna schrie von Freude aus: „Ah, wir sind gerettet! Aratta ist gerettet! Das ist deswegen gelungen, weil wir in den letzten Tagen so viele Opfer für Inanna brachten."

Danach sagte er wieder dem Boten: „Gib Rehha Bescheid, dass Aratta ab jetzt ein Verbündeter der Sumerer ist. Wir nehmen sehr gerne ihren Vorschlag über die Freundschaft und gegenseitige Unterstützung an. Wir sind glücklich darüber, ab jetzt mit Sumer in Frieden zu leben. Jetzt geh bitte und gib das alles an deine neue Herrscherin weiter."

Der Bote verbeugte sich und ging ab.

Ensuh-Keschdanna erhob seine Augen zum Himmel.

„Das ist unglaublich, wirklich unglaublich!"

Dann ging er zu seinem Hohepriester und umarmte ihn: „Dank dir ist dies gelungen! Enmerkar wurde wegen seiner bösen Taten von der eigenen Armee bestraft. Er hatte das völlig verdient! Die Hauptsache ist aber, dass wir gerettet sind von diesem garstigen Mann. Jetzt beten wir nochmals für Inanna."

Beide begannen wieder zu beten:

O Inanna, hilf uns,
Sei mit uns, Göttin schöne.
Du bist Königin des Himmels
Auch Herrscherin der Erde.
Ohne dich, ohne deines Willens
Es kommt nichts zu Ende.

Arattas Herrscher empfahl danach: „Jetzt gehen wir in den Tempel von Inanna. Vor dem Tempel versammelst du die Gemeinde und wir werden wieder beten und die Hymne zu Ehren Inannas singen. Auch die neue Großschamanin kommt mit ihrer Gemeinde. Wir müssen uns auch bei den Geistern unserer Stadt bedanken. An der Rettung und dem Schutz Arattas haben sie auch einen eigenen Anteil."

Sein Hohepriester war nun sehr unglücklich, obwohl er das nicht zeigen wollte.

„Ja gehen wir, gehen wir, mein Herrscher", sagte er. „Ich tue alles so, wie du es sagst."

Er folgte Ensuh-Keschdanna nach, wollte aber immer noch an das Geschehene nicht glauben und sagte unterwegs oft leise zu sich: „Wie konnte so etwas geschehen? Sind wirklich alle meine Träume zerstört? Dieser verdammte, dumme Enmerkar!“

DIE GESCHICHTE VON DIAUS

Nach Motiven einer Geschichte aus dem altindischen Epos Mahabharata

Brahma, der ewige Geist, erschuf diese Welt, danach schuf er auch die Götter und die Menschen. Die Götter wollten unsterblich werden und ewig leben wie Brahma selbst, und dafür suchten sie nach einem Getränk – Amirati. Um ein solches Getränk zu bekommen, fanden sie einen großen Berg und stürzten ihn mit all seinen Wäldern, Tieren und Vögeln, die dort lebten, ins Weltmeer; danach sah das Wasser im Weltmeer aus wie Milch, die immer dichter wurde. Als das Amirati fertig war, nahmen es die Götter, tranken davon und wurden zu ewigen Göttern. Indra wurde zur höchsten Gottheit, aber Vishnu und Shiva, der auf der Spitze vom Himalaja lebte, waren auch sehr stark und unabhängig von ihm.

Einmal versammelte Brahma alle Götter und Göttinnen, Weisen und Einsiedler im Himmel um sich. Unter ihnen war auch Mahabhischa: Einst ein Sterblicher, wurde er wegen seines Dienstes von Indra zum Leben im Himmel ausersehen. Als einmal ein starker Wind das Kleid der Göttin Ganga hoch wehte, schaute Mahabhischa ihre schönen Beine begierig an. Brahma machte das wütend und er schrie Mahabhischa an: „Du warst einst als Sterblicher geboren; du verlässt nun den Himmel und gehst zu den Sterblichen zurück, du wirst auf der Erde von einer Frau geboren, um dann wieder zu sterben."

Mahabhischa wählte den Maharadscha von Hastinapur, der einen guten Ruf hatte, zu seinem irdischen Vater und wurde als dessen Sohn mit dem Namen Schantanu geboren. Nach dem Tod seines Vaters wurde Schantanu selbst zum Maharadscha von Hastinapur und leitete nun den Stamm Kurus, eines Enkels des berühmten Bruders des großen Rama, des gutmütigen Bharats, der alle diese Länder ringsum irgendwann gegründet hatte, die man nach seinem Tode Bharata nannte.

Allerdings war Mahabhischa nicht alleine unter den Unsterblichen, der eine solche Bestrafung erfuhr. Noch acht andere Götter mussten ihre göttliche Gestalt in eine menschliche wechseln.

So war Gott Diaus einmal mit seiner schönen Frau und sieben anderen Göttern unterwegs auf der Erde. Sie kamen eines Tages in den Wald, wo der Weise Wasischtha eingesiedelt war. Der Weise war gerade in tiefer Meditation, als die Himmelsbewohner seine Kuh mit ihrem Kälbchen zusammen in den Büschen entdeckten. Die schöne schneeweiße Kuh faszinierte die Götter so, dass sie, alles vergessend, nur noch diese bewundern wollten. Die Frau von Diaus sprach zu ihrem Mann: „Wie gerecht ist das, dass Wasischtha so eine schöne Kuh hat, aber die anderen nicht? Ich möchte sie und ihr Kälbchen meiner Freundin schenken; sie ist sehr arm."

Diaus war zunächst mit dem Wunsch der Göttin nicht einverstanden: „Oh Schöne!", sagte er ihr. „Ob es gerecht ist, wenn wir die Kuh des großen Weisen entführen?"

„Es wäre aber gerechter, wenn meine Freundin diese Kuh hätte", antwortete die Göttin.

Nachdem die anderen Götter dieses auch bestätigt hatten, entschied sich Gott Diaus, die Kuh zu entführen. Sie schafften es aber nicht, den Wald zu verlassen. Der Weise Wasischtha hörte durch die Meditation das Gebrüll seiner Kuh und wachte auf. Als er festgestellt hatte, wer seine Kuh entführt hatte, verfluchte er Diaus und die anderen sieben Götter: „Ihr sollt von einer Frau auf der Erde geboren werden!"

Nachdem Diaus diesen Fluch von Wasischtha gehört hatte, ging er selbst zu dem Weisen und bat ihn um Vergebung. Der alte Weise war jedoch unerbittlich und sagte dem Gott Diaus: „Du wirst nicht nur von einer Frau geboren, du wirst noch ein schwereres Schicksal haben als die anderen Götter, die ich auch verflucht habe. Weil gerade du meine Kuh entführt hattest. Du wirst als Sohn eines Maharadschas geboren, wirst aber niemals selbst zum Thronherrscher. Stattdessen wirst du zum Diener dieses Throns. Du kannst niemals heiraten und wirst keine Kinder haben. Ich kann meinen Fluch nicht mehr zurücknehmen, weil ich selbst keinen Einfluss mehr darauf habe. Wenn aber eine Göttin einverstanden sein wird, eure Mutter zu werden, könnt ihr euch wieder von meinem Fluch befreien, und wenn du einmal deine irdische Aufgabe erfüllt hast, kannst du wieder in den Himmel zurückkehren."

Diaus ging zu den sieben anderen verfluchten Göttern, versammelte alle um sich und gab ihnen die Worte des Weisen weiter. Wenn sie wirklich von einer Frau geboren würden, würden sie nie wieder im Himmel leben dürfen. Bevor sie ihre Gestalt wechseln mussten, sollten sie wissen, was sie aber tun könnten, um wieder in den Himmel zurückzukehren. Nur eine der Göttinnen könne sie nun retten.

Einer der Götter schlug vor: „Gehen wir zur Göttin Ganga und bitten sie darum, von ihr geboren zu werden."

Alle acht Götter kamen zum Fluss Ganges und fragten die Göttin, ob sie ihre Bitte erfüllen könne. Die Göttin Ganga bedauerte diese Götter und sagte ihnen zu, ihre Mutter zu werden. Alle sieben Götter mussten direkt nach ihrer Geburt auf die menschliche Gestalt verzichten, um wieder als Götter in den Himmel zurückkehren zu können. Nur Diaus musste noch weiter als Mensch leben, ohne von seinem früheren Leben im Himmel wissen zu dürfen; er musste die Göttin Ganga für seine Mutter halten. Die Göttin Ganga musste aber noch einen Mann heiraten, der als sein Vater gelten sollte. Als die Götter das hörten, stürzten sie sich in den Fluss. Die Göttin ging mit acht Göttern in ihrem Leib, in der Gestalt einer jungen schönen Frau, zum jungen Maharadscha Schantanu von Hastinapur – dem größten Radschastan im ganzen Bharata.

So kam die Göttin Ganga zu Schantanu und sagte ihm, dass sie seine Frau werden möchte. Sie stelle ihm dafür nur eine Bedingung: Niemals dürfe er fragen, wer sie sei und er dürfe niemals von ihr eine Erklärung zu dem verlangen, was sie tun würde. Schantanu war darüber sehr glücklich, er nahm ihre Bedingungen an und heiratete diese wunderschöne junge Frau. Nach neun Monaten ging sie zum Fluss Ganges, brachte ihre neugeborenen acht Söhne zum Maharadscha und zeigte ihm diese. Danach warf die Göttin ihre sieben Söhne in den Fluss Ganges hinein, nur den jüngsten – das war Diaus in seiner neuen Gestalt – hielt sie zurück.

Nachdem fünf Jahre vorbeigegangen waren, fragte der Maharadscha sie einmal: „Vielleicht sagst du mir nun endlich, wer du bist und warum du sieben unserer Söhne in den Fluss Ganges geworfen hast?"

„Du hast dein Versprechen nicht eingehalten", sagte die Göttin Ganga, „deswegen muss ich dich nun verlassen. Aber ich bringe dir deinen jüngsten Sohn wieder zurück, wenn er einmal fünfundzwanzig Jahre alt sein wird."

Der Maharadscha Schantanu bedauerte sehr, dass seine Frau ihn verlassen hatte und keiner seiner acht Söhne mehr neben ihm war. Der traurige Maharadscha heiratete niemanden mehr und lebte zwanzig Jahre alleine, bis er einst Satjawati, die Tochter des Hauptes eines Fischer-Volks, traf. Schantanu verliebte sich in Satjawati und wollte ihr schon seine Hand und sein Herz anbieten.

Indessen kam eines Tages unerwartet die Göttin Ganga zu ihm und brachte seinen jüngsten Sohn mit: „Dein Sohn ist jetzt fünfundzwanzig Jahre alt geworden. Er heißt Bhischma, er wurde von den besten Lehrern unterrichtet. Der Bahawan Praschurama selbst lehrte ihm die Kriegskunst. Unser Sohn ist unbesiegbar. Du kannst ihn zu deinem Nachfolger machen; nicht nur Hastinapur, sondern das ganze Bharata wird unter ihm erblühen. Und du darfst jetzt auch wissen, dass ich die Göttin Ganga bin".

Die Göttin sagte dies und entschwand wieder eilig. Schantanu war davon, was er gerade gehört hatte, so erstaunt und begeistert, dass er sogar die schöne Satjawati vergaß und von nun an nur noch mit seinem Sohn beschäftigt war. Nach seinem Befehl fanden im Palast von Hastinapur die Waschung Bhischmas mit Wasser und Milch und seine Ernennung zum Thronnachfolger statt.

Jedoch nur kurz danach erinnerte sich Schantanu wieder an die schöne Satjawati und ging zu ihrem Vater. Als Schantanu beim alten Mann um die Hand von dessen Tochter warb, lehnte jedoch der Anführer der Fischer dies ab.

„Du hast nun deinen Sohn zum Thronfolger waschen lassen", sprach er zum Maharadscha. „Dessen Söhne werden auch die Thronfolger von Hastinapur sein. Ich will aber, dass meine Enkel die Thronfolger werden."

Schantanu war von dieser Rede sehr enttäuscht und verließ das Haus des Vaters von Satjawati.

Bhischma bemerkte, dass sein Vater seine Fröhlichkeit verloren hatte und fragte ihn eines Tages nach dem Grund dieser Traurigkeit. Schantanu erzählte alles seinem Sohn, und als Bhischma das hörte, ging er selbst zum Vater von Satjawati, ohne dem Maharadscha etwas zu verraten.

„Ich verzichte auf den Thron von Hastinapur", sagte Bhischma dem Alten. „Ich selbst werde niemals heiraten und auch keine Kinder haben. Die Söhne Satjawatis und des Maharadschas Schantanu und deren Kinder werden die Thronfolger von Hastinapur. Ich selbst werde nur Hastinapur und dessen Thron dienen und seinen Herrscher schützen. Dies schwöre ich dir, oh gutmütiger Alter!"

Als Satjawatis Vater dies hörte, sagte er zu dem jungen Mann:

„Ich glaube dir, Bhischma! Ich glaube, dass du deinen Eid einhältst. Deswegen bin ich einverstanden damit, dass meine Tochter den Maharadscha Schantanu heiratet."

Obwohl Schantanu zu Anfang nicht besonders glücklich darüber war, dass sein Sohn auf den Thron verzichtet hatte, vergaß er dies bald, nachdem er die schöne Satjawati geheiratet hatte. Satjawati gebar dem Maharadscha zwei Söhne, der älteste von ihnen sollte den Thron Hastinapurs übernehmen.

Als der alte Schantanu auf dem Sterbebett lag, wollte er noch einmal von seinem ältesten Sohn Bhischma hören, dass er den Thron von Hastinapur auch weiter schütze und seine Brüder auch weiterhin unterstützen würde. Nachdem Bhischma das alles erneut dem Vater versprochen hatte, umarmte der alte Herrscher Bhischma und starb in seinen Armen.

Bhischma erzog seine beiden Brüder als gute Krieger, die mit allen Waffen gut umgehen konnten und stark und mutig waren. Besonders Tschitragada, der älteste Sohn Schantanus und Satjawatis, kannte niemanden, außer seinem älteren Bruder Bhischma, der sich mit ihm in der Kampfkunst messen konnte.

Als er volljährig wurde, wusch man Tschitragada zum neuen Mahradscha von Hastinapur.

Kurz darauf kam Satjawati zu Bhischma und sagte ihm: „Oh berühmter Sohn der Ganga! Meine Söhne müssen auch heiraten, damit ihre Kinder später auf den Thron Hastinapurs folgen können. Der Maharadscha Kaschi richtet ein Swajamwari für seine drei Töchter aus. Du musst dahin gehen und alle drei für meine Söhne gewinnen."

„Deine Söhne, oh Mutter Satjawati, müssen selbst am Swajamwari teilnehmen und die Töchter von Kaschi für sich gewinnen. Warum sollte ich das tun? Das wäre gegen die Tradition."

„Nein, Bhischma!" Satjawati war mit ihm nicht einverstanden. „Du musst das tun. Es ist sonst nicht sicher, ob meine Söhne es schaffen, denn die besten und stärksten Prinzen werden um die Hand und das Herz der Töchter von Kaschi kämpfen."

Bhischma blieb nichts anderes mehr übrig, als zuzustimmen und bald darauf zum Swajamwari der Tochter des Maharadschas Kaschi zu fahren. Er entführte alle drei Prinzessinnen und brachte sie nach Hastinapur. Aber die jüngste von ihnen, die Prinzessin Amba, sagte Bhischma: „Oh Sohn der Göttin Ganga! Ich und der junge Radscha Schalwa lieben einander. Erlaube mir, zu ihm zurückzugehen."

Bhischma erlaubte es ihr. Seine beiden jüngeren Brüder heirateten die zwei anderen Töchter des Kaschi.

Tschitragada dachte jedoch wenig an den Thron und an seine Frau, sondern verbrachte seine Zeit überwiegend im Kampf. So forderte er einmal auch den Anführer der Gandharwen zum Zweikampf heraus. Zwei Tage lang gelang es keinem, den Kampf zu gewinnen, am dritten Tag war jedoch Tschitragada geschwächt und der Anführer der Gandharwen tötete ihn. Hastinapur blieb nun ohne Thronherrscher, und Bhischma musste nun den jüngeren Bruder Wichi für die Thronübernahme vorbereiten.

Bhischma und Satjawati, die Mutter des neuen Königs, die beide tief erschüttert vom Tod Tschitragadas waren, erfuhren neues Glück, als der Tag der Thronannahme nahte. Wichi wurde zum neuen Maharadscha gewaschen und sollte seinen Platz auf dem Thron einnehmen, dabei fiel er jedoch die Stufen herab, die zum Thron führten, und starb unerwartet.

Die Trauer und Bestürzung Bhischmas und Satjawatis kannten keine Grenzen, sie beide wurden sehr unglücklich durch diesen Verlust. Dennoch gelang es mit der Hilfe Krischnas, des Sohnes von Wasudewa, die beiden Witwen zu befruchten.

Die Prinzessin Amba war nach ihrer Entführung zum jungen Radscha Schalwa gegangen; er hatte sie aber nicht mehr heiraten wollen. Die Prinzessin Amba suchte die Schuld dafür bei Bhischma. Sie fand danach den Bahawan Puraschuram, den Lehrer Bhischmas. Mit großer Schwierigkeit gelang es ihr, Paraschuram zu überzeugen, gegen Bhischma zu kämpfen. Sehr lange dauerte der Zweikampf zwischen Paraschuram und Bhischma, und einmal wollten beide die göttlichen Waffen benutzen. Das aber hätte eine Bedrohung für die ganze Welt bedeutet. Das wollte die Göttin Ganga verhindern und rief den Gott Shiva zur Hilfe. Shiva hörte der Prinzessin Amba zu und sagte ihr: „Noch ist es unmöglich, Bhischma zu töten, weil er noch nicht alle seine irdischen Aufgaben erfüllt hat. Wenn du aber jetzt selbst stirbst und wiedergeboren wirst, kannst du ihn nach fünfundzwanzig Jahren auch selbst töten."

Amba war damit einverstanden. Sie beging den Selbstmord und wurde gleich als Tochter eines anderen Maharadschas wiedergeboren. Als sie fünfundzwanzig Jahre alt wurde, fand sie während der Schlacht auf dem Feld Kuruschetra den alten Bhishma und tötete ihn. So hatte sich Gott Diaus seine irdische Aufgabe erfüllt und durfte wieder im Himmel leben.

DIE VERBRENNUNG DER SCHLANGEN

Nach Motiven einer Geschichte aus dem altindischen Epos Mahabharata

Es war die Zeit, als die Götter noch sterblich waren und die Weisen und Einsiedler große Macht hatten. Der gottähnliche Asket und Sänger Kaschjapa lebte auch in dieser Zeit auf der Erde. Der heilige Mann war von allen Lebenden für seine Mühen um das Gute und Großtaten geachtet.

Der große Weise träumte von Nachkommen: Er heiratete zwei himmlische Jungfrauen – die Schwestern Winata und Kadru – und entschied sich eines Tages das Opfer für dieses Ziel zu bringen. Kaschjapa lud die Götter und Halbgötter, Einsiedler und Weisen ein, um seine Opferbringung zu feiern.

Und als Gottvater Indra kam, sagte ihm Kaschjapa: „Bring mir Holz, erfülle meinen Befehl!"

Indra brachte so viel Holz für ihn, bis im Wald ein Holzberg gebildet wurde. Der große Gott hörte aber nicht auf und trug immer weiter Holz auf. Und er begegnete auf seinem Weg plötzlich Weisen, die körperlich so klein und ohnmächtig waren, dass alle zusammen ein kleines Holzstück kaum tragen konnten. Die geistigen Großtaten schwächten sie so. Sie fielen in eine kleine Grube hinein, die mit Wasser gefüllt war und mussten mächtig kämpfen, um dort überhaupt herauszukommen. Als Indra das alles sah, lachte er laut und machte sich lustig über diese Männer. Das machte die Weisen sehr wütend und sie schworen: „Im Namen unserer Strenge in den Gesetzen und der Unumstößlichkeit unserer unbrechbaren Gelübde sei ein neuer Indra geschaffen, der hundert Mal stärker wird als dieser Eingebildete."

Als Indra das hörte, verstand er, dass er den gerechten Zorn der Weisen ausgelöst hatte. Er ging zu Kaschjapa und sagte ihm: „Hilf mir, oh großer Weiser, mich von der Verwünschung der anderen Weisen zu befreien."

Indra erzählte Kaschjapa, wie es zum Streit zwischen ihm und den Weisen gekommen war und bat ihn, die Erschaffung eines zweiten Indra zu verhindern. Kaschjapa sprach die von Indra gekränkten Weisen an: „Indra hat Brahma geschaffen", sagte er ihnen. „Deswegen wäre die Erschaffung eines zweiten Indra gegen den Willen Brahmas."

Und Kaschjapa schlug vor, dass sie den zweiten Indra nicht als Gott, sondern als Indra unter den Erdtieren und Vögeln schaffen. Das wurde angenommen und die Weisen waren bereit, ihn unter den Erdtieren und Vögeln zu schaffen. Die Schwestern Winata und Kadru, die Frauen von Kaschjapa, wurden für diese große Aufgabe ausgewählt: Eine sollte Indra unter den Erdtieren und Indra unter den Vögeln gebären, die andere müsste einem Sonderwesen – der Schlangen-Sippe – den Anfang geben und eine von diesen sollte Indra unter den Schlangen werden.

Ein Blick des Weisen Kaschjapa reichte aus, damit Winata und Kadru schwanger werden konnten: Winata brachte nur zwei Eier hervor, ihre Schwester tausend Eier. Nach fünfhundert Jahren schlüpften aus den Eiern Kadrus tausend Schlangen, auf die Kadru sehr stolz war. Der älteste von ihnen war Schescha, Indra unter den Schlangen, der zweite Wasuki, die längste unter den Schlangen, und der dritte war Takschaka, der böseste und tückischste unter den Schlangen. Die drei ältesten Schlangen waren von männlicher Gestalt.

Die zwei Eier Winatas waren aber auch nach fünfhundert Jahren nicht ganz reif. Sie konnte nicht mehr lange warten und brach selbst ein Ei auf, um ihren Sohn zu sehen. Ihr Sohn war nur bis zur Hälfte reif und er war sehr empört wegen der Tat der Mutter.

„Oh du gierige Mutter!", sagte er. „Du solltest nur noch einige Tage warten, bis ich ganz reif wäre und selbst das Ei aufbrechen würde. Wegen dir bin ich jetzt unreif geboren und kann meine Aufgabe nicht erfüllen. Dafür bekommst du eine Bestrafung: Du muss noch fünfhundert Jahre warten, bis dir der zweite Sohn geboren wird. Zudem wirst du in diesen fünfhundert Jahren als Sklavin leben. Mein Bruder wird nach fünfhundert Jahren kommen und dich befreien."

So konnte der ältere Sohn der Göttin Winata, Aruna hieß er, seine Aufgabe nicht erfüllen und kein Indra unter den Tieren werden. Er ging zurück in den Himmel und wurde zum Fuhrmann des Sonnengottes Sira Narajana.

Kurz danach schufen die Götter das Getränk der Unsterblichkeit Amirati, tranken daraus und wurden unsterblich.

Eines Tages sahen die Schwestern ein sehr schönes weißes Pferd und Winata sprach: „Das ist das göttliche Pferd, das geboren wurde, als die Götter das göttliche Getränk Amirati schufen, und es ist ganz weiß wie Milch und hat nirgendwo einen schwarzen Fleck."

„Nein", sagte die Kadru. „Dieses Pferd hat einen schwarzen Schweif, ich habe das jetzt gemerkt."

Die Schwestern stritten darüber lange, bis Winata sagte: „Es ist ganz weiß und hat auch einen weißen Schweif. Ich bin bereit, mit dir darüber zu wetten."

„Nein", Kadru wollte nicht aufgeben. „Es hat einen schwarzen Schweif. Ich bin auch bereit zu wetten. Unter der Bedingung, wer verliert, wird zur Sklavin der anderen."

Sie entschieden sich, am nächsten Tag zur Insel im Meer zu fliegen, wo dieses Pferd lebte, und alles genau zu beobachten.

Kadru kam noch am selben Tag zu den Schlangen – ihren Kindern – und sagte: „Ich weiß nicht, was mich dazu zwang, aber ich habe nun mit meiner Schwester Winata gewettet, wenn wir morgen feststellen, dass das göttliche Pferd einen schwarzen Schweif hat, wird sie zu meiner Sklavin. Das Pferd hat aber wirklich einen weißen Schweif, wie Winata sagte, und deswegen würde ich selbst zur Sklavin meiner Schwester, wenn ich nichts dagegen unternehme. Ihr müsst morgen früh zur Insel im Meer gehen und den Schweif des Pferdes so umwickeln, dass dieser aus der Ferne ganz schwarz aussieht."

Ihre Kinder erfüllten jedoch die Erwartung der Mutter nicht, weil sie mit ihr nicht einverstanden waren.

„Du tust Unrecht, oh Mutter", sagten sie. „Und willst auch uns dazu zwingen. Wir können das nicht tun, was du sagst."

Die Antwort ihrer Kinder machte Kadru sehr wütend und sie schrie empört: „Es ist eure Pflicht, der Mutter zu gehorchen und wortlos zu erfüllen, was sie euch sagt."

Die Schlangen lehnten erneut ab, ihre Bitte zu erfüllen.

Kadru betrachtete das als große Achtungslosigkeit ihr selbst gegenüber und verfluchte ihre Kinder mit den Worten: „Ich verfluche euch alle, meine Kinder – alle Schlangen wegen dieser Ungehorsamkeit und Unachtung der Mutter gegenüber!

Es kommt die Zeit, in der ihr alle verbrannt werdet."

Die Schlangen hatten das nicht erwartet und fragten die Mutter, was das bedeuten sollte. Darauf antwortete Kadru ihren Söhnen:

> Es kommt Dschanamedschaja, der Schlangen-Vernichter,
> Für die Schlangen-Sippe wird er ein grausamer Richter.
> Er kommt einst, der Herrscher, er kommt in seiner Zeit
> Und die Giftigen er dann wirklich ins Feuer treibt.

Am nächsten Tag flogen die beiden Schwestern zur Insel im Meer, um das Pferd genau anzuschauen. Das Pferd hatte tatsächlich einen schwarzen Schweif. So hat Kadru die Wette gewonnen und ihre Schwester Winata zur eigenen Sklavin gemacht. Kadru verstand, dass ihre Söhne wegen der Angst vor ihrem Fluch doch hierhergekommen waren und den Pferdeschweif umwickelt hatten, wie sie es gewünscht hatte. Es war aber zu spät: Sie konnte ihren Fluch nicht mehr zurücknehmen.

Nach fünfhundert Jahren wurde aus dem anderen Ei Winatas ihr zweiter Sohn geboren. Garuda hieß er und war Indra unter den Vögeln: stark, mächtig und furchtlos. Er befreite seine Mutter und danach verließen beide Schwestern wieder die Erde und gingen in den Himmel zurück, wie auch Garuda selbst.

Wasuki war der König der Schlangen. Denn einst haben die Götter ihn als Seil genutzt, als sie den Berg ins Weltmeer stürzen wollten, um das Honigmeer zu schaffen, das für sie als Amirati – das Getränk der Unsterblichkeit – dienen sollte.

Wasuki war sehr klug, regierte und richtete immer gerecht, rief die Schlangen zu Vernunft und edlem Verhalten auf. Obwohl nicht alle von ihnen immer das taten, was ihr König verlangte, waren die Schlangen voller Achtung ihm gegenüber. Trotz alledem beunruhigte Wasuki eine Sache sehr: jener Fluch der Mutter.

Auch den anderen Schlangen hatte der Fluch der Mutter früher Sorgen bereitet, aber sie hatten das bald wieder vergessen. Nur Wasuki dachte Tag und Nacht daran und suchte Wege, die Schlangen vor dem Fluch der Mutter, also vor der Vernichtung, zu retten. Wasuki wusste, dass der Herrscher, der die Schlangen ins Feuer treiben sollte, als Nachkomme Bharatas geboren würde. Wasuki war Zeuge des Kampfes zwischen diesen – den Cousins Kurawas und Pandawas; Wasuki dachte, dass die Kurawas in der großen Schlacht im Feld Kurukschetra siegen würden, weil sie viel zahlreicher und mächtiger waren als ihre Cousins. Nach Wasukis Überlegungen sollten alle Schlangen nach diesem Krieg die Kurawas überfallen und töten, weil sie Unrecht taten. Als jedoch die Pandawas siegten und der älteste von ihnen, Judhischtira, zum neuen Herrscher über ganz Bharata wurde, überlegte der Schlangenkönig, dass es unmöglich würde, diese im Kampf zu besiegen. Denn es wäre auch bekannt, wie Pandawas das Dharma erfüllten, vor allem Judhischtra selbst. Deswegen könnten sie auch ihre Cousins besiegen, denen das Gemüt der Kurawas, ihr Adharma, ebenso gut bekannt wäre.

Dann suchte Wasuki andere Wege, um dem Mutterfluch zu entgehen. Es war jetzt klar, dass der Herrscher Dschanamedschaja ein Nachkomme der Pandawas wird. Judhischtra und drei seiner Brüder hatten keine Kinder; ihre Söhne waren im Krieg gegen die Kurawas gefallen, ohne Nachfolger hinterlassen zu haben. Nur dem Sohn eines weiteren Judhischtras Bruders Ardschuna, Abhimanju, wurde nach dessen Tod ein Sohn geboren – Parikschit, der die Herrschaft der Pandawas über Bharata fortsetzen musste. Judhischtras Name war auf der ganzen Welt berühmt als der eines klugen und gerechten Herrschers, als eines beharrlichen Erfüllers des Dharma. Als er alt wurde, verzichtete Judhischtra auf den Thron zugunsten Parikschits und ging zusammen mit vier seiner Brüder in die Berge des Himalayas.

Parikschit wurde auch bald überall als gerechter Herrscher bekannt. Der Schlangenkönig beobachtete den jungen Herrscher und dessen Leben ständig, und als er seinen neugeborenen Sohn Dschanamedschaja – der Vernichter der Schlangen – genannt hatte, wurde es Wasuki klar, der Herrscher, der den Fluch seiner Mutter zur Erfüllung bringen sollte, war schon geboren. Aber was soll es verursachen, das diesen Dschanamedschaja dazu bringen würde, die Schlangen-Sippe zu vernichten? Um das schon vorher zu klären, rief Wasuki alle Schlangen, die in der Magie und im Vorhersagen mächtig waren, zusammen, und stellte ihnen die Aufgabe, die anderen zu warnen. Das war für diese Schlangen jedoch nicht einfach; viele beschwerten sich darüber, dass der Grund dafür, was bald geschehen müsse, ganz tief liege, die anderen sagten, dass es schwer vorauszusehen sei, weil das nicht direkt mit Dschanamedschaja selbst verbunden werde.

Doch eine alte Schlange schrie endlich laut: „Ich habe es gesehen! Dschanamedschaja wird das aus Rache tun! Eine der Schlangen wird seinen Vater Maharadscha Parikschit in seinem Palast tödlich beißen und dessen Sohn wird deswegen alle Schlangen töten wollen."

Als der Grund der Schlangen-Vernichtung, die Dschanamedschaja durchführen sollte, Wasuki bekannt geworden war, rief er darauf alle Schlangen der Welt zusammen. Da kamen zu ihm die Schlangen aus allen Richtungen der Erde, die so unterschiedlich waren, wie man es sich kaum vorstellen konnte. Sie waren alle glücklich aus ein und demselben Grund, aber unglücklich waren sie aus verschiedenen Gründen. Unter ihnen waren die schönen und die hässlichen, aber viele von ihnen verband eins – das tödliche Gift, das sie unter ihren Zähnen hatten.

„Oh Brüder und Schwestern", sagte Wasuki, „ihr wisst es, dass über uns allen Schlangen der Fluch schwebt. Wir sind nicht schwach, wir können vieles. Aber wir sind gegen den Fluch der Mutter hilflos! Wenn ich mich auch jetzt daran erinnere, beginne ich zu zittern: ‚Seid ihr verflucht, böse Kinder!', sagte unsere Mutter damals in der Morgendämmerung. Das haben die Götter gehört und angenommen, das hat selbst Brahma gehört und angenommen. So droht allen Schlangen die Vernichtung, wie die Mutter sagte:

Es kommt Dschanamedschaja, der Schlangen-Vernichter,
Für die Schlangen-Sippe wird er ein grausamer Richter.
Er kommt einst, der Herrscher, er kommt in seiner Zeit
Und die Giftigen er dann wirklich ins Feuer treibt.

Wir müssen trotzdem etwas unternehmen, um Dschanamedschaja daran zu hindern, seine Rache durchzuführen. Aus diesem Grund habe ich euch alle heute versammelt. Was denkt ihr: Wie können wir Dschanamedschaja anhalten und uns vor dem Fluch der Mutter retten?“

Und als Antwort hörte Wasuki viele Vorschläge. Einige sagten, sie würden selbst in der Gestalt der Weisen zum Maharadscha gehen und ihn davon überzeugen, von der Verbrennung der Schlangen abzusehen.

Die weisen Schlangen beschuldigten diese doch der Dummheit.

„Wir gehen“, sagten diese, „zu ihm als Ratgeber, als Diener, die ihm helfen wollen. Und wird er uns danach fragen, wie man die Verbrennung der Schlangen am besten durchführt? Wir finden hunderte von Hindernissen und beschuldigen seine Weisen der Götterlästerung. Dann sagen wir ihm, dass die Verbrennung der Schlangen ein großes Unglück in die Welt bringt. Wenn er nicht darauf hört, beißt ihn eine von uns zu Tode.“

Aber die gutmütigen Schlangen waren auch damit nicht einverstanden.

„Wir müssen das ohne Gewalt lösen“, sagten sie. „Mord ist das schlimmste aller Verbrechen! Das lassen wir niemals zu!“

Die Schlangen-Zauberer hatten einen eigenen Vorschlag.

„Wir verwandeln uns in die schwarzen, großen Wolken, bewegen uns zum Altar und löschen das Feuer der Jagia[2] aus!“

Eine andere Schlange sagte: „Es ist ganz einfach. Einige der tapferen Schlangen, die auch gute Diebe sind, gehen und stehlen den Priestern Dschanamedschajas die Kelle und den Be-

---

2 Die alte vedische Tradition von Opferfeuer, auch Jagia genannt, entstand aus dem Ritual, den Göttern Opfergaben durch Trankopfer in das heilige Feuer zu bringen. Mit Singen von Hymnen und Gesängen sowie mit Opfergaben ins Feuer wollte man die Gunst der Götter gewinnen. Manchmal wurde das Opferfeuerritual mit gesellschaftlichen Ereignissen in Verbindung gebracht. Mit der Durchführung der Jagia glaubte man die unerwünschten Tendenzen zu ändern oder vor ihrem Auftreten zu vermeiden.

hälter für die Durchführung der Jagia. Oder anders: Um es zu verhindern, befehlen wir unzähligen Schlangen, nach Hastinapur zu kriechen. Wir beißen dort die Menschen, kriechen in die Häuser hinein, verderben ihr Essen und Trinken, sodass sie immer in ihrem Geschirr den Dreck von Schlangen finden. Das wird Dschanamedschaja Angst machen und er sagt ab, die Verbrennung der Schlangen durchzuführen."

Nachdem Wasuki all diese Ratschläge gehört hatte, sagte er enttäuscht: „Oh Brüder, ich habe von keinem von Euch einen vernünftigen Rat gehört. Das macht es mir noch schwerer."

Eine andere Schlange, der vorsichtige Elapatra, sagte dann: „Ich möchte euch jetzt etwas offenbaren, was ich bis jetzt niemandem gesagt hatte. Als die Mutter uns verflucht hatte, kletterte ich vor der Angst in die Berge hoch. Und dort habe ich gehört, wie einige der Götter, die von diesem Flucht erfahren hatten, zu Brahma gingen und ihm sagten: ‚Wie kann es sein, dass die Mutter ihre eigenen Kinder verflucht? Kannst du das nicht, oh großer Brahma, verhindern?'

Brahma antwortete ihnen: ‚Es ist unmöglich, den Fluch der Mutter zu verhindern. Andererseits gibt es unter den Schlangen viele verbrecherische. Wenn mehrere von diesen vernichtet werden, werden alle davon nur gewinnen. Es gibt aber gute, unschuldige Schlangen, die doch überleben werden.'

‚Wie können die unschuldigen Schlangen überleben, oh Brahma, wenn sie alle von der Mutter verflucht worden sind?', fragten wieder Götter.

Brahma antwortete ihnen: ‚Einst wird Dscharaktaru geboren, der zu einem großen Asketen und Weisen wird. Er wird Jahrzehnte lang in Enthaltsamkeit leben. Dann wird Dscharaktaru ein Sohn geboren, der schon in jungen Jahren große

Weisheit erreichen wird. Er wird auch die guten Schlangen von der Vernichtung retten.'

‚Aber wer wird zur Mutter dieses Jungen?', fragten ihn die Götter.

‚Dscharaktaru wird nur eine Frau nehmen, die den gleichen Namen wie er selbst trägt, damit der große Asket sich trösten kann, dass er doch immer noch sein Gelübde erfülle.'"

Einige Schlangen wollten daran glauben, was sie jetzt gehört hatten, andere nicht.

Elapatra setzte seine Rede fort: „Oh Wasuki", sagte er. „Du hast eine junge schöne Schwester, die auch Dscharaktaru heißt. Vielleicht würde sie die Frau des Weisen Dscharaktaru werden und ihm den Sohn gebären, der die unschuldigen Schlangen retten würde?"

Als Wasuki dies hörte, freute er sich sehr und sagte, dass dies wirklich eine gute Lösung sei.

Das haben dann auch die anderen Schlangen unterstützt.

„Sehr schön! Sehr schön!", sagten sie und gingen dann alle wieder zurück.

Es vergingen wieder viele Jahre, bis Brahma selbst dem Wasuki erschien und ihm sagte: „Oh Wasuki, habe keine Angst! Du nahmst einst an einer sehr wichtigen Sache teil, als wir das Getränk der Unsterblichkeit Amirati für die Götter schaffen wollten. Du dientest uns als das starke Seil, um den großen Berg ins Weltmeer zu stürzen. Deinen Verdienst haben wir nicht vergessen. Du musst jetzt wissen, dass Dscharaktaru schon lebt und er ist nun ein bekannter Asket und Weiser geworden. Nur von seinem Samen, weil er diesen sehr lange zurückhielt, konnte ein junger Weiser geboren werden, der die unschuldigen Schlangen retten wird. Warte noch, bis die Zeit gekommen ist und gib deine Schwester Dscharaktaru dem Weisen zur Frau. Nur sollst du das rechtzeitig tun."

Der Weise Dscharaktaru, der große Asket, lebte als Einsiedler, unter dem Gelübde der Enthaltsamkeit. Seinen Körper schränkte er streng ein und lebte nur in Hingabe an das Geistliche. Deswegen nannte man ihn auch Dscharaktaru: einer, der seinen Körper streng zurückgedrängt hatte. Ihm war der ganze weltliche Spaß fremd; für immer sagte er der Lust ab und hielt auch seinen Samen zurück. Diese unendlich schwere Last trug er mit großer Freude, erhöhte sogar ständig deren Schwere. Er streifte durch die Wälder, Steppen und Wüsten, schlief dort ein, wo ihn die Nacht erreicht hatte, lag in Sümpfen, Gruben, an holprigen Orten. Seine unvergleichbaren geistigen Großtaten vollbrachte er, die für die anderen kaum erfüllbar gewesen wären. Die Veden nahm er mit Begeisterung auf und führte die Waschungen an heiligen Orten durch. So lebte er alleine von der Luft, wurde immer dünner, nur die Blätter von den Bäumen saugend. Den ganzen Tag verbrachte der heilige Mann mit Beten, sang Hymnen zur Ehre der Götter und war in der ganzen Umgebung wegen seiner geistigen Taten sehr geachtet. Nur seine verstorbenen Ahnen waren mit ihm unzufrieden. Er sah diese einst im Traum, die ihn darum gebeten hatten, zu heiraten.

Als Dscharaktaru am nächsten Morgen aufwachte, wurde er sehr nachdenklich.

„Ich dachte, dass ich mit der Enthaltsamkeit das Ziel erreiche, ein großer Weiser zu werden. Ich habe nichts, dachte ich, und wie kann so jemand eine Frau unterhalten, die ein Haus haben, die Schmuck aus Gold tragen will? Womit soll ich meine Frau und die Kinder ernähren, wenn ich selbst von Almosen lebe? Ich dachte, dass ich mich durch die Enthaltsamkeit vor der Sünde des Spaßes bewahre und dann in den Himmel komme. Jetzt bin ich aber bereit, das zu ändern: Ich heirate und bekomme einen Nachkommen! Ich werde aber eine Frau heiraten, die den gleichen Namen trägt wie ich, damit sie ein Trost für mich sein wird – für den Mann, der für die schweren geistigen Taten geboren wurde. Ich soll aber deren Unterhalt auch als Almosen erhalten, da ich selbst nicht in der Lage bin, sie zu ernähren."

Jetzt suchte er nach einer jungen Frau, die zu ihm passen würde. Aber nirgendwo konnte Dscharaktaru so eine Frau finden. Verzweifelt ging er in den Wald, weinte laut und rief nach allen Lebendigen: „Oh all ihr Lebendigen – sich Bewegende und sich nicht Bewegende! Hört von meinem Kummer: Ich bin ein armer Einsiedler, ich habe nichts, wovon ich eine Frau unterhalten kann. Deswegen brauche ich eine Frau, die den gleichen Namen hat wie ich und deren Unterhalt mir als Almosen gegeben wird. Da ich unter Fasten und in der Sühne lebe. Meine Ahnen wollen, das ich heirate, ich kann aber nirgendwo eine passende Frau für mich finden. Oh all ihr Lebendigen – sich Bewegende und sich nicht Bewegende! Wenn ihr von einer solchen hört, gebt sie mir zur Frau."

Den Aufruf Dscharaktarus haben alle Lebendigen vernommen. Davon hörte auch der alte Wasuki und schickte sofort nach seiner jungen Schwester Dscharaktaru, die die schönste unter den Schlangen war.

„Oh Dscharaktaru", sagte er ihr, nachdem sie den Bruder wie immer herzlich begrüßt hatte. "Weißt du, warum ich dich gerufen habe? Einmal haben wir – die Schlangen – die

Bitte der Mutter nicht erfüllt. Deswegen hat sie uns verflucht. Nach diesem Fluch, der über allen Schlangen hängt, muss uns alle eines Tages ein Maharadscha verbrennen. Brahma half uns damit, dass dennoch die Schlangen gerettet werden können, die nichts Übles getan haben. Um die unschuldigen Schlangen zu retten, stellte Brahma die Bedingung: Nur vom Samen eines sehr strengen Askets, der sich einmal entscheidet, sein Gelübde zu brechen, könne ein junger Weiser geboren werden, der die Schlangen vor der völligen Vernichtung retten würde. Und das sollte ein Weiser sein, der den gleichen Namen trägt wie du – Dscharaktaru. Ich habe sehr lange darauf gewartet, ob ich irgendwann von ihm höre. Brahma sagte mir darüber einmal selbst, dieser Mann lebe schon und sei nun ein berühmter Weiser geworden. Ich musste aber warten, bis er seine strenge Enthaltsamkeit abbricht und heiraten will. Ich hatte schon beinahe meine Hoffnung verloren, denn ein sehr strenger Asket bricht sein Gelübde nicht. Aber heute erhielt ich eine Nachricht darüber: Der strengste aller Asketen, Dscharaktaru, möchte nun wirklich sein Gelübde brechen und heiraten. Er will aber eine Frau heiraten, die den gleichen Namen wie er selbst trägt: Dscharaktaru. Eine Frau, die ursprünglich keine menschliche Gestalt hat, kann er nur dann heiraten, wenn sie eine menschliche Gestalt annimmt. Dscharaktaru, meine liebe Schwester, die schönste unter den Schlangen! Du weißt selbst, wie ich dich liebe! Du weißt, wie dein Glück für mich wichtig ist!

Aber sage mir jetzt, wärest du bereit, dich dafür zu opfern, um unsere Schlangen-Sippe zu retten? Du musst aber gut darüber nachdenken: Wenn du einmal die menschliche Gestalt annimmst, kannst du niemals wieder eine Schlange werden.

Du bleibst dann ewig eine Menschenfrau. Du wirst zur Frau des Menschensohnes, der aus dir eine Dienerin machen wird. Noch schlimmer: Er macht von dir den Schatten seines eigenen Bildes. Aus diesem Grund durftest du keinen anderen Namen haben, sondern nur den gleichen tragen wie er selbst. Dein Leben wird nur daraus bestehen, ihm zu dienen, seine Wünsche zu erfüllen! Du musst dann aber auch immer nur unter den Menschen leben, in der Lüge, der Unwissenheit und Unehrlichkeit. Die Menschen wissen nicht, was Treue ist, die wir Schlangen halten, sprechen aber viel davon. Sie wissen nicht, was Gerechtigkeit ist, in der wir, die Schlangen, leben, sprechen aber viel davon. Sie wissen nicht, was die Weisheit ist, die wir die Schlangen besitzen, sprechen aber viel davon. Sie beschuldigen uns – die Schlangen und andere Tiere – des Verbrechens, der Grausamkeit, nennen die Schlangen ‚giftige Sippe'. Weißt du, warum? Weil sie selbst die schlimmsten Verbrechen gegen die anderen begehen – Pflanzen, Tiere und selbst gegen Menschen – und mit der Beschuldigung ihrer Opfer versuchen sie ihr Gewissen zu erleichtern.

Wäre man weise, hätte man davon nicht viel gesprochen, wäre man gerecht, hätte man davon nicht viel geredet. So sind die Menschen, sie sprechen von etwas, aber erfüllen es nicht. Deswegen können sie die Wahrheit nie erkennen, deshalb können sie die Gerechtigkeit nie erreichen. Meine liebe Schwester, oh du Schönste! Mir bricht das Herz, wenn ich daran denke, dass du stets in der Lüge und der Unwissenheit leben musst, wenn du zu einer Menschenfrau wirst. Deswegen wünsche ich selbst es dir nicht. Das ist aber meine Aufgabe, ich muss dir anbieten, eine Menschenfrau zu werden.

Ich bin selbst schon sehr alt, was aber ist, wenn dereinst ein

Maharadscha namens Dschanamedschaja – der Schlangen-Vernichter – kommt und mich verbrennen lässt? Angst davor habe ich aber nicht. Ich bin bereit, das anzunehmen und damit den Fluch der Mutter zu erfüllen. Ich trage aber Verantwortung für alle anderen Schlangen; vor vielen Jahren habe ich mit Brahma eine Lösung zur Rettung der unschuldigen Schlangen gefunden. Jetzt aber denke ich, dass der Preis zu hoch ist, wenn du zur Menschenfrau wirst. Es wäre besser, wenn du so bliebest: eine Schlangenfrau – frei, selbstbewusst, edelmütig, unabhängig und weise. Wenn wir dann einst sterben würden, dann aber als Schlangen..."

Nachdem er das alles seiner Schwester erzählt hatte, weinte der alte Wasuki.

„Mein Bruder, du König der Schlangen, den selbst die Götter den ‚großen und weisen Wasuki' nennen", antwortete ihm die schöne Dscharaktaru, „deshalb wurdest du ja auch zum König der Schlangen erklärt und nicht dein älterer Bruder Schescha, dem die Götter eine andere Aufgabe zuteilten. Eine Schlangenfrau kann niemand zwingen, etwas zu tun, was sie selbst nicht will. Deswegen treffe ich selbst diese Entscheidung. Um die Schlangen vor der völligen Vernichtung zu retten, bin ich bereit, die Gestalt einer Menschenfrau anzunehmen und den Menschensohn zu heiraten."

In Tränen küsste Wasuki seine Schwester auf die Stirn und sagte: „Das war deine eigene Entscheidung!"

Danach rief der Schlangenkönig die Zauberer unter den Schlangen. Sie kamen und brauten aus vielen Pflanzen einen Trank für Dscharaktaru und gaben ihr den zu trinken. Nachdem Dscharaktaru ihn getrunken hatte, wurde sie in eine Menschenfrau verwandelt: Sie war nun eine sehr schöne junge

Frau, mit langem seidigem schwarzem Haar, strahlendem Gesicht, mit großen dunklen Augen, mit einer schlanken Taille und mit runden Oberschenkeln.

Wasuki brachte sie zum Weisen Dscharaktaru, den er wieder im Wald traf.

„Oh großer Asket", sagte der Schlangenkönig. „Ich habe gehört, dass du eine Frau suchst, um sie zu heiraten. Nimm diese, eine bessere Frau für dich wirst du nirgendwo finden."

„Wie heißt sie?", fragte der Einsiedler.

„Dscharaktaru, wie du selbst", antwortete Wasuki.

„Nein", sagte der Asket. „Ich kann sie nicht ernähren. Dafür habe ich keine Mittel..."

„Ich selbst sorge für ihren Unterhalt, ich werde sie auch selbst schützen. Sie ist meine jüngste Schwester; um deine Frau zu werden, hat sie für immer die Gestalt einer Menschenfrau angenommen. Alles, was ihr braucht, kommt von mir. Ein Haus wie ein Palast, alles Essen und Trinken, ein ruhiges, beschauliches Leben..."

Als Dscharaktaru dies alles gehört hatte, äußerte er sein Einverständnis, Wasukis Schwester zu seiner Frau zu nehmen. Als diese gesetzlich zu seiner Frau erklärt worden war, brachte der Weise Dscharaktaru seine Frau in das Haus, dem Geschenk vom Oberhaupt der Schlangen.

Überall lagen kostbare Teppiche und Gold und Diamanten zierten es.

Der Weise Dscharaktaru sprach zu ihr: „Jetzt bist du meine Frau und musst ab jetzt nur das erfüllen, was ich dir sage, und nur das tun, was mir wirklich passt und mir gefällt. Wenn du nur einmal Ungehorsam zeigst, verlasse ich dich sofort."

Diese harten Worte verletzten das Herz Dscharaktarus – der

ehemaligen Schlange –, sie konnte ihm aber nur antworten: „Ich bin einverstanden, mein Herr, dein Wort ist Gesetz für mich, meine Aufgabe ist nur dir zu dienen und das zu erfüllen, was du willst."

So wurde Dscharaktaru – die ehemalige Schlange – zur Frau und Dienerin des großen Asketen. Der große Mann änderte darauf nicht viel in seinem Leben. Er verbrachte seine Tage mit Beten, sang Hymnen an die Götter und erfüllte das, was in heiligen Schriften stand. Mit seiner Frau sprach er kaum, nahm nur ihre Dienste gerne an. Eines Tages dachte sie selbst daran, sich ihrem Mann anzunähern, vollführte vorher die heilige Waschung und legte sich neben ihm halbnackt ins Bett. Aus dieser Vereinigung bildete sich sogleich der Keim, der durch die geistige Kraft schnell in ihrem Leib erblühte.

Ihr Mann wurde aber immer strenger. Einmal legte er seinen Kopf auf ihre Knie und schlief ein. Der große Asket schlief diesmal lange und wurde auch dann nicht wach, als die Sonne schon hinter den Bergen untergehen wollte. Dscharaktaru – die ehemalige Schlange – wusste nicht, was sie jetzt tun sollte. Ihr Mann hätte, bevor die Sonne unterging, noch einmal beten sollen. Wenn sie ihn wecken würde, könnte er ihr verübeln, dass seine Frau seinen Schlaf störte. Wenn sie ihn aber schlafen ließe, könnte er ihr verübeln, dass er wegen ihr das Abendgebet versäumt hatte. Sie entschied sich, ihren Mann zu wecken, damit er das Gesetz nicht breche und sagte zu ihm:

„Oh mein Herr, du großer Mann, der der Beste in der Erfüllung der geistlichen Gesetze ist, hör bitte, was dir deine Dienerin sagt: Bald geht die Sonne unter, du musst aber vorher noch einmal beten. Deswegen solltest du jetzt aufstehen."

Dscharaktaru – der Weise – hörte das, wurde wach, stand auf

und sagte dann seiner Frau: „Warum hast du meinen Schlaf gestört? Die Sonne müsste darauf warten, dass ich aufwache, bevor sie untergeht. Das Licht dürfte nicht dem Dunkel weichen, bevor ich mein Abendgebet erfüllt habe."

Dscharaktaru – die ehemalige Schlange – stand nur wortlos vor ihrem Mann und hörte sich seine Vorwürfe an.

„Habe ich dir am Anfang nicht gesagt, wenn du einmal etwas tun würdest, was mir nicht gefällt, würde ich dich verlassen? Du hast das jetzt getan."

Nachdem der große Asket das gesagt hatte, ging er sofort weg und lies seine Frau alleine zurück. Dscharaktaru – die ehemalige Schlange – hatte verstanden, dass ihr Mann nie wieder zurückkäme und so ging sie selbst zu Wasuki und erzählte ihm alles. Das enttäuschte den alten König der Schlangen sehr. Dann fragte er sie: „Sag mir, meine liebe Schwester, hat er dir aber seinen Samen geschenkt? Trägst du etwas von ihm in deinem Leib?"

„Ja, mein Bruder", antwortete sie. „Ich trage in meinem Leib einen Keim des großen Asketen."

Diese Nachricht erfreute Wasuki sehr.

„Endlich ist es geschehen! Du gebärst bald einen Sohn, der schon in seinen jungen Jahren zu einem Weisen wird und die Schlangen vor der Vernichtung erretten wird."

Und das, was von einer alten Schlange prophezeit worden war, geschah bald wirklich. Der Maharadscha von Hastinapur, Parikschit, jagte einst in einem Wald einem Hirsch hinterher und traf dort einen Richi[3], der auf dem Gras sitzend betete.

3 Im Hinduismus sind die Rishis die Weisen, denen die Götter die vedischen Hymnen offenbarten. In indischen Epen werden mit dem Namen „Rishi" allerdings nur die Personen genannt, die für ihre Frömmigkeit oder Weisheit oder ihre Schriften berühmt waren. Sie lebten weiterhin mit ihren Familien zusammen, wenn sie sich auch zurückzogen.

Der Maharadscha begrüßte den alten Mann und fragte ihn, ob er den Hirsch gesehen habe. Der Richi antwortete ihm nicht und betete weiter. Das gefiel Parikschit nicht; er sah eine tote Schlange in der Nähe, nahm sie und hing diese über die Schulter des Alten. Der Rishi bewegte sich auch dann nicht; er betete weiter, als sei nichts geschehen. Parikschit beschimpfte ihn wegen der Verachtung ihm gegenüber mit schlimmsten Worten und ging von dannen. Das alles hörte wenig später auch der Sohn des Richis. Dieser erfüllte auch selbst alle geistigen Gesetze und herrschte über die geistige Kraft. Er wollte diese Beleidigung dem Maharadscha nicht verzeihen und entschied sich, Rache zu nehmen. Dafür verfluchte er den Maharadscha und beschwor: Die Schlange Takschaka musste Parikschit in seinem Palast töten. Takschaka war darüber sehr erfreut, denn schon lange hegte er Groll gegen die Pandawas.

Den gottähnlichen Weisen Kaschjapa traf man zu jener Zeit immer noch auf der Erde, er war aber schon sehr alt; nachdem seine himmlischen Frauen Winata und Kadru ihn verlassen hatten, lebte er allein. Alle Schlangen hielten Kaschjapa für ihren Vater und nicht selten kamen sie zu ihm. Kaschjapa war damals auch der Einzige auf der ganzen Erde, der die Kunst der Heilung einer Wunde vom giftigen Schlangenbiss beherrschte.

Als Kaschjapa von der Absicht Takschakas gehört hatte, machte er sich auf den Weg zu Parikschit. Er wollte an seiner Seite sein, um für den Fall, dass Takschaka ihn beißen würde, den Maharadscha selbst zu heilen. Takschaka erreichte Kaschjapa unterwegs und überredete seinen Vater zurückzukehren. Er solle die Heilung nicht tun, da Parikschit diese Rache als Bestrafung für seine Tat gegen den alten Richi verdient habe.

Nachdem Kaschjapa umkehrt war, konnte niemand mehr Takschaka dabei stören, Parikschit zu töten. Und am nächsten Morgen fand man ihn im Palast den Maharadscha, tot gebissen von der Schlange.

Die Jahre vergingen und viel später wurde Parikschits Sohn Dschanamedschaja zum neuen Maharadscha gewaschen und übernahm den Thron. Eines Tages versammelte er die Hofleute und Priester und wollte wissen, was den Tod seines Vaters verursacht habe. Man erzählte ihm, Parikschit sei von der Schlange Takschaka getötet wurde. Und Takschaka hätte damals nur durch Betrug in den Palast hineinkommen können.

„Ich muss den Tod meines Vaters rächen", entschied der junge Maharadscha. „Aber wenn die Schlangen so hinterlistig, so gefährlich sind, werde ich nun auch alle Lebendigen von den Giftigen befreien: Ich befehle, eine große Jagia vorzubereiten und alle Schlangen hinein zu treiben."

Dschanamedschaja lud die Weisen und Brahmanen von überall ein, mit der Aufgabe, zusammen mit seinen Priestern eine große Jagia mit einem starken Feuer zu veranstalten. Es kamen die Weisen und Brahmanen nach Hastinapur und bereiteten die Jagia vor.

Doch viele Jahre davor gebar Dscharaktaru – die ehemalige Schlange – einen Sohn, der Astika – der Erkennende – genannt wurde. Er war schon von Geburt an ein gottähnliches Wesen, so klug und so bedacht, wie es die Welt noch nie gesehen hatte. Er lernte Gesetze, das Recht, die Hymnen und Überlieferungen, die älter als die Welt selbst waren. Astika, durch große Vernunft erhellt, stellte bald fest: Das Wichtigste ist die Erkenntnis, und es gibt ein Gesetz, dem alle Lebendigen – Menschen, Erdentiere, Vögel, Pflanzen und Insekten – untergeordnet sind. Von Astika hörten alle Lebendigen und nannten ihn ‚den ewig Lebenden', denn die Erkenntnis ist ewig und Astika rief zur Erkenntnis von sich selbst und der Welt auf.

Eines Tages sagte Wasuki zu Astikas Mutter: „Liebe Schwester, ich fühle, dass das Unglück immer näherkommt. Bald beginnt Dschamedschaja mit der Jagia, um die Schlangen zu verbrennen. Es ist an der Zeit, dass du deinem Sohn seine Vorbestimmung offenbarst."

Dscharaktaru – die ehemalige Schlange – rief Astika zu sich und erzählte ihm die ganze Vorgeschichte seiner Geburt.

„Ich wurde zur Frau des Asketen", sagte sie, „damit du geboren wurdest, um die Schlangen vor der Vernichtung zu retten. Das ist die Aufgabe, die du erfüllen musst."

„Gut", antwortete der Junge. „Ich werde das tun, nur möchte ich zunächst die Schlangen besser kennenlernen." So ging Astika zu den Orten, wo die Schlangen lebten; zwei Monate lang beobachtete er das Leben aller Schlangenarten. Dann kam er zurück nach Hause und sagte seiner Mutter: „Ich bin bereit, meine Aufgabe zu erfüllen."

„Die Zeit ist gekommen, mein Sohn", antwortete seine Mutter. „Dschanamedschaja hat die Priester, Brahmanen und Weisen versammelt und den Altar für die Gestaltung der Jagia vorbereitet. Jetzt beginnt er bald mit der Verbrennung der Schlangen. Du musst nach Hastinapur gehen und das aufhalten."

Astika küsste der Mutter die Hand und machte sich zu Fuß auf den Weg nach Hastinapur, das er in zwei Tagen erreichen sollte.

Am gleichen Tag begann Dschanamedschaja mit der Verbrennung der Schlangen. Die Stärke der Jagia, die die größten Weisen und Brahmanen zusammen mit den Priestern gestaltet hatten, löste die Flammen aus, deren Zungen hoch in den Himmel loderten. Die Priester sprachen ihre Beschwörungen laut:

Oh Schlangen, die bösen und die bissigen,
Oh Sippe der Kriechenden und Giftigen!
Kommt her, schnell kriecht ihr zum Altar,
Heute frisst euch alle das große Feuer!
Ihr seid jetzt in der Macht Agni – des Gottes,
Der sieben Flammen hat und siebenzüngig ist.

Brahmanen und Weise sangen Hymnen zur Ehre der Götter und beteten. Die Priester gossen ständig Öl ins Feuer hinein; je mehr Öl sie hineingossen, umso stärker wurde die Zugkraft der Jagia, die die Schlangen kraftlos, blind und willenlos machte und sie selbst ins Feuer kriechen ließ. Je mehr Verbrechen eine Schlange begangen hatte, umso schneller gelangte sie auch ins Feuer hinein. Ständig wurden Hymnen gesungen und es wurde gebetet, die Flammen loderten immer höher, die Jagia wurde immer stärker und zog die Schlangen immer heftiger ins Feuer hinein. Es gab Schlangen, die sich aus Angst selbst tödlich bissen. Doch viele Schlangen versuchten sich mit letzter Kraft der Jagia zu widersetzen, dazu wanden sich einige zu Ringen; andere versuchten, sich an Steine und Gräser zu klammern, die dritten versteckten sich in ihren Behausungen unter der Erde. Das alles half ihnen aber nicht: Aus der ganzen Welt krochen vom Einfluss der Jagia entkräftete, hilflose Schlangen nach

Hastinapur. Ein unendlicher Strom der Schlangen, die unter der Macht des Mutterfluchs zum Altar strebten und, sich ineinander wickelnd, dort verbrannten. In der ganzen Umgebung roch es bald nach den brennenden Schlangen; aus ihren Hirnen und aus ihrem Fett floss ein Fluss. Das Stöhnen, Flehen und Weinen der Schlangen hörten alle anderen Lebendigen zum ersten Mal. Alle sahen nun, welch Feiglinge die Schlangen in der Tat sind, die nachts und tags das Böse taten, die andere Lebende bissen und sie tödlich vergifteten.

Auch Takschaka drohte bald in die Jagia hineingezogen zu werden. Er wollte sich von einem Freund – einem Dämon –, in einen Wurm verwandeln lassen, verlor aber plötzlich all seine Kraft und konnte es nicht mehr tun. Er floh zum Gottvater Indra und flehte ihn an: „Oh Indra, bald werde auch ich ins Feuer getrieben. Hilf mir, bitte verstecke mich!"

Indra, der auch zu Takschaka immer freundlich war, sagte ihm: „Habe keine Angst, Takschaka! Solange du neben mir bist, kann dich niemand ins Feuer treiben. Ich verstecke dich in den feuchten Wolken und Nebeln, damit du vor der Zugkraft der Jagia geschützt bist."

Inzwischen wurde die Jagia noch stärker und Flammen loderten noch höher.

„Jetzt gibt es gibt nichts mehr, das die Verbrennung der Schlangen verhindern kann", sagte Dschanamedschaja. „Bald werden sie alle bis zur letzten vernichtet sein, als Strafe für ihre bösen Taten!"

„Nur ein Weiser kann dies noch verhindern", sagte einer der Brahmanen. „So steht es in den alten Hymnen."

Als Dschanamedschaja das hörte, befahl er den Wächtern: „Es darf kein Weiser mehr hereinkommen!"

Und genau in diesem Augenblick erreichte Astika den Ort der großen Jagia. Er wurde von Wächtern aufgehalten, die ihn nicht zum Altar lassen wollten. Darauf hob Astika an, mit Gedichten die Jagia und das Feuer zu rühmen:

„Oh Maharadscha, dein Ruhm tönt überall,
Von Priestern und Weisen hast du gute Wahl.
Euer Feuer strahlt wie der Mond und Sterne,
Für die Rache tut ihr bestimmt gute Dinge.
Kann man mit Rache Böses bekriegen?
Kann man mit Kummer das Unglück besiegen?"

Als Dschanamedschaja dieses Gedicht gehört hatte, sagte er: „Dieser Junge ist klug wie ein alter Weiser! Vielleicht ist er tatsächlich einer und nahm nur die Gestalt eines Jungen an? Ich möchte die Brahmanen darum bitten, diesen Jungen zum Altar kommen lassen. Er ist jung, hat aber das Wissen eines alten Weisen! Ich möchte ihm etwas schenken."

Hier erinnerte ihn einer der Weisen an Takschaka.

„Wo ist Takschaka geblieben?", fragte Dschanamedschaja die Weisen. „Der größte Verbrecher, wegen dem wir die ganze Jagia gestaltet haben?"

Die Weisen fingen an, nach Takschaka zu suchen. Einer von ihnen sagte dann: „Takschaka versteckt sich bei Indra. So steht es auch in alten Hymnen: Der Obergott hat ihm seinen Schutz versprochen."

Darauf schrie ein Priester: "Schaut ihr! Oben im Himmel fährt Indra, mit den Halbgöttern, mit den himmlischen Jungfrauen und umkreist die Wolken. In seinem Wagen hat er Takschaka versteckt, ich sehe den heraushängenden Schwanz der Schlange."

„Wenn Indra diesen Verbrecher versteckt und schützt, werft ihr ihn zusammen mit Takschaka ins Feuer", sagte Dschanamedschaja den Priestern und Weisen.

Die Weisen verstärkten die Jagia noch mehr, um auch Indra vom Himmel zu holen.

Der Gottvater wollte nun sich selbst retten und warf Takschaka aus seinem Wagen hinunter.

Derselbe Priester schrie wieder: „Schaut, schaut nur! Indra warf Takschaka aus seinem Wagen, um sich selbst zu retten. Jetzt fällt Takschaka runter und wird bald ins Feuer stürzen. Auf seinem Weg versucht er aber, sich an jeder Wolke festzuhalten und das verlangsamt seinen Sturz ins Feuer."

Takschaka erreichte aber schon bald den Altar, sein gewundener Körper hing über dem Feuer. Er war kurz davor, sein Bewusstsein zu verlieren und dann ins Feuer zu stürzen.

Einer der Brahmanen verlangte von Dschanamedschaja: „Jetzt musst du aber auch den jungen Weisen beschenken, wie du es versprochen hattest."

Dschanamedschaja sagte zu Astika: „Du mein Gast, du junger Weiser! Sag mir, was du von mir verlangst! Ich bin bereit, dir selbst das zu schenken, was die anderen für unvernünftig halten würden. Sag mir zunächst, wie du heißt?"

„Oh Maharadscha! Ich heiße Astika", antwortete der junge Weise. „Höre bitte sofort mit der Verbrennung der Schlangen auf – das wäre meine einzige Bitte an dich oder ein Geschenk, das ich von dir sehr gerne annehmen würde."

„Oh Junge, der klug ist wie ein alter Weiser", antwortete ihm Dschanamedschaja. „Ich kann dir hundert Kuhherden schenken, ich kann dir Gold und Silber geben so viel du willst! Nur bitte mich nicht darum, die größte Jagia aller Zeiten zu beenden. Die Schlangen müssen bestraft werden für ihre bösen Taten! Das ist eine gerechte Bestrafung!"

Takschaka blieb weiter über dem Feuer hängen. Das wunderte Dschanamedschaja, und er fragte die Priester: „Warum wird dieser Verbrecher nicht ins Feuer gestürzt und bleibt weiterhin hängen?"

„Ihn hält die geistige Kraft von Astika", antworteten ihm die Priester.

„Oh Maharadscha!", wandte sich Astika wieder an Dschanamedschaja. „Ich stimme dir zu, dass unter den Schlangen viele Verbrecher waren. Sie sind aber schon fast alle vernichtet. Jetzt können auch die unschuldigen Schlangen von der Jagia betroffen werden."

„Unschuldige Schlangen?" Dschanamedschaja war nicht einverstanden damit. „Sie sind alle Verbrecher! Diese Giftigen sind eine große Gefahr für alle! Schau mal, Junge, wie sich alle Lebenden über die Tötung der Schlangen freuen. Ich habe eine große Aufgabe übernommen: Mit dieser großer Jagia vernichte ich alle Schlangen und befreie alle Lebendigen von dieser Gefahr und vor der Angst vor ihnen!"

„Oh Maharadscha!", sagte jetzt Astika. „Das stimmt, dass es unter den Schlangen viele giftige gibt. Aber die meisten von ihnen sind harmlos, haben kein Gift und führen ein friedliches Leben. Bevor ich hierherkam, habe ich das alles selbst untersucht und alle Schlangenarten kennengelernt. Nur wenige von ihnen sind gefährlich. Aber schau mal bitte: Nachdem die meisten der verbrecherischen Schlangen verbrannt worden sind, stürzen sich die unschuldigen Schlangen jetzt nacheinander ins Feuer. Es gibt ein Gesetz, Maharadscha, dem alle Lebendigen – Menschen, Erdentiere, Vögel, Pflanzen und Insekten – untergeordnet sind. Für den Menschen lautet es so: Tue niemals dem Lebendigen etwas Böses an, lebe so, dass du niemandem Angst machst. Liebe alle Lebendigen, erlaube es dir nicht, ein Tier oder eine Pflanze zu töten, und messe alle Lebendigen mit dem gleichen Maß wie dich selbst. Sei barmherzig gegenüber den Menschen, Tieren und Pflanzen. Das ist das, was der Mensch in sich erkennen muss. Das ist das höchste Gesetz: Keinem Lebendigen weh zu tun, ob das Pflanzen, Tiere oder Menschen sind!"

„Oh Junge!", antwortete Dschanamedschaja. „Du hast mich wirklich überzeugt! Ich bin auch der Rache überdrüssig geworden! Ich will nur, dass Takschaka bis zum Abend über dem Feuer hängt, bis die Jagia ihre Kraft verliert und der Wind die Schlange zur Seite weht. Ansonsten aber beende ich jetzt die Jagia!"

Alle klatschten und schrien: „Es lebe Dschanamedschaja – der gerechte Maharadscha! Es lebe Astika – der junge Weise!"

Die Weisen, Brahmanen und Priester kamen herbei und umarmten Astika.

„Du hast heute uns allen das höchste Gesetz und die höchste Wahrheit offenbart. Ehre sei dir, oh Astika!"

Astika ging wieder zu seinen Verwandten zurück. Auch aus der Umgebung Wasukis waren mehrere Schlangen verschwunden. Die Mutter umarmte Astika und erzählte ihm, wie in ihren Augen die Jagia viele Verwandte ins Feuer gezogen habe.

Der alte Wasuki war sehr froh darüber, seinen Neffen wiederzusehen. Er küsste Astika auf die Stirn und sagte ihm: „Du hast deine große Aufgabe erfüllt! Du hast das Unmögliche vollbracht! Hast du einen Wunsch, den ich dir jetzt erfüllen könnte?"

Astika antwortete seinem Onkel: „Ich habe nur einen Wunsch: Dass die Schlangen sich in der Zukunft so verhalten, dass niemand mehr vor ihnen Angst haben muss."

SIEBEN PRINZESSINNEN

Nach Motiven der Dichtung von Nizami Gändschewi „Sieben Schönheiten“[4]

Nach dem Tod seines Vaters sollte Prinz Bahram der neue Schah des Iran werden. Doch viele der Hofleute waren dagegen. Die Zeit der Sassaniden sei vorbei, sagten viele von ihnen. Und während Bahram sich im Jemen aufhielt, wurde sein Vater, der Schah Jasdegard, gestürzt und ermordet. Jasdegard galt als ein grausamer Schah und war beim Volk des Iran unbeliebt. Nach seinem Sturz brachten die Hofleute einen alten Mann auf den Thron; sie wollten in dessen Namen ab jetzt den Iran selbst regieren. Als Bahram vom Sturz und der Ermordung des Vaters hörte, eilte er zurück in den Iran. Viele Krieger aus dem ganzen Sassaniden-Reich waren auf seiner Seite und wollten ihm helfen, den ihm zustehenden Thron zurückzuerobern. Es war auch sehr wahrscheinlich, dass sich das Volk des Iran auf die Seite des Thronprinzen stellen würde. Nun dachten die Hofleute, Bahram auf andere Weise daran zu hindern, Schah des Iran zu werden. Sie stellten dem Thronprinzen eine unerfüllbare Bedingung: Wenn er der Schah Irans werden wolle, müsse er die Krone des Schahs aus einem Löwengehege herausholen. Man

4 Nizami Gändschewi – der wichtigste Vertreter der persischsprachigen Dichtung Aserbaidschans (12. Jh.), von dem Johann Wolfgang von Goethe im „West-östlichen Diwan“ (1819) sehr begeistert spricht. Erwähnt auch in der Abhandlung von Thomas Mann „Kunst des Romans“.

hoffte, dass er dies nicht schaffen und von den Löwen zerrissen würde. Bahram nahm dennoch die Herausforderung an und in einigen Tagen sollte die Rettung der Krone vor den Löwen stattfinden. Bahram war ein junger Mann, dem die Angst nicht bekannt war: Als Kind wurde ihm die Kampfeskunst gelehrt, er konnte mit dem Schwert hervorragend umgehen, es gab in der Umgebung niemanden, der die Pfeile so schießen konnte wie er. Deswegen war er bereit, gegen den Löwen um die Krone zu kämpfen und hatte keinen Zweifel daran, dass er es schaffen würde.

Einen Tag vor dem bevorstehenden Kampf kam ein junger Mann zu ihm und stellte sich als Sohn des Regenten der Provinz Gilan vor.

„Ich heiße Rast Röwschän", erzählte der junge Mann weiter, „meine Mutter ist Inderin; ich lebte viele Jahre bei meinen Onkeln in Indien und wurde dort von den besten Brahmanen und Weisen unterrichtet. Bahram, denkst du wirklich daran, gegen die zehn Löwen zu kämpfen? Du bist sehr stark, du beherrschst die Kampfeskunst gut, obwohl du noch nicht viele Erfahrungen gesammelt hast. Mit allen deinen Vorzügen wirst du es nicht schaffen, diese Aufgabe zu erfüllen. Ich habe keinen Zweifel daran, dass du einen Löwen töten wirst. Vielleicht, mit etwas Glück auch den zweiten, na gut, du verletzt noch den dritten, aber dann wirst du von den anderen bis auf die Knochen gefressen. Wer sich diesen Löwenkampf um die Krone ausgedacht hat, war sich sicher, dass du da nie lebend rauskommst."

Bahram war empört darüber, was ihm der junge Mann erzählte.

„Was erlaubst du dir, so was über mich – den Thronfolger der großen Sassaniden – zu reden? Du kennst meine Stärke nicht! Hast du gesehen, wie ich mit dem Schwert spiele, hast du gesehen, wie ich die Pfeile schießen kann? Hast du mich auf der Jagd gesehen? Ich hefte mit dem Pfeil das Bein einer Antilope an ihren Kopf. Hast du davon gehört, wie ich einst den Drachen besiegt und getötet habe? Ich würde den Kampf auch gegen hundert Löwen aufnehmen, um den Sassaniden-Thron zu retten, nicht nur gegen diese zehn. Oder willst du mich überzeugen, auf den Kampf zu verzichten, um den Thron den anderen zu überlassen? Soll Bahram vielleicht peinlich seine Niederlage anerkennen? Geh du, Junge, besser weg, sonst werdet ihr beide – du und dein Vater – das sehr bedauern."

Rast Röwschän war allerdings nicht besonders beeindruckt von dem, was der Kronprinz ihm erzählte, und sagte ihm: „Bahram, ich bin hergekommen, um dir zu helfen, denke nichts anderes. Ich sage dir nur eins: Du sollst die Krone von den Löwen holen, aber nicht mit dem Kampf, sondern mit dem Kopf."

„Was meinst du damit? Ich verstehe es nicht."

„Bahram, sag mir bitte, was ist ein Löwe? Das ist eine Raubkatze und nichts anderes. Und was mag eine Katze? Sie mag vor allem spielen. Ich spielte einmal mit meinen Freunden Tschowgan[5]. Wir hatten dafür ein gutes Spielfeld im Wald eingerichtet, um in Ruhe spielen zu können. Plötzlich tauchten auf dem Spielfeld zwei Löwen auf. Wir hatten nichts außer den Spielstöcken und wollten uns mit diesen verteidigen. Aber wenn du wüsstest, was dann passierte: Sie haben nicht uns überfallen, sondern den Ball. Du kannst dir nicht vorstel-

5 Ein altes Ballspiel im Orient. Ähnlich dem modernen Polospiel.

len, was für eine lustige Szene das war, die Löwen zu sehen, wie sie hinter dem rollenden Ball herliefen und diesen einander wegnehmen wollten. Wir vergaßen die Gefahr und lachten laut über sie. Und die Löwen verschwanden, weiter hinter dem rollenden Ball herjagend, im Wald. Nimm dir zwei oder drei Bälle mit, wenn du morgen zu den Löwen gehst, und wirf ihnen diese zu. Sie werden die Krone liegen lassen und den Ball angreifen. Weißt du warum? Weil für sie das, was davonrollt, viel faszinierender und spielbarer ist als die tot da liegende goldene Krone."

Nachdem Röwschän Bahram dieses erzählt hatte, verbeugte er sich und verließ den Prinzen wieder. Bahram machte sich Gedanken: Sollte er den Rat des jungen Mannes annehmen oder besser nicht? Der Sassaniden-Nachfolger überlegte mehrere Stunden, bis er sich schließlich für den Rat des Kleinprinzen aus der Provinz entschied.

Auf seinen Befehl wurden ihm mehrere Tschowgan-Bälle gebracht. Bahram erzählte niemandem, was er vorhatte und nahm die Bälle am nächsten Tag mit, als er zu den Löwen ging.

Auf dem Stadtplatz hatten sich an diesem Tag viele Menschen versammelt: Alle wollten den Kampf des Kroprinzen gegen die Löwen sehen. Bahram kam völlig aufgerüstet zum Platz in der Umgebung der Hofleute. Einer seiner Begleiter erzählte dann den Versammelten, was nun passieren solle und warum. Der Kronprinz solle eine Prüfung bestehen und damit beweisen, dass er wirklich für den iranischen Thron geeignet sei. Das sei eine iranische Tradition, die seit Jahrhunderten feststehe.

Auf dem Platz hatte man Zäune aufgebaut, hinter denen die Löwen auf Bahram warteten. Der Kronprinz stieg von seinem Pferd, sprang über den Zaun und ging auf die Löwen zu. Gerade vor ihnen lag die Krone der Sassaniden, die auch Bahrams Vater getragen hatte. Alle warteten atemlos darauf, wann der Kronprinz die Löwen angreife, um die Krone zu retten. Die Löwen schauten den Thronfolger böse an und brüllten. Bahram holte die Bälle aus der Tasche und warf sie ihnen zu. Die Löwen fielen sofort über sie her. Die Bälle rollten davon und jede Berührung der Löwen setzte sie weiter in Bewegung. Damit regten sie die Raubkatzen noch mehr auf. Sie liefen den rollenden Bällen hinterher, spielten mit ihnen und versuchten, diese einander wegzunehmen. Und das sah von der Seite so lustig aus, dass die Versammelten nicht mehr an sich halten konnten und alle laut lachten. Bahram nahm die achtlos liegen gebliebene Krone, sprang dann über den Zaun zurück und kam wieder zu den Hofleuten. Keiner hatte das erwartet; diejenigen, die Bahram als Schah sehen wollten, waren jetzt sehr erfreut und jubelten von ganzem Herzen. Die anderen versuchten ihren Neid und Hass zu verstecken und jubelten mit.

So wurde Bahram zum neuen Schah des Iran. Eines Tages fragte er nach dem jungen Mann – dem Sohn des Regenten aus Gilan – und befahl, man solle ihn an den Hof holen. Als Rast Röwschän hereinkam, bedankte sich der junge Schah bei ihm und sagte: „Du bist wirklich klug, junger Mann. Deine Klugheit hat mir geholfen, den iranischen Thron zu retten. Deine Klugheit kann mir auch dabei helfen, diesen zu behalten. Deswegen möchte ich dich zu meinem Wesir ernennen."

Rast Röwschän bedankte sich beim Schah für dieses große Vertrauen und übernahm die Stelle des Wesirs. Als Wesir brachte er danach vieles im Reich in Ordnung, sowohl in der

Verwaltung als auch in der Wirtschaft. Er schaffte vieles ab, womit die Menschen unter dem Vater Bahrams unzufrieden gewesen waren, und führte viele neue Regeln ein, die dem Volk das Leben offensichtlich erleichterten. Bahram war sehr zufrieden mit dem Wesir und lobte ihn ständig vor allen.

Als Bahram einmal in der Provinz Luristan unterwegs war, traf er Selbinas, die Tochter des Regenten der Provinz, und verliebte sich in sie. Darauf besuchte er den Regenten von Luristan und bat um die Hand seiner Tochter. Das Provinzoberhaupt war sehr glücklich darüber, dass der Schah selbst seine Tochter heiraten wollte. Es gab ein großes Hochzeitsfest, als Bahram Selbinas heiratete. Er war mit seiner Frau sehr glücklich und wollte, dass auch seine Untertanen gerecht regiert wurden und glücklich leben konnten.

Einmal sagte der Wesir zum Schah: „Großer Schah, Ihr wisst selbst, dass der Iran viele Feinde hat. Aber uns fehlen auch die Freunde nicht. Deswegen sollte man etwas tun, was den Freunden Freude macht und die Feinde weiterhin verärgert. Wir könnten eine Burg bauen lassen, die die größte und schönste der Welt wird. In dieser Burg werden die schönsten Gemälde der Welt hängen und eure Heldentaten widerspiegeln. Euer Stiefbruder Neman holte einmal einen sehr guten Maler aus Mavarennehr, der Simnar heißt. Simnar baute ein schönes und großes Haus für Neman. Er schmückte dieses mit schönen Gemälden. Jetzt könnte er die schönste Burg für Euch bauen, mein Schah! Diese muss er auch mit den schönsten Gemälden der Welt schmücken."

Als Bahram das hörte, war er davon sehr begeistert, wieder lobte er den Wesir für seine Klugheit und erlaubte ihm, den Bau dieser Burg in seinem Namen auszuführen.

Der Wesir ging zum Stiefbruder des Schahs, Neman und überbrachte diesem den Befehl des Schahs. Neman nahm das sehr eifersüchtig auf, weil er nicht wollte, dass jemand etwas über die Geheimnisse seines Hauses erführe. Er konnte aber nichts gegen den Willen des Schahs unternehmen, daher brachte er den Baumeister und Maler Simnar zum Wesir. Der Wesir erklärte dem Meister seine Aufgabe und in wenigen Monaten entstand die schönste und höchste Burg der Welt in der Nähe der Hauptstadt der Sassaniden, Medain[6]. Dann befahl ihm der Wesir, die Szenen abzubilden, die Bahrams Heldentaten zeigten. Bahram heftet während der Jagd mit einem Pfeil den Lauf einer Antilope an deren Kopf; Bahram besiegt den Drachen; Bahram holt die Krone von Löwen. Danach berichtete der Wesir dem Maler über sieben Prinzessinnen: die indische Prinzessin Furek, die byzantinische Prinzessin Humay, die khorezmische Prinzessin Nazperi, die slawische Prinzessin Nesrinnusch, die maghribische Prinzessin Azerjun, die chinesische Prinzessin Yagmanaz und die iranische Prinzessin Dürset. Simnar musste darauf nach seinen Beschreibungen all diese Schönheiten malen.

Eines Tages lud der Wesir den Schah ein, die neue Burg und deren Gemälde zu besichtigen. Der Schah war begeistert von der Burg und lobte den Wesir und den Meister Simnar.

„Wundervoll, wundervoll, Wesir! Ich habe so einen Bau noch nirgendwo gesehen und noch nie gehört, dass es woanders so etwas gibt. Du musst den Meister Simnar würdig belohnen!"

Als der Wesir Bahram in das Zimmer führte, in dem die

6 Ktesiphon am Tigris in Mesopotamien war zunächst die Hauptstadt der Seleukiden, danach der Parther und schließlich der Sassaniden. In der persischsprachigen Poesie des Mittelalters wird Ktesifon als Medain erwähnt.

sieben Schönheiten gemalt waren, bedeckte der Schah seine Augen mit der Hand, denn diese wirkten auf ihn wie sieben Sonnen, die er nicht anschauen konnte. Dann forderte er von dem Wesir eine Erklärung. Der Wesir erzählte ihm von den sieben schönsten Prinzessinnen der Welt.

„Ich glaube dir, Wesir", antwortete der Schah. „Ich bin aber verheiratet und liebe meine Frau sehr, die nicht weniger schön ist als diese Prinzessinnen. Du weißt das selbst."

„Es wäre gut, großer Schah", sagte der Wesir, „wenn ihr all diese sieben Prinzessinnen zu Euren Mägden machen würdet. Die Frau ist eines, aber die Magd etwas anderes. Es wäre gut, für jede Magd einen Palast zu bauen. Diese schafft wieder Simnar. Dann habt ihr die schönste und höchste Burg in der Welt sowie die schönste Frau, die schönsten Mägde und die schönsten Paläste."

Diese Erläuterung seines Wesirs gefiel dem Schah. Er entschied sich nun, statt der Antilopen nach den erwähnten Prinzessinnen zu jagen. Obwohl die schönste von ihnen, Dürset, im Iran lebte, wollte er mit der indischen Prinzessin anfangen und fuhr nach Rajasthan. Der Maharadscha bereitete Bahram einen sehr würdigen Empfang und lobte ihn. Bahram brachte die indische Prinzessin nach Medain, befahl einen Palast für sie zu bauen und schickte dem Kaiser selbst die Botschaft nach Byzanz, dass er nun seine Tochter zu seiner eigenen Magd machen wolle. Da es schon lange einen Streit zwischen dem Iran und Byzanz gab, und die beiden daher oft Kriege gegeneinander führten, lehnte der Kaiser dies ab. Als Antwort begann Bahram einen neuen Krieg gegen Byzanz. Als er mit seinen zahlreichen Truppen vor den Toren Konstantinopels stand, gab der Kaiser nach. Bahram brachte die Kaisertochter auch in den Iran. Für sie wurde ebenfalls ein neuer Palast erbaut. Bahram selbst machte sich nun auf den Weg nach Khorezm. Auch der Schah von Khorezm betrachtete die Verbindung mit dem iranischen Schah als große Würde und gab seine Tochter Bahram zur Magd. Während Simnar für die Prinzessin einen Palast baute, war der Schah wieder unterwegs, diesmal nach Maghrib. Der König des Maghrib, sowie später auch der König der Slawen und der Kaiser von China waren sehr froh, zum berühmt gewordenen Schah des Iran so enge Beziehungen durch ihre eigenen Töchter zu bekommen.

Die letzte, die schönste Prinzessin, Dürset, gehörte zur alten Schah-Dynastie des Iran, den Achämeniden; sie war die Urenkelin des alten Schah Kejkawus. Bahram machte auch diese zu seiner Magd.

Nun hatte er die sieben schönsten Prinzessinnen als Mägde, für jede hatte Simnar einen schönen Palast gebaut und jeder Palast hatte eine Farbe des Regenbogens.

Was tat in dieser Zeit Simnar? Als er mit allen Arbeiten fertig war, äußerte sich der Wesir über Simnars hohe Kunst mit großer Begeisterung: „Nirgendwo gibt es so eine schöne Burg, solch schöne Gemälde und Paläste! Du bist ein großer Meister, Simnar, und deshalb bekommst du fünftausend Goldstücke für deine Arbeit! Aber sag mir, sind diese Burg, diese Gemälde, die schönen Paläste die Grenze deines Könnens oder könntest du für jemanden noch etwas Besseres schaffen?"

„Verehrter Wesir", antwortete der große Maler und Baumeister, „es hängt davon ab, wie viel man dafür bezahlt. Ihr zahlt mir für meine ganze Arbeit fünftausend Goldstücke. Das ist eine gute Bezahlung, so viel hat mir bis jetzt niemand bezahlt. Wenn aber jemand mir dafür fünfzigtausend bezahlt, werde ich eine zehn Mal bessere und schönere Burg mit Gemälden und Paläste schaffen, weil er mir zehn Mal mehr bezahlt."

Als der Wesir das hörte, war er sehr erzürnt; er schickte Simnar wieder zurück und ging zu Neman.

„Neman, es darf auf dieser Welt keine größere und schönere Burg, keine schöneren Gemälde mehr geben. Die Geheimnisse dieser allerhöchsten Kunst sind nur Simnar bekannt. Er sagt, er sei aber bereit, für jemanden etwas Besseres zu schaffen, wenn man ihm dafür mehr bezahlt. Das darf man nicht zulassen."

„Was sollen wir nun tun?", fragte Neman. „Wir können ihm nicht verbieten, auch für die anderen zu bauen oder zu malen."

„Wir können aber was anders tun: Befehle deinen Leuten, dass sie ihn heute von der Spitze der Burg herunterwerfen. Du kannst dies danach als ein Unglück erklären."

„Was wird aber Bahram dazu sagen, wenn er davon erfährt?"

„Er erfährt darüber nichts, wenn es ihm niemand erzählt", sagte der Wesir und verließ Nemans Haus.

Neman brachte Simnar in der Nacht auf das Dach, unter dem Vorwand, bei ihm ein Bild zu bestellen, wie alles in der Nacht von der Spitze der Burg aussehe. Als Simnar von dort aus die Umgebung, den Himmel, die Sterne und den Mond beobachtete, stieß Neman ihn von hinten. In der Nachbarschaft hörten viele den Todesschrei des herunterstürzenden Malers.

So kam das Ende des großen Meisters, der viele seiner Geheimnisse ins Grab mitnahm.

Bahram ging jeden Abend zu einer Prinzessin; sie tanzte und sie kochte für ihn, sie schenkte ihm Wein nach und dann erzählte sie dem Schah eine Geschichte: Geschichten über Liebe und Hass, über Treue und Betrug, über Gelassenheit und Krieg, über das Gute und das Böse, über das Licht und die Finsternis. Dies erzählten die schönsten Prinzessinnen der Welt dem Schah.

So verbrachte der junge Schah mehrere Jahre in den Palästen der Prinzessinnen. Eines Tages wollte er dennoch seine Familie besuchen und sehen, wie es ihnen gehe. Er fand seine Frau sehr krank, sie lag kraftlos im Sterbebett. Im letzten Augenblick wollte sie ihrem Mann etwas verraten, sie konnte aber nur „der Mann, dieser böse Mann..." sagen. Bahram war sehr traurig und weinte mehrere Tage am Bett seiner Frau. Ihn tröstete nur, dass seine Frau ihm zwei Söhne hinterlassen hatte. Er beerdigte sie und wollte danach alleine durch das Land wandern, um sich vom Kummer zu befreien.

Bahram erinnerte sich immer wieder an die letzten Worte seiner sterbenden Frau und wollte herausfinden, wen sie gemeint haben konnte. Aber ihm fiel niemand ein. Als Bahram durch das Land ging, war der junge Schah sehr erschüttert davon, was er in seinem Land sah. Überall verfielen die Häuser, die Wirtschaft war verwahrlost, die Felder blieben unbestellt, ohne Ernte, die Menschen sahen sehr unglücklich aus. Viele hungerten, die anderen bettelten; der Diebstahl und die Plünderei fremden Gutes wurden zum Alltag. Er war ratlos, wusste nicht, wie er das alles ändern und seinen Untertanen, seinem Land helfen sollte. So wanderte er allein sehr nachdenklich durch das Land weiter, bis er am Rande einer Stadt auf eine Herde traf. Der Schah wollte schon vorbei gehen, als er ein ungewöhnliches Bild sah: An einem Baum war ein großer Schäferhund erhängt. Da der Schah in seinem Leben noch nie etwas Ähnliches gesehen hatte, wollte er unbedingt wissen, warum man das getan hatte. So ging Bahram in das Haus des Schäfers. Der Schäfer verstand, dass der gute Herr jemand vom Hof sein sollte; er erwies den entsprechenden Respekt und brachte ihm gutes Essen und Trinken. Der Schah bedankte sich beim alten Mann und sagte: „Vielen Dank für alles! Ich werde aber deine Gastfreundschaft nur dann genießen, wenn du mir erzählst, warum du den Hund erhängt hast."

Der Schäfer war einverstanden, ihm das zu erzählen.

„Guter Herr", begann der Gastgeber, „ich hüte sehr lange die Schafherde und hatte in letzter Zeit die größte Herde in der Umgebung. Das war nicht nur dank mir, sondern auch meinem Schäferhund. Dieser Hund diente mir fünfzehn Jahre lang und war immer sehr treu und tapfer. Aus Angst vor ihm konnte kein Wolf und kein Dieb meine Schafe überfallen. Ich fuhr manchmal mit meiner Familie zu Verwandten und blieb dort mehrere Tage. Der Hund war dann selbst der Hirte und hütete die Schafe. Vor einem Monat habe ich bemerkt, dass eines der Schafe am Bein verletzt war. Und das war nichts anderes als ein Wolfsbiss. Das wunderte mich sehr: Wie konnte es sein, dass ein Wolf den Weg zu meiner Herde gefunden hatte? Dann habe ich angefangen, jeden Morgen zu zählen, wie viele Schafe ich noch habe. Und jedes Mal fehlte eines. Dann wollte ich selbst nachts wachen und beobachten, was in der Herde passierte. In der Nacht kam eine Wölfin, die sich mit meinem Hund traf. Danach ließ dieser Verräter die Wölfin in die Herde hinein. Diese Wölfin holte sich vor meinen Augen ein Schaf. Ich habe den Hund erhängt, dass es auch für alle anderen eine Lehre sei. Damit man versteht, welchen Preis man für den Verrat zahlen muss."

Bahram bedankte sich bei seinem Gastgeber, aß und trank mit ihm, dann verließ er sein Haus. Er war in tiefen Gedanken und wollte wieder zum Hof zurückkehren. Diese Geschichte, die ihm der Schäfer erzählt hatte, beeindruckte ihn tief.

„Ich bin verwundert", sah der Schah ein.
„Mich lehrte ein Schäfer, Schah zu sein.
Das ist ja meine, wohl, Geschichte,
Schafe – Untertanen, ich Hirte."[7]

Nachdem Bahram an den Hof zurückkam, wollte er selbst untersuchen, was während seiner Abwesenheit hier geschehen war. Er forderte, ihm die Listen aller Gefangenen zu bringen. Der Schah erschrak, als er diese Listen studiert hatte. So viele Menschen, oft mit unglaublichen Vorwürfen, wurden vom Wesir ins Gefängnis geworfen. Oft stand auf der Liste, neben dem Namen der Gefangenen, eine Anmerkung: Der Schah habe ihn zum Tode verurteilt, der Wesir ihn begnadigt und seine Strafe durch eine Freiheitsstrafe ersetzt. Immer wurde der Schah als ein böser Herrscher, der Wesir als sein guter Ratgeber dargestellt. Nun wollte der Schah selbst die Gefangenen anhören. Sie erzählten dem Schah die unglaublichen Grausamkeiten, die der Wesir in den letzten Jahren verübt hatte. Es kam heraus, dass der Wesir eine große Räubersippe hatte, mit der er das Volk unterdrückte und verfolgte. Er fand unter den Gefangenen auch seinen Schwiegervater, den früheren Regenten der Provinz Luristan. Dieser weinte

7 Übersetzung des Nizami-Gedichts vom Autor.

und erzählte Bahram, was der Wesir ihm und seiner Familie angetan hatte.

„Ich hatte ein schönes Pferd, das mir Euer verstorbener Vater für meine Dienste geschenkt hatte. Eines Tages schickte der Wesir seine Räuber, die in seinem Namen dieses Pferd von mir verlangten. Als ich es verweigerte, peitschen sie mich grausam aus. Als meine Frau und mein Sohn das verhindern wollten, haben diese Räuber die beiden getötet und das Pferd geraubt. Ich wusste, dass Ihr nicht am Hof seid und schrieb deswegen einen Brief an meine Tochter, eure Gemahlin und berichtete ihr von den Taten des Wesirs. Meine Tochter wollte uns verteidigen und verlangte Rechenschaft vom Wesir. Er erfand dann einen Grund, sie selbst schuldig zu sprechen und ließ sie ebenfalls auspeitschen. Meine Tochter war sowieso über die Trennung von Euch, großer Schah, unglücklich, und nachdem der Wesir sie ausgepeitscht hatte, wurde sie sehr krank. Als ich das hörte, wollte ich meine Tochter besuchen, aber die Leute des Wesirs nahmen mich fest und warfen mich ins Gefängnis. Habt Ihr jetzt Eure Gemahlin gesehen, wenn ich fragen darf? Geht es ihr wieder gut?“

Bahram antwortete ihm sehr traurig, dass seine Frau in seinen Armen gestorben wäre. Sein Schwiegervater weinte bitter, als er dies hörte. Der Schah tröstete ihn und sagte, dass sich bald der Wesir für alle seine Taten verantworten müsse. Er ließ den Schwiegervater frei und ernannte ihn wieder zum Regenten der Provinz Luristan.

Bahram wusste jetzt, wen seine sterbende Frau mit „dieser Mann, dieser böse Mann“ gemeint hatte. Er kam an den Hof zurück, sammelte alle Hofleute und beschuldigte sehr wütend den Wesir vor ihnen: „Ich habe das ganze Land dir anvertraut“, sagte der Schah zu Rast Röwschän. „Womit hast du aber auf mein Vertrauen geantwortet? Ich hielt dich für einen klugen Mann, der mir auch treu sein sollte. Ich habe gehofft, dass du in meiner Abwesenheit das Land gerecht regieren wirst. Stattdessen hast du die Räuber um dich gesammelt und das Land geplündert. Wo du Steuern sammeln solltest, hast du Gold und Silber genommen, um dich weiter zu bereichern. Deine Räuber nahmen dem Volk das Letzte weg. Wer Widerstand leistete, den warfen sie ins Gefängnis. Du wolltest es so haben; alle mussten arm, schwach und unterdrückt werden, nur du und deine Leute allein sollten reich werden.“

Rast Röwschän verbeugte sich vor dem Schah und sagte: „Großer Schah, ich rufe Euch auf, den Gerüchten keinen Glauben zu schenken. Diese Gerüchte verbreiten die Feinde des iranischen Throns. Ihr habt, das hoffe ich sehr, nicht vergessen, dass ich Euch vor vielen Jahren vor der Verschwörung der damaligen Hofleute gerettet und Euch geholfen habe, den Thron zu besteigen...“

„Ich habe deine Dienste nicht vergessen, Wesir, deswegen übergab ich dir auch die höchste Macht im Land. Aber sage mir: War das nicht eine Falle, die du mir gestellt hast, als du mir vorschlugst, die sieben Prinzessinnen zu meinen Mägden zu machen? Während ich mich diesen Schönheiten hingab, schufst du deine eigene Macht im Land mit deinen Räubern.“

„Der große Schah muss den Gerüchten nicht glauben. Ihr kennt mich doch...“

„Du sagst es wieder: die Gerüchte! Ich spreche jetzt offen Gericht über dich. Diejenigen, die von deiner Willkür betroffen sind, werden dir das selbst erzählen und dies vor dem ganzen Volk.“

Nach diesen Worten befahl der Schah, den Wesir zu fesseln und ins Gefängnis zu werfen.

Nach zehn Tagen fand das offene Gericht über den Wesir und seine Räuber auf dem Stadtplatz statt. Es waren so viele Menschen auf dem Platz versammelt, dass man sich kaum mehr bewegen konnte. Nachdem das Gericht begonnen hatte, rief der Schah die sieben der Gefangenen auf, die er selbst angehört hatte, und unter denen auch sein Schwiegervater war, und bat sie, ihre Geschichten zu erzählen. Alle sieben Gefangenen erzählten nacheinander vor dem Gericht, wie der Wesir mit seinen Räubern sie und ihre Nahestehenden ausgeplündert, geschlagen, gemordet und schließlich unschuldig ins Gefängnis geworfen hatte. Zum Schluss bat der Stiefbruder des Schahs, Neman, ums Wort. Darauf erzählte er, wie der Wesir ihn vor vielen Jahren gezwungen hatte, den großen Maler Simnar von der Burgspitze herunterzuwerfen. Weder der Wesir noch seine Räuber konnten sich vor diesen schweren Beschuldigungen verteidigen. Der Schah befahl, Galgen auf dem Platz zu bauen und den Wesir samt seinen Räubern vor dem Volk aufzuhängen.

Nachdem Bahram das Land vom Wesir und seinen Räubern befreit hatte, herrschte im Land wieder Gerechtigkeit. Der Schah half allen, die vom Wesir und seiner Sippe betroffen waren, er gab ihnen ihre weggenommenen Güter zurück. Er half den Armen, er machte die Hungernden wieder satt und er bemühte sich immer um das Wohl der Menschen und des Landes. So wurde Bahram bei seinem Volk wieder zum beliebten Regenten.

Die sieben Schönheiten hatte er aber auch nicht vergessen. Aber jede von ihnen besuchte er jetzt nur einmal im Monat.

So verbrachte Bahram seine Jahre, bis er sechzig geworden war. Was er in diesen Jahren nicht aufgegeben hatte, war die Jagd auf die Antilopen. Als er wieder mit seinem Gefolge auf der Jagd war, lief er einer Antilope hinterher. Diese lief durch den ganzen Wald, dann ging sie in eine große und tiefe Höhle, und Bahram folgte ihr. Die Leute des Schahs warteten vor der Höhle mehrere Tage auf ihn; Bahram aber kam nie wieder aus der Höhle heraus.

DER GOLDENE APFEL

Nach Motiven der altgriechischen Mythen

An einem Ort am Ufer des Ägäischen Meeres regierte einst der König Tros, nach dessen Namen nannte man seine Stadt Troja und sein Volk, die Trojaner. Nach dem Tod des Königs folgte ihm sein Sohn Ilos auf den Thron. König Ilos baute in der Stadt eine hohe Burg, die man nach seinem Namen Ilion nannte. Ilos träumte aber davon, Troja zu einer uneinnehmbaren Festung zu machen. Er wandte sich deshalb an die Götter Poseidon und Apollon und bat sie darum, um die Burg Ilion und die Stadt Troja eine Ringmauer zu errichten, damit sich seine Stadt und sein Volk geschützt fühlen konnten. Er versprach ihnen dafür einen hohen Lohn. Die beiden Götter waren damit einverstanden und begannen den Bau der Mauer. Aber, bevor die Götter mit der Mauer fertig waren, starb König Ilos und hinterließ den Thron seinem Sohn Laomedon. Schon bald umgab eine sehr hohe Ringmauer die Stadt Troja und die Burg Ilion. Poseidon und Apollon hatten ihr Versprechen gehalten und sie fertig gebaut. Zeus sandte dazu noch das Abbild seiner Tochter Athene, ein Palladion, in die Stadt, um dadurch Troja zur Stadt der mächtigen Göttin zu machen.

Die Trojaner waren glücklich, lebten in Ruhe und Frieden, denn kein Feind war in der Lage, ihre Stadt mit der hohen Mauer und der mächtigen Burg einzunehmen. Die Stadt stand unter dem Schutz der Götter Poseidon und Apollon, dazu noch unter der Göttin Athene.

Es kam jedoch zum Streit zwischen dem herrschenden König Laomedon und den Göttern Poseidon und Apollon. Nachdem die Götter von ihm den versprochenen Lohn verlangt hatten, antwortete ihnen der junge König:„Ich weiß nichts davon! Ihr habt das mit meinem Vater besprochen, nicht mit mir. Und er hat mir davon kein Wort gesagt vor seinem Tode!"

„Du sagst nicht die Wahrheit, Laomedon!", widersprach ihm der alte Poseidon. „Wir wissen, dass dein Vater, der gutmütige König Ilos, dir das Gold gegeben hat, damit du unsere Arbeit bezahlst, wenn wir mit der Mauer fertig sind. Du gieriger Strolch! Du willst dieses Gold selbst haben! Aber du musst wissen: Es ist eine große Sünde, die Auszahlung des verdienten Lohns den Göttern zu verweigern! Und ab heute stehen deine Stadt und dein Volk nicht mehr unter unserem Schutz!"

Die Götter gingen davon, kurz danach erschien vor Troja der Sohn des Zeus, Herakles, um die Königsfamilie für die Beleidigung und den Betrug an den Göttern zu bestrafen. Der schlaue Herakles stellte es so an, dass der König ihm vertraute und mit seiner Familie vor die Mauern der Stadt trat, um den berühmten Helden zu treffen. Kaum waren sie vor das Stadttor getreten, tötete Herkules ihn und alle seine Söhne. Nur den jüngsten Königssohn Priamos verschonte der Held, nahm aber dessen Schwester Hesione mit sich und brachte sie auf die Insel Salamis; er gab sie deren Herrscher Telamon zur Braut.

Die Trojaner vergaßen dieses erniedrigende Ereignis nicht und träumten davon, irgendwann Hesione wieder zurückzuholen. König Priamos wurde zum Greis und wollte seinen ältesten Sohn Hektor zu seinem Nachfolger erklären. Dann geschah aber etwas, das alles verzögerte.

Als man sich gerade wieder einmal im Familienkreis des Königs an die entführte Hesione erinnerte, trat Paris in den Raum, der jüngere Sohn des Priamos. Paris liebte die Schafe und die Berge. Seit langem hütete er selbst die Herden in den Ida-Bergen.

Als Paris hörte, über was man dort sprach, ergriff er das Wort: „Warum muss Troja mit dieser Schande immer weiterleben? Wenn König Priamos mir seine Flotte gibt, überfalle ich Salamis und hole meines Vaters Schwester Hesione zurück."

„Paris", sprach der alte König zu seinem Sohn, „ich glaube dir, dass du deine Tante wirklich zurückholen und diese Schande Trojas tilgen könntest, würde ich dir meine Flotte zur Verfügung stellen. Aber überdenke, wie die Griechen das beantworten würden. Wenn du das tust, erklären sie uns den Krieg."

Paris überlegte eine Zeitlang und dann antwortete er dem König: „Ich bin einverstanden: Ich ziehe nicht in den Krieg gegen Salamis, sondern komme in Frieden. Ich versuche Telamon davon zu überzeugen, Hesione mit mir zurückzuschicken, ohne jegliche Gewalt; damit zwischen Troja und Griechenland wieder ein friedliches und freundliches Leben entstehen kann. Lehnt jedoch Telamon dies ab, beginne ich den Krieg gegen ihn. Deswegen solltest du, mein Vater, dich auch nicht mehr weigern, deinem Sohn die Flotte zu übergeben."

Nachdem der König ihm das zugesagt hatte, kehrte Paris wieder in die Ida-Berge zurück; er wollte hier in Ruhe abwägen, wie er die Friedensverhandlungen mit Telamon führen könne und wollte für deren Erfolg die Hilfe der Götter erbitten.

Als Paris wieder beim Hüten seiner Herden war, erschienen vor ihm plötzlich drei Göttinnen: die Mutter der Götter Hera, Athene, die Göttin der Weisheit und des Krieges, und die Liebesgöttin Aphrodite. Hera gab Paris einen goldenen Apfel und sagte: „Du schöner und würdiger Sohn des Königs Priamos! Wir bitten dich unseren Streit zu schlichten. Gib diesen Apfel derjenigen, die du als die Schönste unter den Göttinnen wählst."

Dann flüsterte sie ihm ins Ohr: „Wenn du mich zur schönsten Göttin wählst, schenke ich dir ein großes Königreich, in dem du regieren wirst."

Athene hörte, was Hera ihm sagte, und kam selbst ganz nah zu dem Prinzen und sprach zu ihm: „Paris! Höre nicht auf sie! Wozu brauchst du das Königreich, du bist schon der Sohn eines großen Königs. Was du brauchst, ist die Weisheit und die Tugend der Männlichkeit! Diese kann nur ich dir geben!"

Nach ihr trat Aphrodite zum Prinzen, schaute ihn verführerisch an und flüsterte sehr zärtlich: „Paris! Du brauchst kein Königreich und keine Weisheit, glaub mir! Du bist ein junger schöner Mann und brauchst vor allem Liebe. So einem schönen jungen Mann huldigt auch eine schöne Frau! Ich gebe dir die schönste Frau der Welt zur Gattin, falls du mir den Apfel schenkst."

Die Worte der Liebesgöttin bezauberten den jungen Prinzen; er träumte bereits von der schönsten Frau der Welt. Aphrodites Blicke wurden noch verführerischer, und Paris reichte schließlich den Apfel der Liebesgöttin.

„Ha-ha-ha!" Die Liebesgöttin feierte ihren Sieg laut. „Es ist endgültig geklärt, wer die Schönste unter den Göttinnen ist."

Die beiden anderen Göttinnen waren sehr zornig auf Paris, und nicht nur auf ihn.

„Troja steht nun nicht mehr unter meinem Schutz! Bald werden wir sehen, was mit euch geschieht, wenn keiner der Götter Troja in Zukunft schützen wird!“, drohte ihm Athene.

„Du hast durch deine Entscheidung für dich und für Troja ein schweres Schicksal heraufbeschworen!“, sagte ihm Hera, die Gattin des Zeus, wütend. „Euch alle erwarten schwere Tage!“

Danach verschwanden alle drei Göttinnen, und Paris, immer noch stark verwirrt, kehrte wieder nach Troja zurück.

In Troja bekam Paris von seinem Vater die Flotte bereitgestellt, und nachdem er sein Schiff mit Waffen und Pferdewagen beladen hatte, segelte er Richtung Salamis. Die Drohungen der Göttinnen hatte er schon vergessen, aber er musste die ganze Zeit daran denken, wo und wie er der schönsten Frau der Welt – wie von Aphrodite versprochen – begegnen würde. Unterwegs überlegte er: Wäre es nicht besser, wenn er sich zuerst bei den berühmten Zwillingssöhnen des Königs von Sparta Rat holen würde, wie er Telamon zu einer friedlichen Lösung überreden könne?

Nachdem Paris an Spartas Ufer gelandet war, fuhr er auf seinem Pferdewagen und mit seinem Gefolge zum Königspalast von Sparta. In Sparta regierte damals Menelaos, der Bruder Agamemnons, des berühmten Herrschers der Insel Kreta. Menelaos war verheiratet mit der Tochter des einstigen Königs von Sparta, die man wegen ihrer unbeschreiblichen Schönheit die schöne Helena nannte. Nach der Heirat hatte Helenas Vater Spartas Thron seinem Schwiegersohn übergeben. Die Zwillingssöhne, bei denen Paris den Rat einholen wollte, waren die Söhne des verstorbenen Königs, sie waren also Helenas Brüder.

Als Paris in die Stadt kam, bemerkten alle den jungen schönen Fremdling auf seinem prachtvollen Wagen. Sie waren von seinem Aussehen und seinem Benehmen begeistert. Paris begab sich nicht sofort in den Palast, sondern er wollte zuerst den Tempel der Aphrodite und den der Artemis besuchen und beide um Hilfe und Unterstützung bei seinen Friedensverhandlungen mit König Telamon bitten. Auch wollte er endlich wissen, wer nun diese schönste Frau der Welt sei. Schon verbreitete sich die Kunde vom jungen schönen Fremdling, dem Prinzen aus Troja, einer Stadt, die auch in Sparta berühmt war wegen ihrer Burg Ilion, ihrer hohen Ringmauer und ihrer Reichtümer.

Auch Helena vernahm diese Kunde; nun wollte sie den jungen Mann unbedingt sehen und eilte zum Tempel. Paris war gerade ins Gebet vertieft, als er die plötzlich erschienene Helena sah. Er vergaß alles und hörte auf zu beten. Der Blick des jungen Prinzen drang tief in das Herz Helenas, und sie vergaß deswegen alles: ihren Mann, die Verwandtschaft und die Heimat. Paris erkannte nun, dass Helena tatsächlich die schönste Frau der Welt war, jene Frau, die ihm von Aphrodite versprochen worden war. Er trat zu Helena und sagte ihr: „Oh du Schöne! Ich bin Paris – der jüngste Sohn des Königs Priamos von Troja. Die Liebesgöttin Aphrodite versprach mir die Begegnung mit der schönsten Frau der Welt – du bist das! Ich möchte deinen Namen wissen."

„Ich bin Helena", antwortete die Königin von Sparta. „Ich bin die Gemahlin des Menelaos, des Königs von Sparta."

„Du bist schon verheiratet?“ Paris sah verwirrt aus. „Wie konnte es denn sein, dass mir die Liebesgöttin die Gemahlin eines anderen Mannes versprach? Ich verstehe das nicht.“

Helena lächelte geheimnisvoll; sie sah trotzdem zufrieden und glücklich aus wegen dieser Begegnung.

„Gut!“, sagte Paris. „Wenn die schönste Frau der Welt schon verheiratet ist, dann ist dem zwar so und ich kann es nicht ändern, aber Aphrodite hat dich trotzdem mir versprochen. Komm! Ich führe dich nach Troja, wo wir glücklich leben werden.“

„Nein“, antwortete die Königin von Sparta. „Ich kann dich nicht begleiten. Mein Mann, meine Brüder, meine Verwandten, das Volk von Sparta und schließlich sogar alle Griechen würden mich dann für eine Hure halten. Das wäre eine große Schande, nicht nur für meine berühmten Zwillingsbrüder, sondern auch für meinen kleinen Sohn, den ich König Menelaos geboren habe. Ein Schandfleck, den man nie wieder auswaschen könnte. Ich glaube auch nicht, dass ich in Troja ein gutes Ansehen genießen werde, wenn ich ohne Zwang dein Schiff betrete.“

„Was soll ich dann tun?“, fragte Paris tief besorgt. „Du stehst mir zu, auch wenn du schon verheiratet bist, ich werde Sparta nicht ohne dich verlassen.“

„Es gibt einen anderen Weg.“ Helena lächelte schlau. „Du kannst mich entführen. Aber das sollte sehr glaubwürdig aussehen, deswegen musst du mit deinen Leuten den Palast überfallen, alle Schätze rauben und mich schließlich mit Gewalt entführen. Der König Menelaos, mein Gemahl, weilt gerade nicht in der Stadt, er kommt erst in zwei Tagen zurück. Das erleichtert deine Aufgabe.“

Nachdem Helena Paris dies vorgeschlagen hatte, ging sie wieder zur Tempeltür.

„Ich bin aber kein Räuber!", rief ihr Paris verzweifelt hinterher. „Was würden mein Vater, mein Bruder und meine Verwandtschaft, ja das Volk von Troja über mich denken? Sie haben mich mit einer völlig anderen Aufgabe nach Griechenland geschickt; ich soll mit Telamon, dem König von Salamis darüber verhandeln, dass er meines Vaters Schwester Hesione, die Herakles vor vielen Jahren für ihn geraubt hatte, friedlich mit mir nach Troja ziehen lässt. Nach Sparta bin ich nur gekommen, um mir Rat bei deinen Zwillingsbrüdern zu holen, wie ich Telamon zu einer solchen friedlichen Lösung bewegen kann."

„Du bist aber auch deshalb hier, weil du den Willen der Liebesgöttin erfüllen willst", sagte Helena und verschwand wieder.

Paris war wieder völlig verwirrt. Was sollte er jetzt tun? Wenn er nun Helena wirklich rauben würde, könnte er nicht mehr nach Salamis weiterfahren. Wenn er aber Helena statt Hesione nach Troja brächte, würde er von seinem Vater dafür nicht gesegnet. Also konnte er nicht zusammen mit Helena in Troja erscheinen, er musste hierfür eine andere Lösung finden! Schon nach kurzem Nachdenken hatte Paris eine Lösung: Er würde Helena mitnehmen und zu einer fernen Insel segeln. Dort würden sie, entfernt von der ganzen Welt, sehr glücklich leben.

Kaum wurde es dunkel, befahl Paris seinen Leuten den Palast zu überfallen und die Königin zu entführen. Seine Mannschaft tötete die Wächter des Palastes und drang ein; dann nahmen die Trojaner alles, was sie nur tragen konnten, und schließlich legten sie im Palast Feuer. Paris war selbst mit dabei; er nahm Helena in seine Arme, trug sie zu seinem Wagen und brachte die Schöne zum Schiff am Ufer. Noch bevor die Bewohner der Stadt dazu kamen, das Feuer zu löschen und die Armee zu Hilfe zu rufen, segelten die Trojaner ungehindert mit dem Geraubten davon. Nur die Zwillingsbrüder Helenas folgten ihnen auf ihrem Boot, sie ertranken jedoch. Dann verlor man jede Spur der Flüchtigen.

Paris landete mit Helena und seinem Gefolge auf einer menschenleeren Insel weit im Westen; hier konnte sie niemand mehr finden. Fünf Jahre verbrachten Paris und Helena auf dieser Insel, unter dem blauen Himmel, am tiefen, unter den Sonnenstrahlen glänzenden Meer.

Und selbst Himmel und Erde, Sterne und Berge waren davon begeistert, das schönste Liebespaar dabei zu beobachten, wie sie übermütig am Ufer hintereinander her rannten, wie sie sich liebten und wie sie einander umarmend den Strand entlangliefen. Drei Söhne wurden ihnen geboren, einer schöner als der andere. Auch die Flotte von Troja blieb dort zum Schutz der Liebenden. Erst nach fünf Jahren sah Paris im Traum, dass die Griechen seine Stadt Troja überfallen hatten und dort nun ein grausamer Krieg herrschte, eine Belagerung direkt vor der Stadtmauer. Nun hielt es ihn nicht länger auf dieser Insel und er entschied sich, zusammen mit Helena und der Flotte wieder nach Troja zurückzukehren.

Was geschah aber in diesen fünf Jahren zwischen den Trojanern und den Griechen? Der Zorn und die Wut des Königs Menelaos waren sehr groß, als er bei der Rückkehr erfahren musste, dass sein Palast ausgeraubt, zum Teil niedergebrannt und seine Gemahlin entführt worden war. Er schickte zunächst einen Boten zu seinem Bruder Agamemnon, dem Herrscher der Insel Kreta, dann auch zu Telamon und zu Odysseus, dem König von Ithaka. Sie beschlossen alle gemeinsam, dass der Überfall auf den Palast von Sparta und Helenas Entführung nur dem Wunsch nach Vergeltung des Königs von Troja für seine entführte Schwester Hesione entstammen könnte.

Es wurde beschlossen, einen Feldzug gegen Troja zu unternehmen und man wählte Agamemnon aus, alle griechischen Stämme zu befehligen. Agamemnon übernahm diese Aufgabe sehr gerne, aber sagte zuerst: „Menelaos, mein Bruder! Ich verstehe, wie schwer es nun für dich ist, wie sehr dein Herz vor Wut und Empörung zerspringen möchte! In mir selbst brennt eine Flamme; diese üble und unglaublich freche Untat des Sohnes des Priamos macht mich so wütend, dass ich sogar bereit wäre, ihn alleine zu verfolgen, um ihn zu bestrafen. Wir müssen trotzdem Geduld haben, mein Bruder – denn auch die Götter sehen alles. Wir müssen allen deutlich zeigen, wie eine solch ungerechte Tat hart bestraft werden muss. Dennoch müssen wir zunächst klären, was hinter dieser großen und gottlosen Untat steht: Ist das wirklich nur der Rachewunsch der Trojaner für Hesione oder verbirgt sich da doch noch etwas anders dahinter? Da ich den alten König Priamos von Troja schon lange kenne, ist es für mich schwer vorstellbar, dass er für so etwas seinen Sohn nach Sparta schicken würde, denn Hesione ist nicht in Sparta, sondern auf Salamis. Deswegen schlage ich vor: Wir schicken zunächst die Gesandten nach Troja – damit würden wir auch den Göttern einen Gefallen tun – und wir verlangen von Priamos, Helena wieder nach Sparta zurückzuschicken. Wenn er sich weigert, die Gattin des Menelaos zurückzugeben, beginnen wir mit einem Feldzug gegen Troja."

Odysseus sagte: „Das ist ein kluger Vorschlag, Agamemnon! Wieso braucht man den Krieg? Priamos ist ein alter kluger König, er würde nicht wegen einer treulosen Frau, die Lust hatte, etwas mit einem schönen jungen Mann zu erleben, einen Krieg führen..."

Menelaos unterbrach ihn: „Odysseus, du bist ein kluger Mann! Ich erlaube dir aber trotzdem nicht, meine Gemahlin, die wegen ihrer Schönheit in der ganzen Welt berühmt ist, so zu beleidigen! Helena wurde von Priamos' Sohn Paris geraubt! Alle in Sparta konnten sehen, wie sie sich in den Händen dieses wilden Räubers krümmte und um Hilfe rief! Das kam aber alles so unerwartet, so plötzlich, dass die Menschen in Sparta nicht sofort verstehen konnten, was da passierte. Nur ihre Zwillingsbrüder verfolgten diese Räuber und ertranken im Meer. Ist dies alles nicht genug, um dich an die Treue meiner Frau glauben zu lassen? Ein Feind könnte eines Tages auch deine Frau entführen, Odysseus, vergiss das nicht!"

„Meine Frau Penelope würde niemand entführen können, weil sie mir treu ist", antwortete Odysseus. „Wir hier, Menelaos, sind alles erfahrene Männer, und wir wissen, dass ein Mann nie einer Frau zu nahe kommen kann, wenn sie kein Zeichen dafür gibt."

„Das war aber die Absicht, an mir und allen Griechen Rache für Hesione zu nehmen", sagte Menelaos.

„Das kann sein." Odysseus blieb ruhig. „Wäre Helena dir gegenüber treu genug, Menelaos, hätte so was nicht passieren können. Ich weiß, wenn ich auch für zwanzig Jahre fort aus meinem Haus wäre, würde Penelope auf mich warten und keinen einzigen Mann ihr zu nahe kommen lassen."

Menelaos wollte ihm erneut widersprechen, aber Odysseus gab ihm keine Möglichkeit dafür und sagte: „Auch wenn Priamos die friedliche Lösung nicht annimmt und Helena nicht zurückgibt, werde ich nicht wegen einer treulosen Frau am Feldzug gegen Troja teilnehmen. Ich bin jetzt mit der Erziehung meines Sohnes beschäftigt und habe in der Familie und im Land sehr viel zu tun. Und jetzt kehre ich wieder nach Ithaka zurück."

Nachdem Odysseus Sparta verlassen hatte, schickten Agamemnon und Menelaos mehrere Männer aus Sparta als Abgesandte nach Troja, um mit dem König Priamos zu verhandeln. Priamos und sein älterer Sohn Hektor empfingen die Gesandtschaft der Spartaner mit großer Würde und luden sie in den Palast ein, denn bis dahin war noch nie etwas Schlimmes zwischen Troja und Sparta geschehen. Aber die Gesandten sahen unzufrieden, ja sogar empört aus, und deren Sprecher sagte zu Priamos: „Priamos, wir können nicht verstehen, warum du gegen Sparta deinen Sohn und deine Flotte geschickt hast, gegen eine Stadt, die gegen Troja nie etwas Übles unternommen hat. Und dies zu einer Zeit, als der König Menelaos abwesend war. Jetzt musst du die Königin Helena zurückgeben, sonst ziehen nicht nur die Spartaner, sondern alle Griechen in einen großen Krieg gegen Troja."

Die Worte des Leiters der Gesandtschaft versetzten den alten König in großes Erstaunen. „Wovon redest du, guter Mann?", fragte er diesen. „Ich schickte meinen Sohn, den Prinzen Paris nicht nach Sparta, sondern nach Salamis, um mit König

Telamon darüber zu verhandeln, ob er bereit wäre, meine Schwester Hesione zurückzugeben. Ich habe von Helena, der Königin von Sparta, und ihrer Schönheit gehört, habe sie aber in meinem Leben noch nie gesehen."

„Priamos!", sagte der Gesandte wieder mit drohendem Ton. „Das ist deine einzige Möglichkeit, den Krieg zu vermeiden und Troja vor dem Zorn der Griechen zu schützen! Solltest du aber die Königin Helena nicht zurückgeben, so werden deine Stadt und deine Burg durch den Feldzug der Griechen zerstört!"

Hektor, der bis jetzt noch geschwiegen hatte, mischte sich ein, als er dies hörte: „Geehrter Mann!", sagte nun Hektor zum Leiter der Gesandten. „Mein Vater Priamos, der König von Troja, sagte dir bereits, dass es in Troja keine Königin Helena aus Sparta gäbe. Du glaubst ihm also nicht?"

Als Antwort fielen alle Gesandten mit harten Worten über Trojas Königsfamilie her und beschimpften sie: „Ihr seid keine ehrlichen Leute! Ihr lügt unverschämt!", sagte einer der Gesandten. „Ihr habt Sparta überfallen, als der König selbst nicht in der Stadt war."

„Ihr Trojaner seid keine Männer!", sagte der andere. „Ihr könnt nur in der Dunkelheit von hinten über andere herfallen! Ihr seid wie Weiber! Zieht besser eure Rüstungen aus und zieht euch Weiberkleider an!"

„Ihr werdet noch sehen", äußerte sich ein dritter, „was wir mit Troja machen, wenn ihr die hinterlistig geraubte Königin Helena nicht zurückgebt!"

„Ich kenne Priamos", sagte wieder einer der Gesandten. „Er ist ein alter schlauer Schakal!"

Diese harten, beleidigenden Äußerungen empörten jetzt

auch die Gefolge des Königs, die nun über die Spartaner herfallen und sie töten wollten. Nur Hektor war es zu verdanken, dass die Gesandten wieder zu ihrem Schiff zurückkehren konnten und unverletzt Troja verließen.

Als die Gesandtschaft nach Sparta zurückkam und alles berichtete, wurde beschlossen, bald mit dem Feldzug gegen Troja zu beginnen. Agamemnon schickte seine Leute zu allen griechischen Städten und Inseln und rief alle Griechen auf, am Feldzug teilzunehmen, um die verlorene Ehre der Griechen wiederherzustellen. Es gelang ihm sogar, Odysseus und Achilles, die sich zuerst nicht beteiligen wollten, zu überreden und sie mitzunehmen.

Mit hunderten Schiffen und hunderttausend Kriegern landeten die Griechen am Ufer Trojas und begannen einen schrecklichen Krieg gegen Troja. Die Verteidigung der Stadt übernahm Hektor und erteilte den Griechen eine harte Antwort. Viele Griechen fielen vor den Mauern Trojas, die Stadt blieb standhaft.

Als Paris nach fünf Jahren mit Helena und mit Vaters Flotte zurückkam, war der Krieg schon in vollem Gange. Nachdem er seinem Vater und dem älteren Bruder erklärt hatte, was mit ihm in den letzten fünf Jahren losgewesen war, wollten die beiden den jungen Prinz beschimpfen und von ihm verlangen, Helena zurückzugeben – damit könnte man die Griechen überreden, mit dem Krieg aufzuhören. Als sie aber Helena sahen, änderten sie ihre Meinung. Sie sagten Paris nur, er solle Helena und ihre gemeinsamen Söhne zu den Frauen Trojas schicken und sich dann selbst der Verteidigung Trojas anschließen.

Weitere fünf Jahre gingen vorbei; die Griechen waren sehr müde vom Krieg, der nun schon zehn Jahre dauerte. Viele der Krieger verlangten, wieder zurückzukehren. Unerwartet aber sahen die Griechen eines Tages Helena auf der Burg Ilion!

„Für sie kann man wirklich sterben!“, sagten sie dann alle und waren bereit, den Krieg weiterzuführen.

Achilles forderte Hektor zum Zweitkampf und besiegte ihn, aber bald fiel er auch selbst. Odysseus dachte sich seinerseits etwas anderes aus: Er ließ ein riesiges Pferd aus Holz bauen, das auf Rädern lief. Der Bauch des Pferdes war hohl. Im Dunkeln, als sich die beiden Seiten von der Schlacht erholten, befahl er zehn griechischen Kriegern, in das Pferd zu steigen und dort zu warten. Die Wächter in der Burg sahen, wie die Griechen dabei waren, mit ihren Schiffen wieder zurückzusegeln, und gaben den Trojanern davon Bescheid. Die Bewohner der Stadt feierten ihren Sieg, tranken und sangen die ganze Nacht hindurch. Inzwischen ließ Odysseus das gemeisterte Pferd zu Trojas Mauern rollen. Am nächsten Morgen sahen die Trojaner ein schönes Pferd aus Holz vor dem Stadttor, und mit Freude fuhren sie es in die Stadt als ein Zeichen ihres Sieges hinein. In der Nacht sprangen die griechischen Krieger aus dem Pferd heraus und öffneten das Stadttor. Die Griechen stürmten wie eine alles niederwalzende Woge in die Stadt und nahmen sie blitzschnell ein. Der alte König Priamos, Paris selbst und viele andere Trojaner verloren ihr Leben. Die Griechen entdeckten Helena und ihre Söhne und brachten sie samt dem geraubten trojanischen Gut wieder in die Heimat.

AKTAION, DER HERZENBRECHER

Nach Motiven einer altgriechischen Legende

Aktaion war der Sohn des Aristaios, des Herrschers von Theben, und der Nymphe Autonoe. Aristaios vertraute Aktaion noch als Kind dem Zentauren Chiron zur Erziehung an. Viele Jahre verbrachte der Junge bei ihm, lernte die Jagdkunst sowie die anderen Künste und erfuhr viele Geheimnisse der Welt. Als er eines Tages die Höhle Chirons in den Bergen des Pelion verlassen wollte, um nach Theben zurückzukehren, fiel dem Zentaur dieser Abschied schwer. Chiron weinte und sprach zu ihm: „Aktaion! Ich habe vor dir viele junge Leute erzogen. Viele waren klug und mit gutem Herzen wie du. Ich hatte mich aber an keinen so gewöhnt wie an dich. Deswegen zeigte ich hin und wieder Schwäche und erzählte dir manche Geheimnisse, die ein junger Mann nicht wissen sollte. Ich weiß, dass du erfolgreich und glücklich im Leben sein wirst. Nur vor einer Sache möchte ich dich doch warnen: Niemals sollst du die Kenntnisse, die Erfahrungen, die du hier gesammelt hast, missbrauchen. Wirst du mit diesen richtig umgehen, sind sie deine Diener, mit denen du im Leben alles erreichen kannst, was du willst. Wirst du aber dein Wissen missbrauchen oder ohne Notwendigkeit von einem Geheimnis erzählen, um damit vor den anderen zu prahlen, werden Wissen und Geheimnisse gegen dich arbeiten und bringen dir eines Tages großes Unglück."

Danach umarmte der Zentaur den jungen Mann und wünschte ihm Glück.

In einigen Jahren, nachdem Aktaion wieder nach Theben zurückgekehrt war, wurde er in der ganzen Umgebung als guter Jäger bekannt. Aktaion hielt die besten Hunde, um ihn herum sammelten sich nun auch viele andere junge Leute, die Jagdlust hatten, und zwei von ihnen, Anakin und Silias, wurden ihm zu besten Freunden.

So gingen sie zur Jagd oft in die Wälder, wo viel Wild zu finden war. Nach der Jagd versammelten sie sich alle wieder im Wald; die jungen Leute tranken und aßen zusammen, gerne erzählten sie ihre Jagdgeschichten oder hörten solchen zu.

Der große und starke Anakin erzählte immer wieder, wie er einst einen Bären gestellt hatte. Silias war ein Jäger, der auf Hirsche pirschte und gerne von seinen schlauen Fallen erzählte, in die er diese tappen ließ. Aktaion selbst wollte nie seine eigenen Jagdgeschichten erzählen, obwohl er den anderen sehr wohl zuhörte. Er liebte es aber, ganz besondere Jagdgeschichten zu erzählen, nämlich davon, wie er hinter den Mädchen und jungen Frauen in der ganzen Umgebung herjagte.

„Ich hatte einst von der schönen Tochter eines Kaufmanns aus Saloniki gehört: Semela heißt sie“, so plauderte Aktaion eines Tages mit seinen Kumpeln, als sich alle nach einer gelungenen Jagd wieder im Wald erholten. „Es war aber nicht einfach, ihr nahe zu kommen. Da sehr viele junge Männer hinter ihr herjagten, behütete ihr Vater Semela sehr und erlaubte ihr nicht, das Haus zu verlassen. Ich habe sogar gehört, dass selbst Zeus die Semela verführen wolle und ihr Vater sie vor allem vor diesem alten Schürzenjäger abschirme. Ich habe mich also verkleidet – als ein fahrender Straßenmusikant und Mann vom Zirkus – und kam so gerüstet nach Saloniki. Hier fand ich das Haus des Kaufmanns und begann dort vor dem Haus mit meinem Singen und Tanzen. Semela trat selbst auf den Balkon und beobachtete mich von dort; selbst aus der Ferne machte sie mich ganz heiß auf sich. Also steckte ich einen Pfosten in die Erde, band an sein Ende ein Seil, dessen anderes Ende warf ich auf den Balkon des Kaufmanns. Ich tat so, als ob ich auf dem Seil laufen und springen wollte, um den Bewohnern der Stadt meine Kunst zu zeigen. Ich hatte aber etwas anderes vor: nämlich dadurch in Semelas Zimmer hineinzuspringen, das, wie ich vermutete, im ersten Stock gerade hinter jenem Balkon liegen sollte. Bis zum Einbruch der Nacht sang ich und tanzte auf dem Seil, zeigte den Versammelten alle Tricks, die mich der alte Chiron gelehrt hatte.

In der tiefen Nacht, nachdem alle Zuschauer schon verschwunden waren, gelangte ich auf den Balkon Semelas. Da es Sommer war, hatte sie keine Vorhänge vor dem Fenster und ich konnte sie vom Balkon aus gut sehen. Sie schlief allein im Zimmer, nicht weit vom Fenster. Wegen der Schwüle warf sie ihre Decke zur Seite und lag nun halbnackt auf dem Bett. Sie hatte nur ein kurzes, durchsichtiges Hemd an, wodurch ich ihre großen, vollen, runden, unberührten Brüste gut erblicken konnte. Ihre Oberschenkel waren bloß; den einen hob sie an und den anderen streckte sie aus. Selbst durch das Fenster konnte ich sehen, wie schneeweiß diese waren und wie deren zarte Haut im Mondlicht schimmerte. Und selbst diese runden, vollen Oberschenkel! Ich wollte diese endlich berühren. Ich warf nochmals einen langen sehnsüchtigen Blick auf Semela. Sie schien zu träumen. Wovon sie wohl träumen mochte? Chiron sagte mir einst: Obwohl die Frauen es nie eingestanden, dachten sie an Männer und träumten von ihnen weit öfter als umgekehrt. Denn die Männer sprachen gerne über Frauen, aber in Wirklichkeit verbrachten sie den größten Teil ihres Lebens mit Kriegszügen und Streitereien, auf der Jagd oder einfach unter sich. Viele mussten dazu ihre täglichen Arbeiten verrichten. Die Frauen seien immerhin nur mit der Familie und ihren weiblichen Angelegenheiten beschäftigt. Sie benahmen sich oft so, als ob sie die Männer nicht bemerkten, wenn sie diesen begegneten, sprachen aber zumeist über die Männer, wenn sie unter sich waren. Und in der Nacht träumten sie von der Liebe mit einem Mann."

Die jungen Jäger lachten an dieser Stelle laut.

„Die Frauen seien aber trotzdem viel schönere und treuere Wesen als die Männer, sagte mir der alte Zentaur", setzte Aktaion fort. „Die Männer seien hingegen die urtümlichen Wesen, so wie die Wildesel. Wenn sie gut bestückt seien und etwas Kraft hätten, dächten sie, sie wären die Herren der Welt und es sei ihnen alles erlaubt, auch Gewalt gegen die Frauen auszuüben.

Ich klopfte leise an Semelas Fenster. Sie hörte dies, stand auf und kam zum Balkon. Das Mädchen war wirklich nicht ängstlich und öffnete mir die Tür. Semela erkannte mich, obwohl sie noch schläfrig war, und fragte: ‚Oh! Der Mann vom Zirkus? Was machst du hier auf unserem Balkon zu nachtschlafener Stunde?'

‚Semela', sagte ich, ‚ich bin hier ein Fremdling und habe

keine Bleibe für die Nacht in Saloniki. In der Stadt sind viele verwahrloste Hunde; ich habe Angst in der Nacht von ihnen zerfleischt zu werden. Deswegen wollte ich dich darum bitten, mir zu erlauben, in deinem Zimmer zu übernachten, auf dem Boden, einfach in einer Ecke.'

Schöne Mädchen haben des Öfteren ein großes Herz, sie sind auch sanftmütig. Das wusste ich bereits. Semela ließ mich ein, zeigte mir eine Ecke und ging wieder ins Bett. Ich legte mich auf den Boden, denn ich war wirklich müde, nachdem ich den ganzen Tag herumgesprungen war und getanzt hatte. Wie hätte ich aber einschlafen können, wenn so eine Schönheit in meiner Nähe lag? Ich stand wieder auf und trat an das Bett Semelas.

‚Semela', weckte ich sie wieder auf, ‚ich bin ein armer Fremdling und kenne niemanden in Saloniki. Mir ist kalt, so allein in der Nacht zu schlafen. Darf ich mich neben dich legen und mich etwas aufwärmen?'

Semela bedauerte mich wieder, und ohne mich zu fragen, warum es mir in einer heißen Sommernacht zu kalt würde, erlaubte sie mir, mich in ihr Bett zu werfen. Dann schloss sie ihre Augen und wollte wieder einschlafen. Da sagte ich zu ihr: ‚Semela, ich bin ein armer Fremdling, und es ist mir jetzt trotzdem kalt. Ich kann mich nur dann richtig aufwärmen, wenn du mich eng umarmst.'

Wieder sprach sie nichts und schloss mich in ihre Arme, dann umarmte ich sie auch endlich und ich spürte unter ihrem Hemd all ihre körperlichen Rundungen und Öffnungen. Sie schloss wieder ihre Augen und wollte einschlafen. Aber ich störte sie erneut, indem ich sie fragte: ‚Semela! Hat dich bisher schon jemand geküsst?'

‚Ja. Meine Mutter, mein Vater und die Geschwister, die Tanten und Onkel', antwortete sie.

‚Und wie haben sie dich geküsst, sag es mir?'

‚Sie küssten mich immer auf die Stirn oder auf die Wange.'

‚Nein!', sagte ich ihr, ‚das ist kein echter Kuss. Ich möchte dir jetzt den echten Kuss lehren.'

Was kann angenehmer und aufregender sein, als eine schöne Jungfrau wie Semela zu lehren, zu küssen? Nach jedem Kuss wurde sie rot vor Scham, und als ich ihre Brüste behutsam streichelte, erzitterte ihr ganzer Körper; sie stöhnte unaufhörlich, biss sich auf ihre Lippen; als ich sie nahm, stieß sie einen kleinen spitzen Schrei aus, wohl etwas zu laut.

Kurz danach trat ihre Mutter ins Zimmer, mit einer Kerze in der Hand, und fragte: ‚Semela, was ist mit dir, Liebe, warum hast du geschrien, hast du schlecht geträumt?'

Ich hatte mich schon vorher unter der Decke versteckt. Trotzdem war ich sehr beunruhigt: Vielleicht käme sie nah heran und würde mich im Bett der Tochter entdecken? Die kluge Semela antwortete ihr aber: ‚Mach dir keine Sorgen, Mutter, du hast recht, ich träumte gerade. Ich sah im Traum ein Ungeheuer und wurde wach von diesem Schreck.'

‚Gut, gut, Semela', sagte die Mutter, ‚vielleicht hat dir gestern jemand etwas Schreckliches erzählt, deswegen sahst du ein Ungeheuer heute im Traum? Schlafe gut und denk nicht mehr an das Ungeheuer.'

Nachdem sie gegangen war, fuhren wir fort mit dem, was wir begonnen hatten. Und in dieser Nacht vernahm man ihre kleinen spitzen Schreie immer wieder. Aber zu uns kam niemand mehr ins Zimmer, sicher dachte man, sie habe im Traum jenes Ungeheuer noch öfter gesehen. Im Morgengrau schon wollte ich die schöne Semela verlassen und verabschiedete mich von ihr auf meine zärtliche Weise.

Als ich mit Hilfe des Seils wieder dort landen wollte, wo ich meine Sachen in der Nacht hatte liegen lassen, löste sich dieses vom Balkongeländer und ich landete äußerst unsanft auf dem Boden und schrie vor Schmerz. Dadurch wurden alle im Haus wach. Ich stand auf, ließ meine Sachen einfach liegen, machte mich schleunigst davon, um Saloniki möglichst schnell zu verlassen. Semelas Vater jagte jedoch mit seinen Leuten hinter mir her, aber konnte er mich erreichen? Chiron verdankte ich meine rettende Flucht: Er lehrte mich so schnell zu rennen, wie kein anderer es kann."

Alle lachten laut.

„Du tauchst aber sicherlich nicht mehr in Saloniki auf, nicht wahr?", fragte ihn Silias.

„Wenn ich je wieder von einer solch betörenden Frau in Saloniki höre, fahre ich dahin. Keiner kann mich daran hindern", war die Antwort des mutigen Aktaions.

Alle lachten wieder.

Ein anderes Mal erzählte Aktaion von der Frau des Richters aus Rhodos.

„Ich hatte von ihrer Schönheit schon viel gehört und wollte sie unbedingt sehen. Diesmal hatte ich mich nach Rhodos begeben, gekleidet wie ein Händler, und war schließlich mit einem vollen Wagen auf dem Marktplatz gelandet. Ich hatte Waren und Stoffe mitgebracht, die man dort nicht hatte, um damit die Frauen aus Rhodos neugierig zu machen. Schon am ersten Tag kamen viele schöne junge Frauen und kauften mir eine Menge der Waren ab. Ich sprach mit allen, um festzustellen, ob die Frau des Richters unter ihnen war. Am ersten Tag erschien sie nicht, an den zwei folgenden Tagen auch nicht. Am vierten Tag erklärte ich dann schließlich auf dem Marktplatz laut: ‚Ich habe ein einzigartiges Collier. Das trug in ihrer Zeit die Gemahlin des Pharaos. Dieses verkaufe ich aber nur der allerschönsten Frau von Rhodos.'

Dieses Collier gab mir Chiron beim Abschied, zusammen mit vielen anderen Sachen. Er sagte, dieses Collier habe wirklich einst der Gemahlin des Pharaos gehört. Und er wollte, dass ich das dereinst meiner Frau schenke, wenn ich heirate. Aber ans Heiraten denke ich noch lange nicht und warum sollte ich dies so lange behalten?

Am nächsten Tag kamen sehr viele Frauen zu mir. Die meisten waren Frauen der mächtigsten und reichsten Männer der Insel, sogar die Frau des Oberhaupts von Rhodos war unter ihnen. Aber bei keiner von ihnen entdeckte ich jene Schönheit, die man mir beschrieben hatte. Diese sollte allein die Frau des Richters besitzen. Es war schon gegen Abend, als die Frau des Richters auf dem Markt erschien, begleitet von ihrer Dienerin.

‚Meine Herrin will das Collier kaufen', sagte mir die Dienerin. ‚Was soll es kosten?'

Mir war klar, dass die Frau des Richters bereit war, jeden Preis für mein Collier zu bezahlen und diesen auch bezahlen konnte. Die Richter seien, so hatte mir einst der alte Chiron erzählt, die reichsten Menschen: Denn derjenige, der die größte Summe bezahle, würde auch am gerechtesten behandelt.

‚Das wollen alle Frauen von Rhodos kaufen. Aber ich entscheide, an wen es zu verkaufen ist. Ich muss es auch an ihrem

Hals anprobieren. Hier waren heute viele Frauen von Rhodos. Allen maß ich ihrem Hals mein Collier an.'

Die Richterfrau, die sich dahin etwas zurückgehalten hatte, trat zu mir, als sie meine Worte vernahm, und entblößte ihren Hals. Ich maß das Collier ihrem Hals an.

'Was kostet es nun?', fragte mich ungeduldig die Frau des Richters.

'Das kann ich nur dann sagen, wenn ich das Collier auch noch einmal in der Nacht deinem Hals angemessen habe.'

'Warum denn das?', fragte die Frau des Richters, die zurecht ihrer Sache sicher war, dass sie die schönste Frau von Rhodos sei.

'Ich muss deine Schönheit noch einmal in der Nacht sehen. Denn manchmal enthüllt gerade die Nacht das, was der Tag verbirgt', antwortete ich ihr.

'Was verbirgt denn der Tag?', fragte die Frau des Richters und schaute mich mehrdeutig an.

'Die Schönheit! Deswegen ist bei manchen Frauen die ganze Schönheit nur nachts zu bemerken', antwortete ich auch mehrdeutig.

Sie sagte mir nichts mehr und ging. Aber etwas später kam ihre Dienerin zu mir und teilte mir mit: 'Meine Herrin wird heute Nacht im Haus auf dich warten. Die Eingangstür wird nicht verschlossen sein.'

Das Tor und die Eingangstüre des Richterhauses ließ man wirklich für mich unverschlossen, als ich in der Nacht dort erschien. Die Frau des Richters erwartete mich im Gästezimmer, wohin mich ihre Dienerin begleitete. Im schmeichelnden Licht der Kerzen sah sie so graziös und reizend aus, dass ich beinahe bereit gewesen wäre, mich auf sie zu werfen. Man sollte sich aber immer beherrschen können und niemals etwas tun, was anstößig sei, lehrte mich dagegen der alte Zentaur. Ich konnte jedoch nicht aufhören, sie weiterhin mit meinen Augen zu durchbohren: Sie trug nur ein leichtes, enganliegendes Kleid, das all ihre Glieder deutlich betonte.

‚Die Nacht zeigt das, was der Tag verheimlicht?', fragte sie und blickte mich wieder vieldeutig an.

‚Es freut mich, dass du mich richtig verstanden hast, meine Herrin', sagte ich und kam nahe an sie heran, sodass ich ihren heißen Atem spüren konnte. ‚Ich sollte nun nur noch einmal das Collier deinem Hals anmessen.'

Mit einer anmutigen Bewegung strich sie ihr seidig schimmerndes Haar zur Seite und entblößte wieder ihren schönen Hals. Ich legte behutsam mein Collier um ihren Nacken und sagte: ‚Das ist für dich, meine Herrin!'

‚Was kostet nun dieses Collier?', fragte sie mich.

‚Für dich kostet es nichts, meine Herrin. Denn du bist die schönste aller Frauen.'

Hätte nur jemand diesen Stolz, diese Anmut sehen können, die sich in ihren Augen widerspiegelten, nachdem ich diese Worte zu ihr gesagt hatte. Und vor allem ihre freudige Bereitschaft, sich hinzugeben! Ich küsste sie zaghaft auf die Wange; sie schaute mich nachsichtig und etwas spöttisch an. Hier küsste ich ihre schönen, vollen, rosenroten Lippen. Jetzt antwortete sie mir mit einem langen tiefen Kuss. Dann nahm sie eine Kerze und flüsterte mir zu: ‚Lass uns in mein Zimmer gehen.'

Ich folgte ihr und wir kamen in ein wunderschönes Zimmer; im Kerzenlicht glänzten wundervolle Büsten, die um ihre Nacken kostbarsten Schmuck trugen, anschaulich bemalte Vasen, Tafelgeschirr aus Gold, besetzt mit Edelsteinen. Deren Pracht zeugte vom feinen Geschmack ihrer Besitzerin. Und ein großes einladendes Bett aus Elfenbein krönte das Ganze.

‚Und wo schläft der Richter, auch hier?', fragte ich.

‚Nein', antwortete mir die Frau des Richters. ‚Wir haben unser gemeinsames Schlafzimmer oben. Er schläft immer dort, ich nur ab und zu; die meisten meiner Nächte verbringe ich in meinem Zimmer.'

Sie warf ihr Kleid von sich und stand hüllenlos vor mir. Lange tat ich nichts, so sehr war ich fasziniert von ihrem Anblick. Hier erinnerte ich mich an meinen Freund Timaios, den Bildhauer. Er schuf schon viele schöne Frauengestalten und suchte immer nach dem schönsten Vorbild. Hätte er nur jemals die Nacktheit der Frau des Richters gesehen! Ich konnte nicht aufhören, sie mit meinen Blicken zu liebkosen. Dann kam sie auf mich zu, umarmte mich und zog mich in ihr Bett. Diese erfahrene Herrin der Liebe war sehr heiß und liebeshungrig; sie wand sich auf mir einer Schlange gleich, drückte mich immer wilder an sich, küsste und biss mich, als wolle sie mein Blut trinken. Und zum Schluss zerkratzte sie mir den ganzen Rücken wie eine Tigerin; sie schrie sehr laut und warf sich noch lange wie von Krämpfen geschüttelt auf dem Bett hin und her. Ich wurde vorsichtig: Hört das der Richter vielleicht? Es war aber weiterhin sehr still in diesem großen Haus. Und als ich sie morgens früh verlassen wollte, ließ sie mich lange nicht aus ihren Armen."

Hier sagte Anakin: „Aktaion! Jedes Mal erzählst du uns von einer schönen Frau, die du verführt hast. Wie gelingt es dir, so

leicht die Herzen der Frauen zu erobern? Und so blitzschnell?"
Aktaion lächelte arrogant. „Das ist mein Geheimnis."

„Verrate uns das und lehre es auch uns, so erfolgreich bei den Frauen zu werden!", baten ihn nun alle.

„Nein, das darf ich nicht", lehnte Aktaion diese Bitte seiner Freunde ab. „Das ist ein Geheimnis des alten Zentauren Chiron. Ich darf das nicht weitergeben."

Die jungen Männer fragten ihn aber immer wieder nach dem Geheimnis des Erfolges bei den Frauen, und irgendwann erzählte ihnen Aktaion: „Die Frauen, so lehrte mich einst der alte Chiron, können vier Dingen nicht widerstehen: dem Schmuck, dem Lob, der Schönheit und der Kraft. Das bedeutet, sie wollen den wertvollsten Schmuck besitzen, das Lob über sich hören – vor allem über ihr Aussehen –, den schönsten Mann für sich haben, und sich dem stärksten Mann hingeben."

„Und was denkst du, sind die Göttinnen auch so oder sind sie anders?", fragte ihn Anakin.

„Die Göttinnen haben die gleiche Gestalt wie die Frauen und das gleiche Gemüt. So lehrte mich wieder der alte Chiron", antwortete Aktaion seinem Freund darauf.

Anakin war aber mit ihm nicht einverstanden: „Wir alle haben bis jetzt nur die Schönheit der irdischen Frauen gesehen. Wie schön auch immer eine Frau sein mag, eine göttliche Gestalt ist jedoch etwas ganz anderes."

Silias war gleicher Meinung wie Anakin. „Eine Göttin soll doch anders aussehen als eine irdische Frau. Verstehst du das, Aktaion?"

„Ich verstehe, was ihr mir damit sagen wollt", antwortete Aktaion. „Aber überlegt mal: Die Gestalt einer schönen Frau ist schon göttlich. Hättest du jemals den Körper der Frau des Richters aus Rhodos gesehen..."

„Du hast uns das schon erzählt, Aktaion! Ich glaube dir, dass die Frau des Richters aus Rhodos sehr schön ist. Aber die Gestalt einer Göttin muss dennoch anders sein. Wie sie aber genau aussieht, können wir nicht wissen", Anakin widersprach ihm wieder.

„Die Göttin hat genau so eine Gestalt wie eine Frau, glaubt mir", Aktaion wollte auch nicht aufgeben.

„Woher weißt du das?", fragte Silias.

„Ich sagte doch schon, dass mir das der alte Zentaur Chiron erzählt hat: Er weiß das doch genau."

„Nein, Aktaion! Das reicht mir nicht! Wenn ich auch nicht die Göttin Artemis einmal selbst sehen kann, so brauche ich zumindest den Bericht eines Augenzeugen", Silias wollte ihm kein Vertrauen mehr schenken.

„Gut", sagte Aktaion. „Ich gehe jetzt, ich werde nun alles dafür tun, um die Göttin Artemis selbst zu sehen."

Aktaion dachte nun Tag und Nacht nur noch daran, wie er es schaffen könne, Artemis zu sehen und dann sogar nackt. Einerseits wollte er seinen Freunden beweisen, dass die Göttinnen und die Frauen gleiche Gestalt haben, andererseits träumte er nun von der Liebe mit der Göttin Artemis selbst, von einer göttlichen Liebe. Er hatte schon genug Frauen gehabt und sollte er nun auch wissen, wie es mit einer Göttin sei. Er erinnerte sich daran, was ihm einst der Zentaur darüber gesagt hatte: Das Menschenauge könne die Götter und Göttinnen nicht sehen, wenn sie selbst nicht den Menschen erscheinen oder die menschliche Gestalt annehmen würden.

Ein Sterblicher könne die Götter aber auch dann sehen, wenn sie schwimmen oder baden würden. Denn das Wasser mache die göttliche Gestalt auch für das Menschenauge sichtbar. Manchmal käme sogar Artemis in die Wälder am Berg Pilion und jage hier. Und nach der Jagd bade die Jagdgöttin zusammen mit ihren Nymphen in einer Quelle inmitten einer Waldlichtung. Es gab aber hier in den Wäldern viele Lichtungen, auf mehreren gab es auch eine Quelle. Selbst Chiron wusste nicht, in welcher Quelle genau die Jagdgöttin badete. Aktaion hoffte jedoch, dass er diese Quelle fände und einmal Artemis dort beim Baden überraschen könne.

Einst jagte Aktaion zusammen mit seinen Freunden in den Wäldern am Berg Pilion wieder sehr erfolgreich. Als sie sich danach auf dem frischen Gras ausruhten, bat ihn Silias: „Aktaion, erzähl uns, hast du die Artemis schon gefunden, hier im Wald?"

„Ihr werdet sehen. Ich finde die Göttin Artemis und verführe sie sogar", antwortete Aktaion.

„Wovon redest du, Aktaion?", fragte Anakin. „Haben dir die Frauen nun endgültig den Kopf verdreht? Wie kann ein Sterblicher eine Göttin verführen?"

„Nein, man kann auch eine Göttin verführen, man muss sich darum nur genug bemühen", Aktaion wollte nicht aufgeben.

Darüber redeten die jungen Männer noch lange. Keiner glaubte daran, dass Aktaion die Jagdgöttin finden und verführen könne. Aktaion wollte dennoch nicht aufgeben und sagte zum Schluss: „Bald werde ich euch auch davon erzählen, wie ich Artemis verführt habe."

Dann verabschiedete sich der stolze Jünger Chirons und machte sich mit allen seinen fünfzehn Hunden auf den Weg nach Hause. Aktaion war schon weit entfernt von seinen Freunden, als er plötzlich Lachen und freudiges Geschrei hörte, das von einer Lichtung erschallte. Er begab sich zur Lichtung und plötzlich öffnete sich vor seinen Augen eine unglaubliche Szene: In der Quelle badeten viele schöne Frauen. Wer waren diese wohl? Sollte dies wirklich Göttin Artemis selbst sein, umgeben von ihren Nymphen? Wenn das wirklich Artemis mit ihren Nymphen war, dann hatte Chiron wieder recht gehabt: Sie hatten alle die gleiche Gestalt wie die irdischen Frauen, auch jene, die in ihrer Mitte stand und von anderen gepflegt wurde. Aktaion ging weiter und versuchte sich einer der Badenden so anzunähern, damit die anderen ihn nicht merken. Danach fragte er sie: „Ich bin Aktaion, der beste Jäger hier, weit und breit! Sagt mir bitte, wer seid ihr?"

Die so Angesprochene war sehr erstaunt wegen des Mutes des jungen Mannes und warnte ihn: „Du darfst nicht sehen, wie die Göttin Artemis mit uns Nymphen badet. Deswegen lauf besser weg!"

Aktaion wollte nicht auf sie hören und näherte sich der badenden Göttin. Je näher er kam, umso mehr wurde Aktaion von ihrer Schönheit gefesselt. Die Nymphen beachteten ihn gar nicht und badeten und pflegten die Göttin unbekümmert weiter. Plötzlich schrie Artemis auf: „Was für männliche Hände sind das, die mich so grob anfassen?"

Aktaion konnte sich wirklich nicht mehr halten und hatte die göttliche Schönheit berührt. Die Göttin selbst verstand das nicht sofort; sie dachte, dass es die Hände einer der Nymphen seien, die sie etwas zu grob streichelten. Aber als Aktaion nicht länger an sich halten konnte und ihr fest die Brust gedrückt hatte, verstand die Göttin, dass ein fremder Mann in ihren Badeort eingedrungen war.

Vom zornigen Aufschrei der Göttin erschrak Aktaion und versuchte, sich zwischen den Nymphen zu verstecken. Die Nymphe, die vorher Aktaion davor gewarnt hatte, weiter auf der Lichtung zu verweilen, sagte nun zur Göttin: „Das ist Aktaion, der berühmte Jäger."

„Aktaion?", fragte Artemis wütend. „Diesen Jäger kenne ich auch. Woher nimmt er den Mut, hier, an meinem Badeort, zu erscheinen?"

„Ich habe von ihm schreckliche Dinge gehört", sagte eine andere Nymphe. „Er verführe die Frauen, dann erzähle er seinen Freunden bis in alle Einzelheiten, wie er mit ihnen geschlafen habe."

„Auch ich habe davon gehört", sagte Artemis. „Er hat auch Semela, das Lieblingsmädchen des Zeus verführt, das der Göttervater selbst begehrte. Zeus ist deswegen sehr zornig auf Aktaion und wird ihn bei der ersten Gelegenheit aufs Härteste bestrafen."

„Lass ihn gehen, Göttin", flehten mehrere der Nymphen. „Er hat dir selbst gar nichts Böses angetan."

„Er hatte aber den Mut, sich nicht nur hier einzuschleichen, während ich badete, sondern mich dazu mit seinen groben Händen anzufassen!", schrie die Göttin. „Einen dermaßen frechen Mann habe ich noch nie gesehen!"

„Er hat dich angeschaut und gestreichelt und wollte dich vielleicht sogar verführen, um hernach vor seinen Freunden damit prahlen zu können!", sagte wieder eine der Nymphen.

„Nein, das schafft er diesmal nicht!", schrie Artemis.

Danach stand die Göttin auf, füllte eine Badeschüssel mit Quellwasser und ging zu Aktaion. Aktaion versuchte weiterhin, sich hinter den Nymphen zu verstecken und sich davon zu machen. Artemis erwischte ihn dennoch und fragte: „Aktaion, du wolltest mich sehen, sogar verführen, und danach deinen Freunden davon erzählen? Wie viele Mädchen hast du verführt, Aktaion, wie vielen hast du das Herz gebrochen? Wie viele Frauen hast du betrogen, brachst deren Ehen? Und du wolltest immer ungestraft entkommen. Jetzt sehen wir, ob du noch deinen Freunden davon erzählen kannst, wie du mich beim Baden gesehen und gestreichelt hast."

Nach diesen Worten schüttete die Göttin das Wasser über den jungen Jäger aus. Aktaion verspürte plötzlich fürchterliche Angst und machte sich schnell davon. Bei einem Waldteich hielt er an. So hatte er doch der Bestrafung der Göttin entkommen können! Aktaion atmete erleichtert auf. Nun hatte er seinen Freunden wirklich etwas zu erzählen! Und seinem Freund, dem Bildhauer Timaios, konnte er nun auch genau beschreiben, wie der Körper der Göttin aussieht und sogar, wie sich dieser anfühlt. Timaios wird glücklich sein! Obwohl es Silias und Anakin enttäuschen könnte, dass der Körper der Göttin genau so ist, wie Körper einer jeden Frau: Sie verstanden immer noch nicht, dass der Frauenkörper selbst schon göttlich ist.

Plötzlich erblickte Aktaion einen großen Hirsch, der sich im Teich spiegelte und freute sich sehr. Gleich musste er seinen Freunden davon Bescheid geben, was für ein riesiger Hirsch hier vor ihm erschienen war; er hoffte, dass sie den Wald noch nicht verlassen hatten. Das wird aber eine einmalige Jagd werden! Besonders Silias wird sich darauf sehr freuen!

Aktaion rannte zurück und suchte nach seinen Hunden. Sie waren dort liegen geblieben, wo er sie verlassen hatte. Vor der Lichtung, auf der Artemis gerade badete. Als er ihnen befehlen wollte, diesen gefährlichen Ort sofort zu verlassen, überfielen ihn seine eigenen Hunde. Er wollte sie anschreien, stattdessen kam nur ein heiseres Gebrüll aus seiner Kehle. Was sollte das gewesen sein? Aktaion schrie wieder und wieder, aber jedes Mal hörte er selbst das wilde Gebrüll statt seiner eigenen Stimme. Er wollte seine Hand heben, um den eigenen Hals zu spüren, da sah er nur einen Huf. Mit dem Huf wollte er seinen Kopf spüren, konnte ihn aber nicht erreichen. Aktaion rannte jetzt mit all seinen Kräften, um sich von seinen eigenen Hunden zu retten. Er rannte in die Richtung, wohin seine Freunde gegangen waren. Diese würden ihn bestimmt erkennen, wenn auch seine Hunde ihn in fremder Gestalt nicht erkannt hatten.

„Anakin! Silias!", rief Aktaion schon von Weitem, als er seine Freunde in der Ferne laufen sah.

Aus seinem Hals kam wieder nur ein lautes Gebrüll heraus. Seine Freunde hörten dies und schrien freudig: „Was für ein großer Hirsch!"

Und sie schossen auf ihn, ihre Pfeile erreichten den Hirsch jedoch nicht. Aktaion rannte wieder in Richtung seiner Hunde und wurde wieder von ihnen angefallen. Auch seine Freunde liefen ihm hinterher.

„Anakin! Silias! Das bin ich, Aktaion! Schießt nicht auf mich, rettet mich vor meinen Hunden!"

Aus dem Hals Aktaions kam aber immer wieder nur Hirschgebrüll, und das erregte alle seine Verfolger immer stärker.

„Was für eine Jagd!", schrie Silias freudig. „Leider sieht das

Aktaion nicht. Er ist, so scheint es, schon verschwunden, seine Hunde sind aber noch da."

„Er läuft wahrscheinlich eher wieder einer Frau hinterher und hat darüber sogar seine Hunde vergessen", antwortete ihm Anakin.

Inzwischen war Aktaion in eine Falle geraten, die Silias für die Hirsche aufgestellt hatte. Mit der Falle am Lauf fiel es ihm immer schwerer zu rennen und er flüchtete sich in die dichte Tiefe des Waldes, die er so gut kannte; hierher konnten seine Freunde nicht mehr eindringen, wohl aber die Hunde, die Aktaion weiterverfolgten. Als sie diesen endlich erreichten, zerrissen und zerfleischten sie ihn. Einzig die Knochen und das Geweih blieben von diesem Hirsch übrig.

Die fünfzehn Hunde Aktaions suchten lange nach ihrem Herrn, nachdem sie den Hirsch gerissen und zerfleischt hatten. Einige Tage später kamen sie zur Höhle Chirons. Chiron wusste bereits, was Aktaion widerfahren war. Er schuf ein Abbild Aktaions aus Bronze und stellte dieses vor seine Höhle. Alle Hunde warfen sich glücklich auf dieses, als hätten sie wirklich ihren Herrn gefunden, und bellten freudig.

WAS PASSIERTE AM NEMI-SEE?[8]

Nach Motiven einer Überlieferung über das vorchristliche Tempelleben in einem Wald am Nemi-See in Süditalien

In Süditalien, im alten Gebiet Nemi, liegt ein schöner See, den man den Nemi-See nennt. Im naheliegenden Wald steht bis heute der Tempel der Göttin Diana. Dieser Tempel birgt eine geheimnisvolle Geschichte.

Die Göttin Diana herrschte über den Wald und die hier lebenden Tiere, deswegen sollte ihr Tempel im Wald stehen. Der Mann, der als Hohepriester in diesem Tempel dienen wollte, musste auch Gatte der Göttin Diana und König des Waldes werden. Er selbst konnte Diana nicht sehen, doch spürte deren Geist überall im Wald: Sie kam mit dem raschelnden Laub der Bäume, mit dem fröhlichen Herumlaufen der wilden Tiere und dem Mondlicht der Nacht.

Im Wald stand der Andachtsbaum der Diana, der vom Hohepriester betreut wurde. Selbst in Nemi, auf dem Marktplatz, wuchs noch ein anderer Baum, der wiederum mit der Jagdgöttin verbunden war. Wer den Hohepriester ablösen wollte, musste von diesem Baum einen Zweig abbrechen, dieser hieß „der goldene Zweig“[9]. Deshalb konnte der Hohepriester niemals Ruhe haben: Die eigene Stellung musste er gegen je-

8 Diese Erzählung ist geschrieben nach einer Szene aus dem Drehbuch „Dianas Bediener“ von Vougar Aslanov; für die Erweiterung des Drehbuchs wurde später auch Dr. Felix Lenz eingeladen, der vorher dieses Projekt als Dramaturg betreut hatte. Das Drehbuch erhielt 2011 die Hessische Filmförderung.

9 Dieses Ritual wird vom englischen Ethnologen James Frazer (1854 – 1941) in dessen Buch „The Golden Bough“ (1890) beschrieben.

den Herausforderer verteidigen, der Dianas Gunst gewinnen wollte. Der Hohepriester trug ein riesiges Schwert auf dem Rücken, von dem er sich nie trennte, auch nicht beim Essen oder beim Beten, nicht einmal beim Schlafen. Schon viele Herausforderer waren gekommen, die Gatte der Jagdgöttin und König des Waldes werden wollten. Doch bis jetzt hatte sich der alte Hohepriester immer gut verteidigt.

Eines Tages kam ein fremder junger Mann nach Nemi und trat entschlossen auf diesen Baum zu. Alle Bewohner Nemis waren auf dem Marktplatz versammelt und schauten dem jungen, fremden Mann zu, als er seine Hand langsam zum goldenen Zweig hinauf streckte.

„Was für ein schöner Mann!", sagte eine junge Frau liebevoll. „Warum muss er nur Gatte der Göttin werden?"

Eine ältere Frau war ebenfalls von diesem fremden Mann begeistert.

„Wie kräftig er ist: so schöne, muskulöse Beine, so eine breite Brust und solch mutige Augen."

„Wie dumm diese junge Männer sind!", meinte jetzt die junge Frau. „Sie könnten eine schöne junge Frau heiraten. Und auch wenn einer von ihnen den Hohepriester besiegt, eines Tages wird ein stärkerer Mann kommen und ihn selbst töten."

„Wie viele junge Männer bereit sind, ihren Kopf für Diana zu wagen", beklagte sich die ältere Dame.

„Bestimmt wird er gewinnen!", sagte darauf ein Jugendlicher. Ihn tadelte jedoch ein älterer Herr: „Es ist gar nicht sicher. Der Hohepriester hat eine starke Verteidigung und so alt ist er nun auch wieder nicht."

Der junge Mann war mit ihm nicht einverstanden und sagte

trotzig: „Aber irgendwann muss doch mal ein Neuer gewinnen."

„Ja, einmal wird er schwach. So mag es die Jagdgöttin. Nur der beste und der stärkste soll sie besitzen."

„Wie ist der Alte dann überhaupt unser Hohepriester geworden?"

„Auch er kam als junger Mann einst aus der Fremde zu uns und tötete den alten Hohepriester."

Der Fremde ergriff einen Zweig und brach ihn ab, nur das Knacken des Zweiges störte die Totenstille. Alle applaudierten ihm für seinen Mut.

Er verließ darauf mit dem hoch über seinem Kopf erhobenen goldenen Zweig den Marktplatz. Alle fielen auf die Knie und sangen eine Hymne zu Ehren Dianas:

„Oh Diana, große Göttin!
Du allein bist unsere Herrin!
Deine Schönheit ist in aller Munde.
Zu Deiner Ehre singen wir die Hymne.
Hilf uns immer und schütze!
Und verlass uns niemals, bitte!"

Dianas Hohepriester stand im Wald unter einem Baum und schaute auf den See im Mondlicht. Die Diana-Hymne war auch im Wald zu hören. Der Hohepriester fiel auf die Knie und betete: „Diana, Schönste und Mächtigste, bleib bei mir, große Göttin. Ich war immer treu dir gegenüber. Dein Gatte zu sein ist mein höchstes Glück. Außer dir habe ich nichts. Ich liebe dich, meine Göttin. Für dich bin ich bereit, alles zu tun. Was du mir sagst, werde ich mit geschlossenen Augen erfüllen. Befiehl, was ich für dich tun muss! Wer deine Macht nicht anerkennt, wird von mir bestraft! Du aber schütze mich, Göttin. Schütze mich vor den bösen, jungen und fremden Männern. Gib mir Kraft, dass ich sie immer niederringe!“

Wie zur Antwort fuhr ein heftiger Wind durch die Bäume und ließ das Laub rascheln. In ganzen Herden passierten die Tiere des Waldes den Andachtsbaum und die Fische sprangen im sich kräuselnden See aus dem Wasser. Ekstatisch fiel der Hohepriester zu Boden.

„Oh Diana. Meine Diana! Diana!! Du bist wieder da!“

Der junge fremde Mann ging durch den nächtlichen Wald und erreichte eine Waldhütte. Die Tür stand einen Spalt offen. Der junge Mann ging auf die Tür zu. Sie öffnete sich mit grauenerregendem Knarren. Er trat weiter in den Raum hinein. Da schreckte ihn ein erneutes Knarren der Tür auf. Mit gezogenem Schwert fuhr er herum. Eine alte Frau stand ihm gegenüber und ließ sich gar nicht beeindrucken.

„Du also bist der nächste, der unser Hohepriester werden will?“, fragte sie gleichmütig.

„Ja, du hast Recht, Alte“, antwortete der fremde Mann. „Kann ich hier bei dir einkehren?“

„Womit wirst du bezahlen?“

„Bringt mir bitte etwas zu essen und zu trinken. Für alles bekommst du Silber von mir.“

„Eh, Silber, Silber... Zahl nicht zu wenig, mein Junge. Alles ist teuer geworden. Jeden Tag erhöhen sich die Preise, vergiss es nicht!“

„Gut, gut, Alte. Mach dir keine Sorgen. Du kriegst genug Silber. Was gibt´s zu trinken?“

„Schön gekochtes Quellwasser."
„Und zum Essen?"
„Die Jäger kamen kurz vor dir vorbei und haben das frische Wild mitgebracht: Bergtaube, Feldsperling und Waldfuchs."
„Gut, zwei Feldsperlinge, eine Bergtaube und die Hälfte des Fuchses. Ich muss kräftig essen und alle Kräfte des Waldes sammeln, um gegen den Hohepriester zu bestehen!"
„Denkst du, das ist so leicht? Vor dir waren drei junge Männer hier, alle größer als du, stärker und böser. Sie haben alle in meiner Hütte übernachtet, von meinen Händen gegessen. Sie sind dann alle durch die Hand des Hohepriesters gefallen", seufzte die Alte.
„Um ihn zu besiegen, muss man nicht nur stark sein, sondern auch klug", sagte der Fremde.
„Ich sehe bei dir keine besondere Klugheit! Solche wie dich besiegte er im Dutzend!"
„Bist du auf der Seite des Hohepriesters, Alte?", fragte der junge Mann ärgerlich und laut.
„Leise! Ich bin nicht auf dessen Seite. Er ist alt, wie ich. Es wäre besser für alle, auch für die Göttin, wenn endlich wieder ein junger und schöner Mann wie du König des Waldes wird. Hat Diana dich schon einmal gesehen?"
„Ja."
„Wo?"
„Im Tempel. Als ich klein war, haben mich meine Eltern mitgenommen und später brachte ich ihr selbst Opfer: Lämmer, Schweine und Esel."
„Das ist gut, junger Mann! Beim Kampf mit dem Hohepriester muss dich die Göttin wiedererkennen. Dafür musst du beim Kampf immer dein Gesicht dem Baum Dianas zuwen-

den. Der Hohepriester wird versuchen, das zu verhindern. Du musst dranbleiben. Denn, wenn sie immer dein Gesicht sieht, wird sie dir und nicht dem alten Hohepriester Kraft verleihen, denn sie mag junge Männer! Nur, dass du jünger und schöner bist, kann sie dazu bringen, dich zu unterstützen. Also vergiss nicht, bleib immer dem Baum zugewandt!"

„Hast du dieses Geheimnis auch den anderen erzählt, Alte?"

„Nein, mein Freund! Sie hätten mir sowieso nicht zugehört, so stolz waren sie auf ihre Kraft. Und nach dem Tod jener Frau, die mir das erzählt hatte, bin ich die Einzige, die das kennt."

„Ach, so ist das", sagte der Fremde besorgt.

„Vergiss es auch nicht: Der Hohepriester ist zwar alt, er ist aber sehr schlau und kann beim Kampf immer wieder versuchen dich irgendwie zu betrügen. Du muss mit ihm sehr vorsichtig sein!"

„Vielen Dank! Ich werde mir das alles merken. Ich wollte nur eines fragen: Warum erzählst du mir diese ganze Sache? Magst du selbst deinen Hohepriester nicht? Warum willst du, dass ich den Alten besiege und nicht er mich? Und warum soll ich mich auf dich verlassen? Vielleicht sagst du mir gar nicht die Wahrheit und willst mich doch von dem Alten töten lassen?"

„Ich war das schönste Mädchen von Nemi zu jener Zeit, als der Hohepriester als junger Mann zu uns kam", antwortete die Alte traurig. „Ich habe mich in diesen verliebt und wollte ihm mein ganzes Leben widmen. Er hat auf meine Liebe auch mit seiner Liebe geantwortet. Er sagte mir aber, dass er trotzdem den alten Priester besiegen müsse: Wenn man den goldenen Zweig abgebrochen habe, müsse man schließlich auch den Kampf gegen den Hohepriester aufnehmen. Hernach werde er dennoch die befreite Stelle nicht übernehmen: Es solle ein anderer kommen und diese annehmen. Ich habe Diana geopfert, damit er nicht erschlagen würde. Im Tempel bemerkte eine alte Frau, wie sehr ich diesen jungen Mann liebte; sie bedauerte mich und verriet mir damals das Geheimnis von Dianas Andachtsbaum, das nur sie alleine kannte. Ich belehrte danach meinen Geliebten, ganz ähnlich so wie heute dich, auf welche Weise er den Hohepriester besiegen könne. Nachdem er den Kampf gegen den alten Hohepriester gewonnen hatte, brach er aber sein Wort und verschmähte meine Liebe." Die Alte weinte. „Er hat mich ausgelacht und sagte mir, er wolle nur der Hohepriester und der Gatte Dianas werden!!"

„Jetzt verstehe ich dich besser, Alte", sagte der Fremde. „Jetzt glaube ich dir, dass du ehrlich mit mir warst. Du wartetest bis jetzt auf den, der deine Liebe rächen würde, nicht wahr? Und dein Rachewunsch wird bald erfüllt. Du wirst es sehen, glaub mir."

„Nein, ich wollte es niemals und ich will mich auch jetzt nicht an ihm rächen." Die alte Frau weinte noch mehr. „Ich möchte nur, dass er endlich seinen Fehler einsieht. Andererseits ist seine Zeit schon zu Ende: Man braucht einen neuen Priester. Wenn du ihn totschlägst, werde ich mir bald darauf das Leben nehmen. Ohne ihn möchte und kann ich nicht leben. Wenn wir auch nicht zusammenleben konnten, so will ich dann aber zusammen und gleichzeitig mit ihm sterben. Wenn es im Leben nicht gelungen ist, dann sollen wir im Tode zusammen sein! Als er damals den alten Priester besiegt hat, hat er sehr laut geschrien, sodass man überall im Wald seinen Schrei hören konnte. Vor dem Tod wird er auch so laut schreien – ich weiß es. Als ich seinen Siegesschrei gehört habe, habe ich angefangen mich auf die Hochzeit vorzubereiten. Wenn ich seinen Todesschrei höre, nehme ich das Gift, das ich für den heutigen Tag aufbewahrt habe."

Der junge Fremde verabschiedete sich von der Alten und machte sich auf den Weg zu Dianas Waldtempel.

Der Mond erleuchtete den Wald und spiegelte sich im See wider. Der Hohepriester hatte den Stamm des Diana-Baumes innig umarmt. Sein Schwert auf dem Rücken glänzte im Mondlicht.

„Oh Diana, du Schöne, sei bei mir! Behüte mich! Tröste mich mit deiner Liebe!"

Der Fremde, versteckt hinter einem anderen Baum, beobachtete dies mit Spannung, sein Schwert hatte er bereits gezogen.

Ohne Warnung stürzte er nun mit erhobenem Schwert von hinten auf den Hohepriester zu.

Doch er schaffte es nicht, den Hohepriester zu treffen. Denn im letzten Moment drehte er sich und verteidigte sich mit seinem riesigen Schwert.

„Diana, Göttin, bald liegt dir ein frisches, junges Opfer zu Füßen!"

Beide schlugen mit ihren Schwertern aufeinander ein. Doch keiner gewann einen Vorteil.

„Du wirst bald selbst auf dem Boden zu Dianas Füßen liegen", sagte jetzt der Fremde drohend und frech. „Und ich werde König des Waldes und Dianas Gatte!"

„Du wirst nicht der Letzte sein, den ich bekämpfe! Vor dir waren schon viele da! Schau dich um!" Der Hohepriester zeigte ihm die zahllosen Schädel, die an Dianas Andachtsbaum hingen.

Der Fremde wurde kurz unaufmerksam und der Hohepriester konnte ihm am Arm treffen.

„Du Fuchs!", empörte sich der leicht verletzte junge Mann. „Jetzt zeig ich's dir."

Der junge Fremde attackierte den Hohepriester sehr aggressiv und versuchte, ihn niederzuschlagen. Der Hohepriester bewegte sich geschickt immer so, dass der junge Mann dem Baum den Rücken zukehrte, während er selbst zum Baum der Diana blickte.

„Sieh mich an, Diana, wie ich wieder siege!"

Mit Schrecken wurde dem jungen Mann klar, dass er nun mit dem Rücken zu Diana kämpfte. Er sammelte alle seine Kräfte, kämpfte wie ein Wilder und erreichte es, sich wieder dem Baum zuzuwenden, obschon er vom Hohepriester Wunden an Bein und Schulter empfangen hatte.

„Ha-ha! Jetzt mache ich dich fertig", sagte Dianas Gatte fröhlich und bösartig.

Wütend attackierte der König des Waldes den jungen Fremden wieder. Der nutzte das, um ihn an sich vorbei gleiten zu lassen und so wieder die günstige Position mit dem Gesicht zum Baum zu gewinnen.

Der Hohepriester begriff endlich, dass sein Geheimnis verraten war. Voller Wut zielte er aufs Herz des jungen Mannes.

Als der junge Fremde dies bemerkte, machte er eine Finte: Er öffnete sein Herz, was der Hohepriester sofort spürte, und wollte nun seinen Rivalen überfallen, um auch diesen Herausforderer erledigen zu können. Dadurch öffnete sich der Alte selbst und erhielt kurz darauf einen fatalen Schlag von seinem Gegner.

„Oh, nein! Diana, meine Diana, bist du nicht mehr mit mir?“ Der Hohepriester weinte.

„Diana ist jetzt bei mir, Alter!“, sagte der junge Mann sicher.

Der Hohepriester kniete nieder.

„Nein, das kann nicht sein! Ich habe ihr so gut gedient, ich habe sie so geliebt. Das kann nicht sein... Wer hat dir das Geheimnis des Baums verraten?“

„Denk selbst daran, wer mir dieses Geheimnis hat verraten können.“

„Keiner kennt es!“

„Die Alte am Rande des Waldes hat es mir anvertraut.“

„Die Alte, die Alte? Das Mädchen, das mich einst so liebte, wie ich Diana liebe? Die schönste Frau von Nemi?“

Der Hohepriester stand mit größter Schwierigkeit noch einmal auf und hob sein Schwert, um den jungen Mann dennoch zu erschlagen.

„Diana, verlass mich nicht!“

Doch nun verließen ihn die Kräfte; er schrie lauthals und brach zusammen.

„Diana, oh Diana, Göttin, lass mich dein Hohepriester sein!“, sagte der junge fremde Mann aufgeregt. „Und verlass mich nie! Auf ewig!“

Wieder fuhr ein brausender Wind durch den Wald, alles bewegte sich, und die wilden Tiere liefen an Dianas Baum vorbei.

DEN EID NIE BRECHEN

Nach Motiven der altisländischen Sagen aus Snorra- und Lieder-Edda

Einst lebte auf den Inseln – in Gothland – ein junger Mann namens Sigi, der stark, klug und reich, aber auch stolz und streitlustig war. Er sagte, dass er der Sohn Odins sei. Einmal entdeckte seine Mutter, damals ein junges Mädchen, Odin im Wald, den die Riesen verletzt und dort liegen gelassen hätten. Sigis Mutter hätte Odin dann mehrere Tage betreut, bis er wieder gesund wäre und wieder zurückkehren könnte. Mehrere Monate nach Odins Rückkehr habe das Mädchen ein Kind bekommen – Sigi. Als ein Zeichen, dass Odin Sigis Vater sei, schenke der Hauptgott seiner Mutter ein Armband für ihn. Ob es wirklich so war, wusste niemand, Sigi war jedoch stolz, Sohn Odins zu sein und trug mit großer Würde das Armband zum Beweis.

Sigi hatte einen Nachbarn, der seinerseits einen Diener hatte, auch dieser war stark, klug und sehr begabt. Sigis Nachbar mochte diesen Diener sehr und lobte ihn stets. Als sie einst zu dritt waren, erzählte Sigi, was er für ein guter Jäger sei. Der Nachbar deutete auf seinen Diener und sagte, dieser sei ein besserer Jäger als Sigi. Sigi wollte das nicht dulden und schlug vor, zusammen mit dem Diener des Nachbarn einmal auf Jagd zu gehen, um zu sehen, wer der bessere Jäger sei.

Der Nachbar begleitete ihn nicht, er schickte seinen Diener allein mit Sigi in den Wald. Sigi gab sich sehr viel Mühe, den Wettstreit zu gewinnen. Schließlich schoss der Diener jedoch doppelt so viele Vögel wie er. Für Sigi war das unerträglich und sehr peinlich. Er tötete nach dieser Jagd den Diener des Nachbarn und verscharrte ihn im Wald. Nachdem Sigi zurückgekehrt war, erzählte er, es sei zwischen ihm und dem Diener im Wald zu einem Wettstreit gekommen, wer von ihnen den großen Hirsch erlegen könne, als plötzlich vor ihnen ein Hirsch aufgetaucht war. Der Diener wollte es selbst schaffen, verfolgte den Hirsch und kam nicht mehr zurück. Weil er Sigi jedoch gut kannte, glaubte der Nachbar ihm nicht. Er ging, begleitet von seinen Leuten, in den Wald und fand die von Sigi begrabene Leiche seines Dieners. Darauf klagte der Nachbar vor dem König Gothlands, der von Sigi forderte, das Land zu verlassen.

Sigi versammelte eine Schar Menschen um sich, kaufte mehrere Schiffe und bat Gott Odin um Hilfe. Odin lenkte die Schiffe nach Süden. Sigi eroberte ein großes Land und wurde dort selbst zum König. Sein Volk nannte man nun Franken und sein Land das Frankenland.

Sigi wurde ein Sohn geboren – Rerir. Nach dem Tod des Vaters vergrößerte Rerir Frankenland mit dem Schwert in der Hand. Rerir hatte keine Kinder und das war sein großer Kummer. Als er schon ein alter Mann war, schickten die Götter eine Walküre zu ihm. Diese gab dem alten Herrscher einen Apfel und sagte: „Deine Frau soll diesen Apfel essen." Das war kein einfacher Apfel, sondern einer, der auch bei alten Frauen die Schwangerschaft auslösen konnte.

Nachdem Rerirs Frau den Apfel aß, wurde sie schwanger und gebar einen Sohn. Ihr Mann sah den Sohn jedoch nie, Rerir starb noch vor dessen Geburt. Die Königin nannte ihren Sohn Wölsung, bald darauf starb auch sie. Jene Walküre, die einst für dessen Mutter den Apfel gebracht hatte, wurde von den Göttern Wölsung zur Frau gegeben. Sie bekamen zehn Söhne und eine Tochter: Der älteste von Wölsungs Söhnen hieß Sigmund, seine Tochter rief man Signi.

Eines Tages kam der König von Gothland Siggeir zu den Wölsungen und begehrte, Signi zu heiraten. Der alte Wölsung wusste, dass seine Ahnen aus Gothland stammten, und war sehr froh über die Möglichkeit, mit Siggeir verwandt zu werden. „Die Geister der Väter werden froh sein", sagte er seinen Söhnen. „Durch Signis Heirat mit dem König von Gothland Siggeir bekommen wir mit unserer alten Heimat wieder Verbindung."

Die schöne Signi war nicht besonders glücklich, als Wölsung ihr erzählte, dass sie jetzt Siggeir heiraten solle.

„Ich kenne ihn nicht, Vater", sagte sie. „Und auch du kennst ihn nicht. Vielleicht ist er kein guter Mensch."

„Signi, hör mir zu: Das ist der Wille der Götter, wenn wir nach vielen Jahren wieder durch deine Heirat die Verbindung zu unserer alten Heimat herstellen können. Du sollst Siggeir heiraten!"

„Gut, Vater", antwortete die schöne Signi. „Ich heirate Siggeir, wenn du das richtig und gut findest."

Darauf war bei den Wölsungen ein reges Treiben. Der alte Vater der Familie Wölsungen, der König der Franken, sah an diesem Tag besonders stolz aus. Seine Tochter Signi heiratete

den König von Gothland Siggeir. Der Honigwein floss wie Wasser, die Gäste waren betrunken und lustig, sie sangen gemeinsam schöne alte Lieder.
„Jubelt, jubelt noch mehr, noch lauter auf meine Kosten!", schrie der alte Wölsung. „Heute ist ein großer Tag!"

Plötzlich trat ein alter Mann in den Hof, in einen langen schwarzen Mantel gehüllt und mit einem schwarzen Hut, eins seiner Augen trug einen Verband. Er holte ein großes schwarzes Schwert unter seinem Mantel hervor und ging zum Baum, der in der Mitte des Hofs stand. Der Mann hob das Schwert, schaute gen Himmel, als ob er dessen Kräfte herunterholen wollte, und trieb das Schwert bis zum Griff in den Baum.
„Wer von euch dieses Schwert wieder herausziehen kann, dem wird es ferner gehören", sagte er den auf der Hochzeit Versammelten und ging; bald war von ihm keine Spur mehr zu sehen.
„Das war Odin, das war Odin selbst!", schrie der alte Wölsung dem Mann hinterher.
Neben ihm saßen seine zehn Söhne und der älteste von ihnen, Sigmund, wollte sich schon zum Baum begeben, um das Schwert herauszuziehen.
„Nein", sprach der alte Wölsung. „Siggeir ist unser Gast; er ist auch mein Schwiegersohn und euer Schwager. Deswegen gebe ich ihm die Möglichkeit, als Erster zum Baum zu gehen und zu versuchen, das Schwert herauszuziehen."
Dann sprach der alte Wölsung zu Siggeir, der am Nachbartisch mit seinen Leuten saß: „Siggeir! Geh und zieh das Schwert heraus! Dann ist es deins."
Siggeir bedankte sich, ging zum Baum und umkreiste ihn

mehrmals, dabei flüsterte er: „Nein, das ist unmöglich, es ist wahrhaft nicht möglich, dieses Schwert herauszuziehen. Wie nur konnte der Alte dieses Schwert so tief hineinstecken?"

Siggeir versuchte sich mehrmals, er konnte das Schwert jedoch nicht herausziehen. Dann kamen die neun Wölsungssöhne nacheinander an die Reihe, aber auch sie schaffften es nicht. Schließlich kam Sigmund und zog das Schwert mühelos aus dem Baum. Alle klatschten laut, nur Siggeir schaute ihn neidisch an.

Siggeir trat dann an den Tisch seiner neuen Verwandten und bat um Erlaubnis, sich zu ihnen setzen zu dürfen.

„Bitte, bitte, mein König, setz dich", sagte der Vater der Wölsungen höflich und zeigte ihm den Platz gegenüber von sich.

Dankend nahm Siggeir Platz und nahm sich einen großen Becher Honigwein. Alle schwiegen eine Zeit lang, doch plötzlich sagte der König von Gothland: „Ich gebe die Hälfte meiner Staatskasse dafür, dass dieses Schwert meines wird."

Die Söhne schauten den Vater erstaunt an. Den Alten machten diese Blicke nachdenklich. Lange antwortete er nicht; dann blickte er dem Schwiegersohn tief in die Augen und sagte: „Dieses Schwert gehört jetzt Sigmund. Aber auch du bist für unsere Familie kein Fremder. Du solltest dich freuen, dass dein Schwager dieses Schwert gewonnen hat. Solltest du schon morgen in Schwierigkeiten geraten, kannst du all meine Söhne und mich selbst zu Hilfe rufen. Und dann wird Sigmund mit diesem Schwert von Odin in der Hand dir zur Hilfe kommen. Findest du das schlimm?"

Der König von Gothland äußerste sich nicht dazu. Aber kurz danach sprach er zu Sigmund: „Sigmund, verkaufe mir dieses Schwert! Ich gebe dir dafür meine gesamte Staatskasse!"

„Wenn es dir so viel wert gewesen wäre, hättest du das Schwert ja selbst herausziehen können", antwortete Sigmund spöttisch.

„Gut, dann du bist wirklich der Einzige, der sich diese Würde verdient hat", sagte Siggeir und leerte seinen Becher auf den starken und stolzen Sigmund.

Früh am nächsten Morgen schon wollte der gothländische König zusammen mit seiner Frau und seinen Leuten die Wölsungen verlassen.

„Warum verlässt du uns so früh?", wunderte sich Wölsung. „Wir Franken feiern mehrere Tage, wenn jemand heiratet."

„Nun, mein Schwiegervater, es war sehr schön bei euch. Ich bin jetzt auch überglücklich, eine so schöne, kluge Frau wie Signi zu besitzen und einen solchen Schwiegervater wie dich, solch einen Helden wie Sigmund, sowie deine anderen Söhne als Schwäger zu haben. Sollte jemals eine schwere Zeit kommen, werden wir alle einander helfen."

„Warum willst du dann nicht weiter mit uns feiern, wenn du so glücklich über diese Verwandtschaft bist, Siggeir?", fragte ihn der alte König der Franken.

„Wichtige Dinge warten in meinem Land auf mich, die ich eilends erledigen muss, lieber Schwiegervater", antwortete der junge König der Gothländer.

„Wenn dies so ist, dann mache es so, wie du es für richtig hältst. Auch ich bin stolz auf die Verwandtschaft mit dir, Siggeir", sprach Wölsung.

„Danke, Schwiegervater! Wir können die Hochzeitsfeier in zwei Wochen in Gothland in meinem Schloss fortsetzen.

Nimm alle deine Söhne mit und komm nach Gothland! Ihr werdet uns dort besser kennenlernen!"

„Gut, ich nehme deine Einladung an, Siggeir! In zwei Wochen sind wir deine Gäste!"

„Das freut mich sehr. Ich und Signi werden auf euch warten und wir tun alles, damit auch ihr unsere Gastfreundschaft gut erleben könnt."

So fuhr Siggeir mit Signi und seinen Leuten wieder zurück. Der Vater der Wölsungen überzeugte die Söhne, dass es jetzt nötig sei, das dem König vom Gothland Versprochene zu erfüllen.

Zwei Wochen darauf fuhr der alte Wölsung mit seinen Söhnen, den Verwandten und seinem Gefolge nach Gothland. Kaum landeten seine Schiffe am Ufer, eilte Signi zu ihnen, umarmte den Vater und weinte bitterlich.

„Warum weinst du, Singi? Wo ist dein Mann? Ist ihm irgendetwas geschehen?", fragte Wölsung.

„Nein Vater, zum Unglück passierte mit ihm nichts", antwortete Signi.

„Was soll das nun heißen?"

„Vater, als wir zurückkamen, wurde Siggeir zu einem Raubtier. Er erzählte mir, dass er niemals so beleidigt wurde wie in deinem Schloss. Sigmund müsse nun für seine Beleidigung mit dem eigenen Leben bezahlen. Nun müssten alle Wölsungen sterben. Denn erst, wenn auch der Letzte der Wölsungen vernichtet sei, könne er sich wieder beruhigen."

Signi schluchzte erneut.

„Erzähl weiter, meine Tochter", sagte der alte Wölsung. „Du bist eine der Wölsungen und du musst dich beruhigen, wenn es dir auch noch so schwerfällt."

„Vater, er wollte mich zunächst erniedrigen“, setzte Signi fort, „er sagte mir, auch ich sei eine der Wölsungen und dadurch mitverantwortlich für seine Beleidigung. Als ich ihm sagte, dass ich jedoch keine Angst vor ihm hätte, schlug er einen anderen Ton an. Er hat eine Mutter, die eine wahre Hexe ist. Siggeir rief nach ihr und fragte sie, wie er mit mir jetzt umgehen solle. Seine Mutter sagte, dass ich seine Frau sei und ihm immer treu bleiben müsse. Es sei selbst auch eine Art der Rache, wenn er die Tochter seiner Feinde in der Hand hielte und mit ihr gemeinsam die Verwandten bestrafen würde. Das hat Siggeir gut gefallen und er fragte mich, ob ich dazu bereit wäre, wirklich gegen die Wölsungen mitzukämpfen? Ich fürchte nicht den Tod, Vater, weil ich deine Tochter – die Tochter des großen Wölsung bin. Ich sah hier nur die einzige Möglichkeit euch zu helfen, wenn er mich am Leben ließe und mir als seiner Frau vertraute. Deswegen gab ich ihm mein Jawort. Ich bin aber jetzt hierhergekommen, um euch Bescheid zu geben, dass ihr schnell wieder zurücksegelt. Noch ist es nicht zu spät. Wenn ihr jetzt wieder aufs Meer segelt, kann Siggeir euch nicht erreichen. Seine Schiffe liegen fern von hier.“

„Danke, Signi“, sagte der alte König der Franken. „Du hast bewiesen, dass du zu den Wölsungen gehörst. Du darfst jedoch eins nicht vergessen: Die Wölsungen sind niemals vor dem Feind davongelaufen, wie stark er auch sei.“

„Das weiß ich, Vater! Du kannst dir aber nicht vorstellen, wie viele Truppen Siggeir hier hinter diesen Hängen versammelt hat“, sie zeigte mit der Hand auf die nicht weit entfernten Hügel. „Und du bist nur mit einer kleinen Mannschaft hier. Wenn ihr weiter ins Land kommt, werden Siggeirs Truppen euch überfallen. Ich weiß, hättest du es gewusst, wärest auch du mit deinen Truppen gekommen. Du bist aber nicht in den Krieg gezogen, sondern du kamst als Gast, als ein Verwandter. Siggeir aber ist ein schlechter Mensch und er will sich an euch wegen des Schwertes rächen."

„Ich habe dies schon alles verstanden, Signi. Ich sagte doch, dass die Wölsungen noch nie vor einem Feind davongelaufen sind. Wir werden bis zum Ende kämpfen und sind bereit, bis zum letzten Mann zu sterben, wenn es der Wille der Götter ist. Danke dir noch einmal. Du hast deine Treue zu uns bewiesen. Du kannst jetzt wieder zurückgehen."

„Wie? Muss ich zurück zu diesem Verräter und gemeinen Rächer gehen? Nein! Vater, bitte erlaub mir, bei euch zu bleiben. Gewinnt ihr, fahren wir zusammen ins Frankenland zurück, sterbt ihr, sterbe ich auch mit euch zusammen."

Der Alte lächelte zufrieden.

„Ich bin glücklich, so eine Tochter wie dich zu haben. Du sollst jedoch eins nicht vergessen: Du bist eine Wölsung, aber du bist Siggeirs Frau. Du musst im Leben und im Tod neben ihm sein, nicht neben uns. Jetzt kannst du wieder zu deinem Mann gehen."

Signi wollte erneut weinen, aber sie wollte ihre Tränen dem Vater und den Brüdern nicht zeigen; sie verabschiedete sich schnell von ihnen und war bald hinter dem Hügel verschwunden.

Nachdem Signi sie verlassen hatte, sammelte der Frankenkönig seine Söhne und sein Gefolge um sich.

„Jetzt wisst ihr, was Siggeir für uns vorbereitet hat. So etwas tun nur die Ängstlichen, die versuchen gegen Helden zu kämpfen, mit Hilfe von Lügen unerwartet den Gegner überfallen. Franken! Seit meiner Jugend führte ich euch in viele Schlachten! Mit Odins Hilfe haben wir bisher stets gesiegt. Wenn es der Wille der Götter ist, siegen wir auch heute, wenn auch die Zahl der Feinde viel größer ist als unsere! Wenn wir sterben, kommen wir nach Walhalla, zu Odin, so wie jeder Held, der auf dem Schlachtfeld mit dem Schwert in der Hand stirbt. Ich dachte, dass ich euch nie wieder in meinem Leben in den Krieg führen würde, überließ das deswegen meinem ältesten Sohn Sigmund. Sigmund bewies aufs Neue, dass er würdig ist, mir nachzufolgen, als er vor eurer aller Augen auf Signis Hochzeit Odins Schwert aus dem Baumstamm zog. Jetzt will ich euch dennoch ein letztes Mal selbst gegen den Feind führen."

Wölsung sprang aufs Pferd und führte die Franken gegen den Feind. Bald trafen die Franken auf die zahlreichen Truppen Siggeirs. Die Franken kämpften wie Löwen; ihr alter König führte sie mit dem Schwert in der Hand. Sigmund teilte mit seinem schwarzen Schwert die Truppen des Feindes und schaffte freien Weg für seine Krieger mitten durch ihre Reihen. Plötzlich jedoch traf ein Pfeil den alten König in die Brust und er fiel von seinem Pferd. Sigmund eilte, um dem Vater zu helfen, wurde aber von Feinden festgenommen. Dasselbe passierte auch mit seinen Brüdern...

Viele Jahre gingen vorbei. Jetzt lebte im Lande der Dänen ein junger Mann namens Sigurd. Seine Mutter Hiördis war die Tochter des Königs Elimi von Dänemark. Der alte König liebte seinen Enkelsohn sehr und verbrachte viel Zeit mit ihm.

Sigurd war der stärkste unter den Knaben am Hofe, und einmal, als er wieder einen Jungen im Zweikampf besiegt hatte, fragte er Sigurd böse: „Nun aber sag mir jetzt endlich, wer dein Vater ist!"

„König Elimi ist mein Vater!", antwortete Sigurd stolz.

„Er ist dein Großvater! Ha, du weiß nicht einmal, wer dein Vater ist!" Der Junge lachte.

Auch alle anderen Jungen lachten Sigurd aus, als sie dies hörten.

Sigurd eilte davon, ließ alle zurück und suchte nach seiner Mutter im Königspalast.

„Wer ist mein Vater?", fragte er sie.

Hiördis verstand, dass nun die Zeit gekommen war, ihrem Sohn die Wahrheit zu erzählen. An jenem Tag erfuhr Sigurd von seinen Ahnen, von seinem Großvater Wölsung und seinem Vater Sigmund; er hörte davon, wie Wölsung und seine Leute im Kampf gegen den wortbrüchigen Siggeir fielen, wie man seine Söhne festnahm; wie Wölsungs Sohn Sigmund nur durch einen schlauen Trick sich retten und an Siggeir rächen konnte. Danach fiel auch König Sigmund im Krieg gegen Hindungs Söhne, die das Frankenland überfielen und nach Sigmunds Tod eroberten. Sterbend bat er seine mit Sigurd schwangere Frau, zu fliehen; er sagte ihr, dass er keinen Zweifel habe, dass sein Sohn einmal für ihn Rache nehmen und das Frankenland wieder befreien würde.

„Ich bin Sohn des großen Helden und Königs Sigmund?", fragte Sigurd aufgeregt und freudig, nachdem Hiördis mit ihrer Geschichte geendet hatte.

„Ja, mein Sohn", antwortete die Mutter und weinte.

„Jetzt muss ich meinen Vater rächen, ich muss das Frankenland von den Eroberern befreien", sagte Sigurd.

„Du schaffst das alleine nicht, mein Sohn“, warnte Sigismunds Witwe. „Auch dein Großvater kann dir nicht helfen. Er ist zu alt dafür, außerdem ist er ein friedlicher Mensch…“

„Ich werde denjenigen selbst finden, der mir helfen kann.“

„Einzig mein Bruder könnte dir helfen, nur König Gripir. Er war auch ein treuer Freund deines Vaters.“

„Gut, dann reise ich zu ihm.“

„Du solltest dich zunächst von König Elimi, deinem Großvater, verabschieden“, sagte Hiördis.

Nachdem Sigurd Abschied von der Mutter genommen hatte, ging er zu König Elimi und erzählte ihm von seinem Vorhaben. Elimi war wirklich ein barmherziger Mensch und wollte gegen niemanden Krieg führen. Er versuchte jetzt auch seinen Enkelsohn zu überreden, auf die Rache für den Vater zu verzichten.

„Das ist schon so lange her, Sigurd“, sagte er. „Es wäre besser, wenn du nie wieder daran denken würdest. Sag, wozu brauchst du das Frankenland? Du erbst von mir den Thron Dänemarks! Wer sonst wird mir nachfolgen? Mein Sohn Gripir hat ein eigenes Königreich.“

„Nein, Großvater!“, sagte Sigurd entschlossen. „Mein Vater starb in der Hoffnung, dass sein Sohn ihn rächen und das Frankenland befreien würde. Ich muss das tun, sonst niemand.“

Als der alte König sah, dass nichts mehr Sigurd aufhalten konnte, sagte er schließlich zu ihm: „Gut! Wenn du dich dafür so klar entschieden hast, kannst du gehen. Ich gebe dir dafür meinen Segen!“

Bald kam Sigurd in das Land, in dem König Gripir, Elimis Sohn, herrschte. Man hielt ihn vor dem Eingang des Palasts an.

Sigurd sprach: „Ich möchte mich mit König Gripir treffen.“

„Wer bist du, junger Mann?“, fragte ihn einer der Wachleute des Königs. „Ich sehe, dass du ein Held und ein starker junger Mann bist. Der König wird aber zuerst wissen wollen, wie du heißt und aus welcher Familie du kommst.“

„Ich bin Sigurd Sigmundssohn!“, antwortete er stolz. „Der große Held Wölsung war mein Großvater, der berühmte König der Franken; nach ihm wurde mein Vater zum König der Franken. Meine Mutter ist Hiördis, die Tochter des Königs Elimi.“

Es dauerte nicht lange, bis der König Gripir selbst heraustrat, um seinen Neffen zu treffen. Zu Sigurds Ehre ließ er eine große Tafel decken und lud ihn ein, schönen starken Honigwein mit ihm zu trinken.

„Ich wartete lange auf diesen Tag, Sigurd“, sagte ihm der Onkel. „Du bist ein großer Held; du rächst deinen Vater Sigmund, tötest die Söhne Hunrings und befreist das Frankenland.“

„Du, König Gripir, Bruder meiner Mutter“, antwortete Sigurd. „Noch liegt keine Heldentat hinter mir, ist es nicht zu früh, mich einen großen Helden zu nennen?“

Gripir sagte nichts, lächelte nur und klatschte in die Hände. Als der Diener hereinkam, befahl er diesem: „Bring mir das Buch der Weissagungen!“

Als der Diener mit diesem zurückkam, schlug Gripir es auf und zeigte dem Neffen eine Stelle im Buch.

„Schau her, Sigurd! Alles steht schon fest, hier im Buch der Weissagung: Du wirst Hunrings Söhne töten, um für deinen Vater Rache zu nehmen, und du befreist das Frankenland.“

„Was aber dann, was erwartet mich danach?“, fragte Sigurd ungeduldig.

„Du erlangst dann einen großen Schatz und ziehst nach Norden; dort triffst du die Tochter Budlis, eine Walküre, sie heißt Brunhild. Du wirst sie aus einem Traum erwecken. Doch dann musst du sie heiraten, weil es so geschrieben steht: Wer Brunhild erweckt, der heiratet sie auch. Du gibst Brunhild den Eid, bald wieder zurückzukommen, um sie zu heiraten. Du fährst danach ins Land Giuku, wo Gunnar regiert, dessen rechte Hand sein Bruder ist, der Högni heißt. Du willst den Schatz bei ihnen lassen und dann selbst wieder zu Brunhild fahren, um diese zu heiraten. Aber stattdessen heiratest du Gunnars Schwester, die schöne Gudrune..."

„Nein, so etwas würde ich niemals tun!", schrie Sigurd. „Ich bin kein Eidbrecher!"

„So steht es in diesem Buch, Sigurd", sagte Gripir. „Später wirst du Brunhild für deinen Freund und Schwager Gunnar werben, aber die Walküre wird davor noch drei Nächte in deinem Bett liegen."

„Was für eine üble Sache! Nein, oh Bruder meiner Mutter! Sigurd Sigismundssohn würde so etwas nie tun – seine eigene Geliebte für jemand anderen werben und zu allem noch mit der Braut seines Freundes schlafen."

„Es steht so im Buch der Weissagungen", sagte Gripir, „hier steht jedoch nicht, dass du mit der Braut deines Freundes schläfst, hier steht, dass sie drei Nächte in deinem Bett liegen wird."

„Nein, das kann nicht sein. Aber sag mir bitte: Was steht noch im Buch über mich? Ich will über mein Schicksal noch mehr erfahren", sagte Sigurd.

„Du wirst auch deinen Tod im Land Giukus finden", antwortete der Oheim. „So steht es im Buch."

Sigurd wollte nun nichts mehr essen und trinken; er stand auf und sprach zum König: „Oh Bruder meiner Mutter! Ich muss jetzt ins Frankenland eilen. Ich hörte, du hast gute Pferde. Kannst du mir einen Hengst schenken?“

„Der König Hialperk hat ein großes Gestüt. Gehe jetzt zu seinen Pferdehirten und sag ihnen in meinem Namen, dass sie dir den besten Hengst geben sollen“, empfahl ihm der Onkel.

Als Sigurd Hialperks Pferdehirten fand und ihnen die Worte des Königs weitergab, brachten sie ihn zum Gestüt.

„Es gibt bei uns einen Hengst“, sagten sie zu Sigurd. „Den Vater dieses Hengsts, ein ungewöhnliches Pferd, führte man vor vielen Jahren aus der Ferne her.“

Nun wollten sie diesen Hengst Sigurd zeigen, es gelang ihnen aber nicht, der Koppel auch nur nahe zu kommen. Ein großes schwarzes Pferd sprang mit lautem Wiehern heraus und fing an, um Sigurd zu kreisen.

„Das ist Grani“, sagte man zu Sigurd. „Als ob er sich schon auf dich freut!“

Grani kam Sigurd ganz nah und als der junge Mann auf seinen Rücken sprang, rannte er so schnell, dass nur eine dichte Staubwolke von ihm zu sehen war.

Sigurd wollte Grani jedoch beschlagen lassen und suchte nach einer Schmiede. Man empfahl ihm den lahmen Zwerg Reginn, er sei der beste Schmied im Ort, aber man solle ihm nicht viel vertrauen, denn dieser habe eine schwarze Seele.

Als er den hinkenden Zwerg fand, stellte sich dieser als Reginn vor, der jüngste Sohn des Hreidmar.

„Und wie heißt du selbst, junger Held? Wessen Sohn bist du denn?“, fragte jetzt Reginn.

„Ich heiße Sigurd Sigmundssohn, mein Vater war der König vom Frankenland...“

„Du brauchst nicht weiter zu erzählen. Ich kannte deinen Vater gut und von dir habe ich auch schon gehört“, unterbrach ihn Reginn. „Komm mit in meine Schmiede: Ich erzähle dir eine sehr wichtige Sache“, sagte ihm der Zwerg sehr freundlich und achtungsvoll.

‚Warum soll dieser eine schwarze Seele haben?‘, dachte Sigurd, während er Reginn folgte. ‚Er scheint doch sehr nett und freundlich zu sein.‘

In nur kurzer Zeit fertigte Reginn für Grani solch schöne Hufeisen, wie sie Sigurd noch nie gesehen hatte.

„Du bist ein großer Meister, Sohn des Hreidmar“, äußerte Sigurd seine Begeisterung ihm gegenüber.

„Ich bin schon ein alter Mann und schon lange in meinem Beruf“, antwortete ihm Reginn. „Das ist aber nicht so wichtig.“

Danach schmiedete Reginn für ihn ein Schwert; das war so groß, so schwer, so scharf, wie es Sigurd wieder noch nie zuvor gesehen hatte.

„Ich habe in meinem Leben für niemanden bisher solch ein Schwert geschmiedet. Ich habe dies getan, weil ich glaube, dass du, Sigmundssohn, geboren bist, um große Dinge in dieser Welt zu schaffen. Nennen wir dein Schwert Gram“, sagte danach Reginn.

„Ich weiß nicht, wie ich dir danken soll, Reginn“, sagte ihm der junge Held.

„Eh, das ist nicht so wichtig“, murmelte der Zwerg. „Bleib

besser bei mir, Sigurd! Ich möchte dir noch eine wichtige Sache erzählen."

So blieb Sigurd eine Zeitlang bei dem Zwerg und lernte bei ihm die Schmiedekunst.

„Weiß du, was ich dir erzählen will, Sigurd", fing Reginn an. „Mein Vater Hreidmar hatte drei Söhne; Fafnir war der älteste von uns, Otr war sein mittlerer Sohn und ich der jüngste. Wir hatten aber auch noch zwei Schwestern. Eines Tages schickte unser Vater Fafnir und mich weit weg, um etwas für ihn zu holen. Als wir nachts zurückkamen, erzählte Hreidmar uns vom Tod unseres Bruders Otr. Es war so geschehen: An jenem Tag war Odin mit Loki und Hönir unterwegs. Sie waren schon sehr müde und hungrig und sahen plötzlich einen riesengroßen Otter am Fluss, der seelenruhig einen Fisch fraß. Alle in der Umgebung wussten, dass Otr in der Gestalt eines Otters gerne vor unserem Haus im Fluss fischte. Doch die Götter wussten dies nicht und hielten ihn für einen echten Otter.

‚Er soll für heute unsere Nahrung sein', sagte Loki und tötete Otr mit einem Stein.

Sie nahmen dann den armen Otter und zogen mit ihm zum nächsten Haus. Als der Hausherr – das war mein Vater – herauskam, fragten sie ihn, ob er gegen den Balg des Otters für sie aus dessen Fleisch etwas zum Essen vorbereiten würde und sie auch im Haus übernachten lassen könne. Hreidmar erkannte seinen getöteten Sohn, er war davon tief betroffen, aber schwieg und ließ die Götter ins Haus. Nach der guten abendlichen Mahlzeit gingen die Götter schlafen, der Vater jedoch blieb wach und wartete auf uns. Als wir zurückkamen, erzählte er uns alles und sagte schließlich: ‚Mit eigenen Händen bereitete ich diesen dreien ein Essen aus dem Fleisch meines Sohnes. Die Götter fragten mich oft, warum ich nicht mit ihnen zusammen äße. Jedes Mal sagte ich, dass ich schon vorher gut gegessen hatte. Aber wie schwer es für mich war, könnt ihr euch nicht vorstellen, zuzuschauen, wie diese drei gierig das Fleisch meines Sohnes fraßen. Jetzt müssen wir gemeinsam entscheiden, welches Blutgeld wir von ihnen verlangen müssen.'

Da unser Gespräch sehr lange dauerte und wir immer lauter wurden, wachten alle Götter auf. Der Vater enthüllte nun den Göttern alles und verlangte von ihnen, den im Zimmer liegenden Balg des Otters mit Gold zu füllen und zu belegen; und dies derart, dass jedes Haar davon mit einem Goldstück bedeckt werden solle.

‚Es tut uns sehr leid', sagte Odin. ‚Wir wussten nicht, dass das dein Sohn ist. Nun lass uns gehen, damit wir das von dir verlangte Blutgeld besorgen können.'

‚Nein', sagte der Vater. ‚Nur einer von euch darf gehen, um das Blutgeld zu besorgen; die anderen zwei müssen bei mir als Geiseln bleiben.'

So blieben Odin und Hönir im Haus, und Loki, der der listigste unter den Göttern war, ging, um Gold zu suchen. Er wusste, dass der Zwerg Andwari einen großen Schatz besaß und auch dieser gerne in Gestalt eines Hechts im Fluss fischte; Loki legte Netze aus und fing ihn auch bald.

‚Loki, Loki!', flehte der Zwerg den Gott an. ‚Sag mir bitte, was du mit mir vorhast.'

‚Was ich mit dir nun tun will?', Loki lachte. ‚Odin war drei

Tage unterwegs und hat jetzt großen Hunger. Er schickte mich, für ihn zu fischen, und ich fing dich. Ich brate aus dir jetzt Spieße für ihn und Hönir, ich habe selbst auch Hunger.'

,Loki, tue das bitte nicht!', flehte Andwari. ,Du weiß selbst, dass ich kein richtiger Hecht bin und ganz sicher werde ich euch nicht gut schmecken.'

,Die beiden Götter sind sehr hungrig, sie werden gar nicht merken, ob du ein echter Hecht bist oder nicht. Und ich werde mir einfach vorstellen, dass ich einen echten Hecht esse.'

,Loki, bitte tue das nicht und lass mich gehen. Ich gebe dir dafür die Hälfte meines Schatzes', sagte jetzt Andwari.

,Gut', sagte Loki. ,Ich bin einverstanden. Ich lasse dann dir eine Hälfte, die andere brate ich zu Spießen für Odin, Hönir und mich.'

,Loki', wunderte sich der arme Zwerg. ,Wie kann ich überleben, wenn du eine Hälfte von mir gehen lässt, die andere aber zu Spießen brätst?'

,Also, du willst, dass ich dich im Ganzen gehen lasse?', fragte Loki. ,Ich verstehe dich gut. Mir geht es genauso. Dann gib mir auch deinen Schatz als Ganzes'.

,Nicht umsonst nennt man dich den listigsten unter den Göttern', sagte Andwari. ,Na gut, ich gebe dir, du gieriger Gott, meinen ganzen Schatz. Nur lass mich endlich frei, damit ich zu meiner Gestalt zurückkehren kann'.

Nachdem Loki ihn freigelassen hatte, nahm der Zwerg seine echte Gestalt wieder an und brachte den Gott zu einem Felsen, unter dem er seinen Schatz verborgen hatte. Er grub alles aus und gab es Loki, nur einen großen und schönen Ring ließ er zurück. Loki sammelte den ganzen Schatz in einen riesigen

Beutel, den er mit sich führte und wollte schon gehen, da bemerkte er jedoch den Ring.

‚Aha, du hast vor mir nun doch etwas von deinem Schatz versteckt, du törichter Zwerg', sagte Loki empört. ‚Gib auch dies her, schnell!'

Der unglückliche Andwari gab ihm das Letzte, was er hatte, dann sagte er: ‚Zwei Brüdern bringt mein Gold das Ende! Niemandem wird das nützen.'

Loki kam zurück und bedeckte mit dem Gold alle Haare auf dem Balg des Otters, nur den schönen Ring, den Andwari vor ihm verstecken wollte, ließ er zurück.

Mein Vater sah den schönen Ring an Lokis Finger und verlangte auch diesen von ihm.

‚Hier bleibt noch ein Haar frei', sagte er und zeigte auf den Balg.

Loki gab ihm auch diesen Ring und als die Götter aufbrachen, sagte er zum Abschied:

‚Das Gold bringt zwei Brüdern das Ende und wird doch niemandem nützen!'

Der Vater antwortete ihm: ‚Hättest du mir das vorher gesagt, hättet ihr mein Haus nicht so leicht verlassen dürfen.'

‚Das ist ein Fluch des Zwerges Andwari', sagte Loki und verschwand bald darauf mit Odin und Hönir.

Aber als die Götter gegangen waren, vergaß der Vater alles. Meinen Vater nannte man schon immer den gierigen Hreidmar, ich konnte ihn mir aber vorher nie in so einem Zustand vorstellen: Seine Augen funkelten unaufhörlich. Wie ein Wahnsinniger streichelte er das Gold auf dem Otterbalg, immer wieder lachte er lauthals und stammelte irgendwelche mir unverständlichen Worte. Unsere zwei Schwestern, die noch mit im Haus waren, beobachteten ebenfalls den verwirrten Vater. Dann trat Fafnir zu ihm und sagte:

‚Vater, du hast jetzt noch zwei Söhne und zwei Töchter, nachdem Otr uns sein Leben geopfert hat. Und jetzt denkst du nicht daran, dass du deinen Kindern von dem Gold geben willst, das wir als Blutgeld für unseren Bruder bekommen haben?‘

‚Ich habe das Blutgeld von den Göttern verlangt und mich dafür eingesetzt, dass sie es auch wirklich und wahrhaftig zahlen. Wer sonst hätte das Gold von ihnen fordern und erhalten können? Ihr kennt die Götter nicht. Also, weil ich Otrs Vater bin, wurde mir das Blutgeld gezahlt‘.

‚Bedeutet dies, wir, deine Kinder, bekommen nichts davon?‘, fragte Fafnir.

‚Ja, das bedeutet, dass ihr, meine Kinder, davon nichts bekommt‘, antwortete ihm der gierige Hreidmar.

‚Wenn du aber stirbst?‘, Fafnir konnte keine Ruhe finden.

‚Ich werde noch lange leben, besonders, wenn ich so viel Gold habe‘, sagte Hreidmar. ‚Vielleicht werde ich sogar länger leben als meine Kinder.‘

Dann ging Hreidmar schlafen und wir legten uns auch zu Bett. Ich konnte aber nicht einschlafen, denn die Härte des Vaters und die Unzufriedenheit und der Zorn Fafnirs raubten mir den Schlaf. Wie alle Kinder schliefen wir in einem einzigen Zimmer: ich, Fafnir und unsere zwei Schwestern. Plötzlich sah ich, wie Fafnir aufstand und aus dem Zimmer ging. ‚Er wird etwas Schlechtes im Schilde führen‘, dachte ich und folgte ihm.

Hreidmar schlief im anderen Zimmer alleine, nachdem unsere Mutter verstorben war, wo er über seinen Kopf einen riesigen Dolch gehängt hatte. Als Fafnir Hreidmars Zimmer betrat, donnerte und blitzte es heftig und ich sah für einen Augenblick einen abgrundtiefen Hass und einen unbezähmbaren Zorn in den Augen Fafnirs. Er griff den Dolch und stach ihn tief in das Herz unseres Vaters. Hreidmar schrie vor Schmerz, so dass auch die Schwestern aufwachten und sich zu ihm warfen.

‚Eine von euch wird einen Sohn gebären, der mich rächen soll', sagte er zu seinen Töchtern und starb.

Zusammen mit Fafnir brachten wir des Vaters Leiche in den Wald und verbrannten diese dort. Als wir zurückkamen, nahm Fafnir das ganze Gold und sammelte alles zu einem großen Haufen im Zimmer des Vaters, das er jetzt selbst bewohnte. Erst am nächsten Tag entschied ich mich, zu ihm zu gehen und zu fragen: ‚Fafnir, mein Bruder! Mir steht auch etwas von diesem Gold zu, als Erbe des Vaters, nicht wahr?'

‚Erbe des Vaters?', Fafnir lachte. ‚Hast du nicht gehört, was Hreidmar darüber gesagt hatte: Wer das Gold verlangt hat, dem gehört es auch zur Gänze.'

Ich hatte keinen Mut, ihm weitere Fragen zu stellen, besonders der blutbefleckte Dolch machte mir Angst, der nun über Fafnirs Kopf an der Wand hing.

Nach einigen Tagen kam Fafnir mit einem großen Pferdewagen, lud das ganze Gold auf und verschwand damit. Sehr lange wusste man nicht, wo er sich aufhielt. Eines Tages kamen Jäger aus den Bergen zurück und erzählten schreckliche Dinge. In den Bergen sei ein großer, schrecklicher Drache aufgetaucht, dessen Atem alles rundum verbrannt habe. Als er brüllte, hörte man das sogar noch hier; viele dachten, dass es donnere, aber das war der Schrei Fafnirs!"

„Hat dein Bruder seine Gestalt geändert und wurde so zum Drachen? Warum machte er das?“, fragte Sigurd, der Reginns Erzählung die ganze Zeit mit großer Aufmerksamkeit zuhörte.

„Um so sein Gold besser zu schützen“, antwortete der Zwerg.

„Kann er nicht wieder ein Zwerg werden?“

„Der alte Hreidmar lehrte uns alle, die Gestalt zu wechseln. Das geht aber nur einen Monat lang; wenn du einen Monat in der neuen Gestalt bleibst, kannst du nicht mehr in deine alte zurückkehren. So wurde Fafnir für immer zum Drachen“, erzählte ihm Reginn.

„Ich habe dir zugehört, Reginn, und habe auch alles verstanden“, sagte Sigurd. „Was erwartest du nun aber von mir? Womit soll ich dir helfen?“

„Ich habe für dich das Schwert Gram geschmiedet, dass du damit Fafnirs dicken Balg zerfetzt. Nur du kannst ihn töten. Ich lehre dich noch, wie du es machen sollst. Ich bringe dich dahin, wo der Drache lebt und seinen Schatz hütet. Wenn du ihn tötest, teilen wir seinen Schatz unter uns...“

„Nein, Reginn, danke dir. Ich brauche das nicht. Ich muss jetzt gehen; ich muss meinen Vater rächen und das Frankenland befreien.“

Sigurd nahm sein Schwert Gram und sprang auf Grani. Er wollte schon wegreiten, als ihn der Zwerg aufhielt.

„Was wird dann? Kehrst du zurück, wenn du dich für den Vater gerächt und das Frankenland befreit hast?“

Sigurd überlegte kurz, dann antwortete: „Reginn, du warst immer gut zu mir. Deswegen möchte ich dir helfen. Ich komme zurück, wenn ich meine Pflicht vor dem verstorbenen Vater erfüllt habe.“

Sigurd ritt davon und Reginn musste einen Monat warten, bis er wieder zurückkam. Sigurd hatte den Monat unbemerkt dort verbracht, wo früher sein Vater geherrscht hatte, und wollte sich auf den bevorstehenden Kampf gegen die Feinde vorbereiten. Er tötete dann die Feinde seines Vaters und befreite das Frankenland wieder.

„Sigurd, du hast dein Wort gehalten, du großer Held!", begrüßte ihn Reginn freudig, wenn der Sohn von Sigmund erneut vor ihm erschienen war.

„Sag mir, wo wir jetzt hingehen sollen, Reginn, wo versteckt sich dein Bruder Fafnir, der bald auch die Stärke Grams spüren wird?", fragte Sigurd.

Mit Reginn reiste er mehrere Tage, bis sie die großen Berge erreicht hatten. Reginn suchte nach der Spur seines Bruders, dann zeigte er Sigurd einen Weg, um den herum die ganze Erde und die Pflanzen verbrannt waren.

„Sigurd", sagte der Zwerg. „Das ist der Weg, den Fafnir stets zum Wasser nimmt. Ich habe mir das so ausgedacht: Wir graben unter seinem Weg eine Grube; du versteckst dich dort und wenn der Drache über dich läuft, stichst du Gram tief in sein Herz hinein."

Bald waren sie mit der Grube fertig, und Sigurd versteckte sich dort. Im Morgengrauen hörten sie laute Geräusche; das war Fafnir mit seinem feurigen Atem. Er kam, um wieder einmal Wasser zu trinken. Als er über die Grube lief, stach Sigurd das Schwert in sein Herz. Fafnir schrie laut, sein Blut floss wie ein Fluss. Sigurd stieg aus der Grube heraus und schaute den sterbenden Drachen an.

„Wer bist du?", fragte ihn Fafnir.

Sigurd wollte seinen Namen nicht verraten, denn man sagte, dass der tödlich Verletzte dich verwünschen kann, wenn du ihm deinen Namen nennst. Dann sagte er aber endlich seinen Namen: „Ich heiße Sigurd Sigmundssohn!"

„Ich kannte deinen Vater, Sigurd!", sagte Fafnir. „Er war ein großer Held! Sein Sohn scheint auch ein großer Held und sehr mutig zu sein, wenn er sich entschieden hat, den Drachen Fafnir zu überfallen. Aber sag mir jetzt: Wer hat dich hierhergebracht, wer hat dich gelehrt, wie du mich am besten überfallen konntest?"

„Das tat dein Bruder Reginn!"

„Ah dieser Zwerg!", schimpfte der Drache. „Das bedeutet, dass du meine Geschichte schon kennst."

„Ja, ich habe sie von Reginn erzählt bekommen."

„Sigurd! Ich werde bald sterben... Ich werde dich aber nicht verwünschen. Ich will dich nur vor zwei Dingen warnen: Vertraue niemals meinem Bruder Reginn, er ist ein hinterlistiger Mann und denkt immer nur an seinen eigenen Nutzen. Sei vorsichtig mit ihm. Und vergiss nicht, dass Andwaris Schatz niemandem Glück bringt, weil der Zwerg ihn verwunschen hat..."

Nach diesen Worten starb Fafnir, und als Reginn es bemerkte, sprang er aus seinem Versteck heraus; er hatte sich die ganze Zeit hinter einem großen Stein in der Nähe versteckt.

„Achte nicht auf Fafnirs Worte, Sigurd", sagte der Zwerg, der anscheinend alles gehört hatte. „Wer stirbt, will auch die anderen mit sich nehmen."

Er nahm dann Sigurds Gram, schnitt Fafnirs großes Herz heraus und nahm es mit.

„Sigurd", sagte Reginn zu dem Helden, „wir finden jetzt Fafnirs Schatz und danach brätst du aus seinem Herz Spieße für mich."

Sie suchten, wohin die Spuren Fafnirs führten. So kamen sie zu einer Höhle, in der der Drache gelebt hatte. In dieser Höhle war auch dessen großer Schatz verborgen, oder besser gesagt, der Schatz des Zwerges Andwari. Sie hatten viele Säcke mitgebracht, die sie jetzt alle mit dem Gold füllten. Dann holte Reginn Fafnirs Herz, und während Sigurd das Herz für Reginn briet, schliff Reginn dessen Schwert Gram. Sigurd wollte prüfen, ob das Herz schon fertig ist, verbrannte sich aber dabei seinen Finger; als er ihn zum Mund führte, schmeckte er auf seiner Zunge das Blut des Drachens. Dadurch begann er die Sprache der über ihn kreisenden Adler zu verstehen. Sie erzählten einander davon, dass Reginn Sigurd töten will, um den Schatz alleine zu erlangen. Reginn würde alles so erfinden, dass Sigurd im Blut Fafnirs ersticke, der Sigmundssohn könne aber rechtzeitig aus der Grube rausspringen. Und Reginn würde Sigurds Schwert nun dazu schleifen, um den jungen Helden in der Nacht zu töten, während er schliefe. Das, was er von den Adlern gehört hatte, machte Sigurd sehr zornig auf Reginn; er ging zu ihm, nahm ihm Gram aus den Händen und tötete den Zwerg mit einem einzigen Hieb.

Danach belud Sigurd Grani mit den mit Gold gefüllten Säcken und machte sich auf den Weg zu den anderen Bergen.

„Wo ist sie denn, diese Walküre?", fragte sich Sigurd und erwartete überall das vorausgesagte Treffen.

Endlich sah er sie, diese wie ein Krieger gerüstete Frau. Sie schlief, ihren Kopf auf einem Felsen liegend; ihre langen, hellen Haare hingen über den Felsen herunter.

„Hej, Schöne!", rief Sigurd.

Sie hörte ihn nicht und schlief weiter. Sigurd kam ihr noch

näher und legte seine Hand auf ihre Stirn. Von dieser Berührung wachte die Frau auf, schaute sich um und fragte Sigurd: „Wie lange habe ich geschlafen? Das muss sehr lange gewesen sein. Und wer bist du, junger Mann?"

„Ich heiße Sigurd Sigmundssohn", antwortete der junge Held. „Mein Vater Sigmund, der Sohn von Wölsung, war der König vom Frankenland."

„Ich bin eine Walküre und heiße Brunhild. Ich kannte deinen Vater Sigmund", sagte sie. „Damals war er ein junger Mann, der noch mit seinem Vater, seinen Brüdern und der Schwester zusammen in Frankenland lebte. Du also bist sein Sohn! Ich wusste nur eins: Mich wird einst ein junger Mann wecken, der der größte und mutigste Held der Welt ist. Er wird auch mein Mann werden, denn ein anderer kann nicht Mann einer Walküre sein."

„Auch ich weiß dies, Brunhild", sagte Sigurd. „Du gefällst mir sehr und möchte dich auf der Stelle heiraten. Jedoch brauche ich einen Monat Zeit. In einem Monat kehre ich wieder zurück zu dir und heirate dich."

„Wozu brauchst du diese Zeit?", frage Brunhild.

„Ich möchte die Söhne Giukus finden: Gunnar und seinen Bruder Högni. Sie werden meine besten Freunde, denen ich vertrauen kann. Ich fahre jetzt zum Land Giukus, schließe Freundschaft mit den beiden Brüdern, lasse bei ihnen meinen Schatz und komme zurück. Danach bringe ich dich auch nach Giuku, wo wir unsere Hochzeit feiern."

„Gut, Sigurd", sagte die Walküre. „Ich werde dann auf dich warten, bis du zurückkommst."

„Bevor ich gehe, schwöre ich dir, dass ich außer dir keine andere Frau anschauen und heiraten werde", sagte Sigurd und ging.

So kam er zum Land des Königs Giuku. Als Giukus Söhne Gunnar und Högni das hörten, freuten sie sich sehr und kamen, um Sigurd zu treffen.

„Oh großer Held Sigurd, der Sohn Sigmunds!“, sagte Gunnar. „Wie schön, dass du hier bist, in unserem Land! Wir haben viel von deinen Heldentaten gehört. Du hast das Frankenland befreit, für deinen Vater Rache genommen, den Drachen Fafnir getötet und dessen Schatz erlangt.“

„Ich habe von dir, Gunnar, und von deinem Bruder Högni auch viel gehört. Ich bin gekommen, um mit euch Freundschaft zu schließen.“

„Das freut uns sehr“, sagte Gunnar und lud Sigurd Sigmundssohn in den Palast ein.

Im Palast lernte Sigurd die Königin Grimhild und die Prinzessin, die schöne Gudrune, kennen.

„Was wirst du weiterhin tun, Sigurd?“, frage ihn Grimhild.

„Ich bin jetzt ein Freund und Verbündeter deiner Söhne geworden, oh Königsmutter“, antwortete Sigurd. „Da ich deinen Söhnen nun von allen Menschen, die ich kenne, am meisten vertraue, lasse ich meinen Schatz bei ihnen und fahre zurück zu meiner Braut, die auf mich wartet. Ich heirate sie und komme mit ihr zusammen wieder zu euch.“

Das hörten Grimhild und Gudrune.

Grimhild sagte nichts, nach dem Abendessen rief sie ihre Tochter Gudrune zu sich.

„Gudrune“, sagte Grimhild. „Sigurd ist ein Bräutigam, gut für dich geeignet: Er ist stark, mutig, berühmt und dazu noch sehr reich. Er muss dich heiraten.“

„Er sagte aber, dass er zu seiner Braut zurückfahren und sie heiraten wolle.“

„Was die Männer über Frauen sagen, stimmt nicht immer", sagte die Königsmutter. „Ich kenne eine Tinktur; wenn man diese trinkt, vergisst man alles. Ich werde sie jetzt für Sigurd bereiten. Wenn er seine Braut vergisst, wird er dich heiraten."

Die ganze Nacht bereitete Grimhild die Tinktur für Sigurd. Beim Frühstück vermischte sie diese mit seinem Tee und gab ihn dem Helden zu trinken. Nachdem Sigurd den Tee ausgetrunken hatte, vergaß er, dass Brunhild auf ihn wartete und er mit ihr durch sein Versprechen verbunden war. Sehr gerne verbrachte Sigurd die Zeit mit Gunnar und Högni und wollte sie nicht verlassen.

Eines Tages sagte Sigurd zu Gunnar und Högni: „Ich möchte eure Schwester Gudrune heiraten!"

Diese Nachricht erfreute die beiden Söhne Guikis sehr. Durch diese Heirat wäre Sigurd noch fester mit ihnen verbunden und sein großer Schatz würde in ihrer Familie bleiben.

Bald darauf starb der alte König Guiki und Gunnar wurde König des Landes.

„Ich möchte jetzt heiraten", sagte der junge König einst. „Ich liebe aber nur eine Frau, die Walküre Brunhild."

Bald heiratete Gunnar Brunhild, die so lange auf Sigurd gewartet hatte. Sigurd hatte sie vergessen, er half sogar Gunnar die Walküre zu erobern; er selbst nahm am Zweikampf gegen Brunhild teil, indem er seine Gestalt mit Gunnar tauschte. Sie hatte zur Bedingung gemacht, nur den Mann zu heiraten, der sie im Zweitkampf besiegt hatte – und er gewann. Brunhild aber musste denken, Gunnar habe sie gewonnen.

Brunhilds Liebe zu Sigurd entflammte erneut, als sie ihn in Gunnars Palast wieder traf. Aber er gehörte jetzt zu Gudrune, zu ihrer Schwägerin, und sie selbst dem König Gunnar. Dennoch erweckte ein kleiner Fehler Sigurds ihren Zorn und Rachewunsch, als Sigurd ihr, der Königin, die Hand nicht küsste.

„Wer ist dieser Mann? Er ist nur ein Diener des Königs, meines Gemahls“, sagte sie laut.

Gudrune war mit ihr nicht einverstanden.

„Mein Mann ist der Sohn des Königs Sigmund. Er ist auch König vom Frankenland. Er ist vor allem ein großer Held, deswegen sitzt er nicht im Palast des Frankenlands, sondern verbringt seine Zeit im Palast seines Freundes – des Königs Gunnar.“

„Du hast dir das alles jetzt ausgedacht, Gudrune! Dein Mann ist ein Diener und dazu ein treuloser, eidbrüchiger und ehrloser! Und der große Held ist Gunnar, nicht dein Sigurd.“

Der Streit der Frauen entflammte und Gudrune sagte schließlich: „Du weiß nicht, dass es auch Sigurd war, der dich für Gunnar gewonnen hat; er tauschte seine Gestalt mit Gunnar. Außerdem verbrachtest du die ersten drei Nächte im Bett meines Mannes. Wer ist hier ehrlos, denk du selbst darüber nach!“

Als Brunhild das alles von Gudrune vernommen hatte, eilte sie zu ihrem Mann und verlangte eine Erklärung von ihm. Gunnar blieb nichts anderes übrig, als ihr alles zu gestehen. Brunhild erzählte ihrerseits dem König ihre Liebesgeschichte mit Sigurd. Jetzt aber wurde Gunnar sehr wütend auf seinen besten Freund und Schwager Sigurd. Er rief seinen Bruder Högni zu sich und sagte zu ihm: „Högni, sag mir: Wie kann das sein, dass ich der König bin, aber mein Diener Sigurd reicher als ich ist?“

„Seinen Schatz hatte er sich verdient, weil er den Drachen Fafnir getötet hat", antwortete Högni.

„Högni, hör mir zu: Der Schatz Andwaris muss uns gehören – den Söhnen Giukus. Wir töten Sigurd und nehmen ihm seinen Schatz ab", sagte der König entschlossen.

„Wovon redest du, Gunnar, mein Bruder? Uns verbindet mit Sigurd der einst geschworene Eid! Wie könnten wir unseren Eid brechen?"

„Sigurd selbst wurde eidbrüchig!", sagte Gunnar und erzählte darauf Högni alles.

„Er hat Brunhild betrogen, er hat mich betrogen, indem er mir geschworen hatte, dass er niemandem das Geheimnis meiner Heirat mit Brunhild erzählen würde."

Aber die Wahrheit mit Sigurd war etwas anders. Nachdem er den Zweikampf in der Gestalt Gunnars gegen Brunhild gewonnen hatte, lud die Walküre ihn ins Zimmer, das sie für ihn vorbereitet hatte. Und in der Nacht kam sie zu ihm. Sigurd sagte Brunhild aber, dass er mit ihr vor der Hochzeit nicht schlafen würde; sie verbrachte drei Nächte in seinem Bett, ohne von ihm angerührt zu werden. Auch würde Sigurd niemandem das Geheimnis um Gunnars Heirat verraten. Er wechselte damals aber seine Gestalt mit Gunnar, nicht die Rüstung. Als Gudrune später ein fremdes Haar auf seiner Rüstung fand, brach sie einen Streit vom Zaun: Sie verdächtigte ihren Mann, eine Beziehung zu einer anderen Frau zu haben. Gudrune dachte schon daran, ihrem Leben ein Ende zu setzen, doch das wollte Sigurd auf keinen Fall zulassen. So war der große Held schließlich gezwungen, ihr die Wahrheit zu erzählen.

Für Gunnar war es jetzt auch nicht mehr wichtig, den Grund zu wissen, warum Sigurd sein Geheimnis verraten hatte. Er träumte nun nur noch von Rache.

„Wie schaffen wir es aber, Sigurd zu töten?", fragte Högni. „Er ist der stärkste und der mutigste Mann der Welt. Selbst Atli hat Achtung ihm gegenüber."

„Ich habe mir das schon überlegt", sagte Gunnar. „Wir machen es so: Wir laden eines Abends Sigurd ein, zum Feiern unserer Freundschaft und Verwandtschaft. Wir machen ihn betrunken und wenn er schon betrunken auf dem Boden liegt, nimmst du sein Gram und tötest ihn."

Gesagt – getan: Nachdem diese drei eines Abends lange gefeiert hatten und Sigurd betrunken am Boden lag, nahm Högni den Gram und stach das Schwert bis zum Griff in Sigurds Brust. Sigurd wachte auf, erhob sich, zog das Schwert aus seiner Brust, hob es über seinen Kopf und schrie: „Odin!"

Dann stürzte der große Held tot zu Boden.

Gunnar erklärte Sigurds Tod als Folge einer Schlägerei unter Betrunkenen, zwischen ihm und Högni. So wollte angeblich Sigurd mit seinem Gram Högni töten, sein Bruder habe es dennoch geschafft, dessen Schwert gegen ihn selbst zu richten.

Als Brunhild von Sigurds Tod hörte, befahl sie, zwei Scheiterhaufen zu machen; auf dem einen ließ sie Sigurd verbrennen und danach verbrannte sie sich auf dem anderen.

Atli, König der Hunnen, hatte eine Schwester, die auch eine Walkurie war. In einem Kampf, als sie dem Gegner der Giukus helfen wollte, wurde sie von Högni getötet. Jetzt drohte Atli Giukus Söhnen, Rache zu nehmen, dies nicht nur für seine Schwester, sondern auch für Sigurd. Giukus Söhne wollten nun Atli Gudrune zur Frau geben, um dies zu verhindern. Gudrune war untröstlich und lebte in tiefer Trauer. Nur ihre kleine Tochter war ihr Trost. Um ihren Brüdern zu helfen, heiratete sie schließlich Atli und zog mit ihrer Tochter in den Palast des Hunnenkönigs ein. Gudrune gebar Atli zwei Söhne.

Einst sagte der Hunnenkönig zu seiner Gemahlin: „Schon lange Zeit habe ich deine Brüder nicht gesehen. Ich möchte die beiden zu uns einladen."

Das erfreute Gudrune sehr und sie schickte bald darauf eine Einladung mit einem Boten ins Land der Giukus. Giukus Söhne nahmen die Einladung gerne an und kamen in Atlis Palast.

Die Feier dauerte aber nicht allzu lange, dann wurden Giukus' Söhne von Atlis Kriegern überfallen. Gunnar und Högni kämpften, Rücken an Rücken stehend, die ganze Nacht hindurch gegen die Hunnen, und erst im Morgengrauen gelang es den letzten Hunnen, die beiden festzunehmen. Atli ließ Gunnar zu sich holen und sprach zu ihm: „Ihr seid gute Krieger, Gunnar, du und dein Bruder Högni. Ihr seid Helden! Das wusste ich bisher nicht. Früher dachte ich, dass ihr euch nur hinter dem Rücken eures Schwagers Sigurd versteckt. Jetzt rede ich offen: Wenn du mir sagst, Gunnar, wo du den Schatz Sigurds versteckt hast, lasse ich dich gehen. Und deinen Bruder Högni auch."

„Nein, Atli, ich will nicht, dass du meinen Bruder gehen lässt", antwortete Gunnar. „Ich verrate dir das Versteck des Schatzes nur dann, wenn du mir das Herz meines Bruders Högni bringst."

Atli ging weg, bald kam er zurück und sagte: „Jetzt bekommst du das Herz deines Bruders auf einem Teller."

Kurz danach brachte man das Herz auf einem Teller und gab es Atli.

„Ja, nimm das, Gunnar, es ist das Herz deines Bruders Högni!“, sagte Atli und reichte den Teller Gunnar.

Aber Gunnar lachte nur und antwortete ihm: „Mein Bruder Högni war ein Held! Du hast das selbst anerkannt, Atli! Und dieser Mann, dem dieses Herz gehörte, war ein ängstlicher Kerl: Sein Herz zittert ja immer noch.“

Atli ging wieder weg, dann kam er zurück und sagte: „Jetzt bekommst du wirklich das Herz deines Bruders auf einem Teller.“

Man brachte ein anderes Herz auf dem Teller und gab es Atli, dieser reichte den Teller Gunnar.

„Ja, dies ist wirklich das Herz meines Bruders Högni! Ich bin jetzt zufrieden, Atli! Denn außer mir kennt jetzt kein anderer das Versteck des Schatzes. Und ich verrate es dir nie, wo der Schatz der Giukus liegt. Du siehst das nimmer, Atli! Ha-ha-ha!“ Gunnar lachte sehr laut.

„Wenn du so eine Entscheidung getroffen hast, Gunnar, ist das deine Sache!“, brüllte Atli. „Aber du weißt das selbst, dass Atli Verrat und Betrug niemandem vergibt!“

Atli befahl danach, Gunnar in einer tiefen Grube zu fesseln, in der giftige Schlangen krochen. Gudrune entdeckte die Grube, reichte ihrem Bruder ein Schwert, damit er sich schütze. Es gelang Gunnar jedoch nicht, alle Schlangen in der Grube zu töten; eine große Schlange biss ihn schließlich zu Tode.

SAGE VON HAMLET

Die wahre Geschichte des Prinzen von Jütland

Nach Motiven der gleichnamigen Chronik von Saxo Grammaticus[10]

Der König von Jütland, Haurwendil, war ein starker Mann, der viele Kriege geführt und immer wieder seine Gegner besiegt hatte. Auch sein letzter Feldzug gegen die norwegischen Wikinger war erfolgreich. Dem König von ganz Dänemark, dem berühmten und mächtigen Rörik, brachte er nach diesem Sieg erneut große Trophäen und wurde durch den dänischen Herrscher wieder gelobt und belohnt.

Ermuntert durch Röriks Lob und dessen Zuneigung, bat der König von Jütland um die Hand und ums Herz dessen Tochter, der schönen Gerud. Rörik war froh darüber, dass der König von Jütland – so ein starker, mutiger und mächtiger Herrscher – jetzt sein Schwiegersohn würde, und äußerte sein Einverständnis zu dieser Ehe.

Haurwendil war sehr behaglich, nachdem er Gerud geheiratet hatte: Er strahlte vor Glück, Freude war nun seine Begleiterin. Er lächelte den ganzen Tag und erzählte den Hofleuten,

10 Es wird berichtet, dass Saxo Grammaticus (12. Jh.) ein sehr gebildeter Mann war und am Hof der dänischen Könige diente. Er verfasste in Lateinisch „Die Chroniken", einen Zyklus unter der Bezeichnung „Taten der Dänen" (Gesta Danorum), worin er sowohl von mythischen als auch von historischen Königen der Dänen erzählt. *Die Sage von Hamlet* soll seine letzte Arbeit aus dieser Reihe sein. In Schriften des Saxo Grammaticus begegnen dem Historischen oft das Mythische und Sagenhafte. Die Motive der altgermanischen und keltischen Lieder mischen sich damit, was wirklich geschehen war. Daher ist auch die *Sage von Hamlet* eine Übergangsform zwischen Legende und Realität.

wie glücklich er sei. Und als ihm ein Sohn geboren wurde, wurden des Königs Glück und Freude so endlos und grenzenlos, dass viele am Hof neidisch auf ihn wurden. Haurwendil glaubte daran, dass ein merkwürdiger Name dazu dient, dass jemand lange lebt und sein Leben bis zum Ende gut und glücklich führt. Daher nannte er seinen neugeborenen Sohn Hamlet, übernommen vom Namen Hamlothi aus der Sprache der Isländer, die damit einen Verrückten, einen Dummen bezeichneten[11].

Tarot war ein entfernter Verwandter von Haurwendil und diente schon lange am Hof. Als der König von Jütland sehr glücklich über seine Ehe, seine schöne Frau und seinen neugeborenen Sohn wurde, war Tarot einer von denen, die sehr neidisch wurden. Er suchte jemanden, der ihm behilflich sein könnte, den König zu stürzen und sein Glück damit zu enden.

Als Tarot zu Fenge, dem jüngeren Bruder des Königs, ging, begrüßte er ihn mit den Worten:

„Oh Fenge, der größte und stärkste Held von Jütland! Ein Königssohn, der nur das Unglück hatte, als zweites Kind geboren zu sein! Haurwendil siegte öfter dank deinem Mut, deinem unvergleichbaren Heldentum, deiner Klugheit und deinen Räten."

11 Der Name (H)Amlothi stammt möglicherweise von dessen ursprünglichem Namen Amplethus. Saxo Grammaticus verwendet Amplethus als latinisierte Variante von dessen ursprünglichem Namen, wobei, wie es üblich für Lateinisch ist, „H" ausfällt: Amlethus statt Hamlethus. (H)Amplethus bedeutet dabei "Der Stumpfsinnige" oder "Der Verrückte". Im frühen Mittelalter war dieser Aberglaube unter vielen Völkern der Welt verbreitet: Man glaubte, dadurch ein Kind vor Neid, Hass, Beschwörungen und Zaubersprüchen schützen zu können, wenn man ihm bei der Geburt einen unschönen, merkwürdigen Namen gibt. Wenn ein Kind, so glaubte man damals, einen schlechten, merkwürdigen Namen erhalten hätte, könnte es dadurch der Aufmerksamkeit der bösen, neidischen Menschen aus der Umgebung entgehen. Ohne dieser Aufmerksamkeit würden viele Menschen dem Kind nichts Schlechtes anzutun. Mit einem schönen Namen könnte das jedoch der Fall sein.

„Sei gegrüßt, Tarot“, antwortete ihm Fenge. „Danke für dein Lob, ich weiß aber, dass mein Bruder ein größerer Held und besserer Krieger ist als ich, dass er mutiger und klüger ist als ich. Unserem Königreich hat er zu einem guten Ansehen verholfen, dank ihm wurde König Rörik zum Freund unseres Landes und gab ihm danach sogar seine Tochter zur Frau. Ja, ich habe ihm geholfen, in den Schlachten mit ihm zusammen gekämpft, die Feinde mit ihm zusammen besiegt. Das ist meine Pflicht als Bruder des Königs von Jütland, Tarot. Mein königlicher älterer Bruder war zu mir immer sehr gut, er liebt mich sehr, schätzt mich sehr hoch. Was brauche ich noch? Ich bin auch zufrieden mit meinem Leben am Hof. Ein Königsbruder, ein Krieger, der immer neben dem König mitkämpft, den das Volk liebt und verehrt. Das ist mir schon genug, Tarot.“

Tarot lächelte nur giftig und sagte ihm zur Antwort: „Bist du zufrieden mit deinem Leben und deiner Stelle am Hof? Wovon redest du, Fenge? Wie kann man als zweitgeborener Königssohn zufrieden sein mit den Dingen, wenn man immer im Schatten seines älteren Bruders bleiben soll? Schau mal an, wie glücklich nun Haurwendil ist: Er ist König, er hat die schönste Frau Gerud – die Tochter Röriks – als seine Gemahlin, ihm wurde ein Sohn geboren, den er Thronfolger nennt. Was hast du von diesem großen Glück deines Bruders, Fenge? Wo ist deine Stelle dabei, sag mir? Dein Bruder wird immer glücklicher und glücklicher, davon aber bekommst du selbst nichts.“

„Warum erzählst du mir solche Sachen, Tarot? Willst du mich gegen meinen Bruder anstiften, du alte Schlange!“

Nach diesen Worten stand Fenge auf, nahm den Mann fest

am Bart und schüttelte ihn kräftig: „Vielleicht haben dich die Feinde unserer Familie so belehrt? Wollt ihr nun, dass ich euch helfe, meinen Bruder zu stürzen? Sag mir, Tarot, wer dich nur zu mir geschickt hat mit solch schmutzigen und bösen Gedanken? Sag mir das schnell, wenn du diesen Raum wieder unbeschadet verlassen möchtest!"

„Mein Prinz...", – Tarot kniete vor ihm –, „...alleine Gott sieht es, wie ich dich liebe, wie ich dich verehre und dir treu bin. Niemand könnte mich gegen unseren König Haurwendil anstiften, niemand könnte mich belehren, dich gegen deinen eigenen Bruder aufzuhetzen. Du sollst mir glauben, mein Prinz! Der einzige Grund, warum ich heute zu dir gekommen bin, ist nur das: Ich liebe dich sehr und kann nicht sehen, wie überglücklich dein Bruder ist, aber du hier einsam und traurig verweilen sollst."

Fenge ließ den Bart des Alten wieder los, machte ein paar Schritte zurück und sagte dann zu ihm: „Ich bin wirklich allein, Tarot, du hast recht! Aber das lässt sich bald ändern. Ich möchte Haurwendil sagen, dass ich die jüngere Tochter Röriks, Dela, heiraten möchte. Er wird sich darauf sehr freuen und wird bereit sein, selbst den dänischen König um diese Ehe zu bitten; das weiß ich. Ich habe die Prinzessin Dela auf Haurwendils Hochzeit gesehen: Sie ist nicht weniger schön als Gerud."

Fenge schwieg, ging zum Fenster, schaute von dort nach unten und kam wieder zu Tarot zurück.

„Wenn ich die jüngere Tochter Röriks, Dela, heirate", sagte er jetzt träumend und freudig, „werde ich auch nicht mehr einsam und allein sein. Wir bekommen auch Kinder. Dann werde ich auch glücklich sein wie mein Bruder jetzt, vielleicht noch glücklicher. Das alles kann schon bald geschehen, Tarot, du muss dir keine Sorgen darüber machen."

„Mein lieber Fenge", sagte der alte Tarot traurig, „ich höre dir zu und bedauere es sehr, dass du so naiv bist. Woher weißt du, dass Rörik damit einverstanden sein wird, dass du seine jüngere Tochter Dela heiratest? Er kann deinen Heiratsantrag auch ablehnen, der alte König aller Dänen! Was wirst du dann machen, sag mir?"

„Nein, Tarot, es kann nicht sein, dass Rörik mir für diese Ehe absagt. Er kennt mich auch schon lange, hat viel von mir, von meinen Heldentaten gehört. Warum soll er mir absagen? Nein, das wird er nicht tun."

Tarot wollte dazu wieder etwas sagen, Fenge gab ihm aber keine Möglichkeit mehr dafür.

„Jetzt geh zurück, Tarot! Geh dahin, wo du sein sollst, und diene dem König, mir und unserer Familie weiterhin treu. Und du willst bald davon hören, wann meine Hochzeit mit Röriks jüngerer Tochter stattfindet."

„Aber, mein Prinz...", setzte Tarot erneut an.

Fenge wollte ihm aber nicht mehr zuhören.

„Jetzt geh bitte, und kein Wort mehr."

Nachdem Tarot seinen Raum verlassen hatte, entschied sich Fenge, den König und dessen Familie zu besuchen.

In den königlichen Räumlichkeiten herrschten wieder Freude, sehr gute Laune und Glück. Haurwendil war sehr froh über das Erscheinen seines jungen Bruders, auch die Königin Gerud begrüßte ihn sehr herzlich.

„Fenge, wie schön, dass du zu uns gekommen bist", sagte Haurwendil zu ihm. „Ich selbst wollte schon nach dir schicken, mein lieber Bruder! Ich möchte, dass du neben mir glücklich wirst, mein Glück und meine Freude teilst."

„Ich bin auch gekommen, mein königlicher Bruder, um mit dir deine Freude und dein Glück zu teilen. Denn das ist nicht das Glück alleine für dich, sondern für unsere Familie."

„Danke, mein lieber Bruder", antwortete der König von Jütland, „an meinem heutigen Glück, das, wie du schon gesagt hast, zu unserer ganzen Familie gehört, hast du auch deinen Verdienst. Danke dir sehr dafür!"

„Haurwendil, ich möchte dir noch etwas sagen...", begann Fenge, „...dein Glück ist mein Glück, wie ich dir schon gesagt hatte. Wenn aber ich auch heirate, werden wir als königliche Familie noch glücklicher, mein Bruder: Ich bin davon überzeugt."

„Ha-ha-ha!", der König wurde noch freudiger und glücklicher. „Davon träumst du jetzt! Sehr schön, mein Bruder!"

Danach wandte er sich an die Königin: „Hast du gehört? Er ist gekommen, vor uns anzukündigen, dass er heiraten möchte. Das freut mich sehr!"

Gerud schenkte Fenge ein schönes und zärtliches Lächeln, mit einer Klugheit, die nur Frauen kennen.

„Wen möchtest du heiraten, Fenge?", fragte jetzt Haurwendil. „Ich bin bereit, die Braut für dich zu werben. Du sollst nur sagen, wer das sein sollte."

„Dela", antwortete Fenge, „Röriks jüngere Tochter."

Eine Zeitlang schwiegen alle, dann fragte der König von Jütland: „Willst du wirklich die Prinzessin Dela heiraten?"

„Ja", antwortete Fenge, „das ist meine Entscheidung."

„Er will deine jüngere Schwester heiraten", sagte Haurwendil zur Königin, „wie schön wäre das wirklich! Ha-ha-ha!"

Gerud sagte dazu: „Das wäre wirklich schön, wenn auch Dela bei uns am Hof leben würde! Ich würde mich auch nicht mehr allein fühlen hier! Ich würde mich sehr freuen, wenn Fenge Dela heiratet."

„Wenn mein Bruder Dela heiratet, würden sich auch der alte Rörik und deine Mutter sehr darüber freuen", sagte ihr Gemahl. „Ich kann mir keine bessere und mehr erwünschte Ehe vorstellen."

„Dann müssen wir ihnen schon von dieser Wunschehe Bescheid geben, sonst wissen sie davon nichts", erläuterte die Königin.

„Ja, ich denke auch so", sagte Haurwendil, „und zwar sofort. Worauf sollen wir noch warten? Wir machen es besser so: Ich befehle, das Schiff für morgen auf die Reise vorzubereiten. Morgen fahren wir nach Lejre, besuchen dort den König und Königin und geben ihnen davon Bescheid."

„Das wäre wirklich sehr schön!" Gerud unterstützte das sehr freudig. „Seit unserer Hochzeit – das ist schon zwei Jahre her – habe ich meine Eltern und Dela nicht mehr gesehen. Hamlet ist schon ein Jahr geworden, die Alten werden sehr froh darauf, ihren Enkel zu sehen."

Am nächsten Morgen machte sich des Königs Schiff früh auf den Weg nach Lejre. Die Ostsee war an diesem Tag ruhig, nur die kleinen Wellen berührten manchmal das Schiff der Jütländer.

Das dänische Königspaar und die Prinzessin Dela waren sehr glücklich über diesen plötzlichen Besuch und empfingen sie mit großer Freude.

„Das ist der künftige jütländische König!" Rörik warf seinen Enkel in die Höhe, während er sprach. „Wie habt ihr ihn genannt?"

„Hamlet", antwortete ihm Haurwendil.

„Hamlet? Das klingt aber irgendwie merkwürdig", wunderte sich der alte König aller Dänen über diese Antwort.

„Nach dem alten Glauben wird jemand besser überleben und seine Ziele erreichen, wenn er einen merkwürdigen Namen hat", erklärt der König von Jütland.

„Ach, das ist nicht so wichtig, wie ihr ihn genannt habt. Viel wichtiger ist, dass er gesund ist und weiterwächst", sagte die Königin von Dänemark und übernahm Hamlet von ihrem Gemahl.

„Wir haben euch alle so vermisst", sagte Prinzessin Dela. „So lange haben wir voneinander nicht gehört. Wie kam es dazu, dass ihr uns plötzlich besuchen wolltet?"

„Wir haben euch etwas Wichtiges mitzuteilen", antwortete ihr die Königin von Jütland und lächelte dann sehr schlau. „Das geht auch um dich, Dela."

„Um mich? Was sollte denn das sein, Gerud, sag bitte?"

„Gut." Haurwendil versuchte die beiden Schwestern zu beruhigen. „Wie ich mit meiner Gemahlin, also mit eurer Tochter, und unserem neugeborenen Sohn Hamlet glücklich bin, sehen alle. Wir haben überlegt, dass es sehr sinnvoll wäre, wenn mein Bruder, Prinz Fenge, der als Held vieler Schlachten berühmt ist, die Prinzessin Dela heiraten würde."

Es kam zum Schweigen von beiden Seiten. Dann begann Rörik langsam seine Rede: „Es wäre wirklich schön, wenn dein Bruder, Prinz Fenge, unsere Tochter, die Prinzessin Dela, heiraten könnte. Darüber wären wir alle glücklich, auch deswegen, weil sie für Gerud eine Unterstützung sein und gleichzeitig von ihr unterstützt werden könnte."

„Ja, ja, wir denken genauso!", sagte Haurwendil.

„Das wäre für mich wirklich sehr schön!", wendete sich nun Gerud an ihre Eltern.

„Aber, es gibt eine Sache, die dieser Ehe im Weg stehen wird", setzte Rörik fort, „ihr habt euch verspätet! Vor ein paar Wochen habe ich die Prinzessin Dela dem Bruder des Frankenkönigs versprochen. Ich kann mein königliches Wort nicht mehr zurücknehmen, daran ist nichts mehr zu ändern."

Das, was sie gerade gehört hatten, machte die Jütländer sehr traurig, besonders Fenge selbst. Bald drauf stand er auf und sagte seinem Bruder: „Mein König, wir haben die Antwort von König Rörik erhalten. Ich denke wir müssen wieder zurückfahren."

Wie sich die Gastgeber auch nicht darum bemühten, wollten die Jütländer nicht mehr im dänischen Palast bleiben und drehten ihr Schiff wieder um. Sie alle sahen jetzt sehr enttäuscht aus, vom Glück und von der Freude der letzten Tage blieb nichts mehr bei der Königsfamilie übrig: Den ganzen Weg sprachen sie nur darüber, wie sie unglücklicherweise verpasst hatten, die Prinzessin Dela für den Prinz Fenge rechtzeitig zu werben.

Auch nachdem sie aus Lejre zurückgekehrt waren, wollte Fenge mit keinem sprechen. Er schloss die Tür seiner Räumlichkeiten von innen ab und verbrachte ganze Tage darin, ohne auszugehen. Als aber Tarot wieder zu ihm kam, hielt er es nicht mehr aus und öffnete ihm die Tür.

„Bist du gekommen, Tarot, um zu sehen, wie ich unglücklich bin?", fragte er den ungeladenen Gast sehr bös.

„Nein, mein Prinz, wovon ist die Rede? Ich bin gekommen nur mit einem Ziel zu dir: dich in solch für dich schweren und traurigen Tagen zu unterstützen", antwortete der Mann sehr schmeichelhaft.

„Wie willst du mich unterstützen, Tarot? Einen Mann, der keine Zukunft für sich mehr sieht. Ich hoffte, ein Schwiegersohn von Rörik zu werden, das Schicksal wollte das aber anders", antwortete ihm Fenge bitter.

„Das Schicksal ist zu dir trotzdem gnädig, mein Prinz! Du solltest nur das sehen wollen, was es dir anbietet."

Tarot hielt inne, horchte, ob hinter den Räumlichkeiten des Prinzen jemand war, dann sagte er leise: „Weiß du, was die schöne Gerud, die Königin, gesagt hatte, nachdem sie deine Enttäuschung wegen der Absage für Dela gesehen hatte?"

„Nein, ich weiß es nicht. Aber welche Bedeutung hat das? Es ist sowieso alles verloren!"

„Nein, nicht alles ist verloren, mein lieber Fenge! Hör jetzt zu, was die schöne Königin dazu gesagt hatte! Sie sagte: ‚Ach, es wäre besser für mich gewesen, damals Fenge zu heiraten, als jetzt sein Unglück und seine Leiden zu sehen!'"

Fenge nahm den Mann am Kragen.

„Was willst du damit sagen, du alter Schakal? Siehst du nicht, wie glücklich mein Bruder und seine Gemahlin mit ihrer Ehe und wie froh sie über ihren Sohn sind?"

„Ja ... aber ... entschuldige bitte, wenn ich etwas Falsches gesagt hatte..."

Fenge ließ ihn wieder los: „Geh jetzt! Geh und komm nie wieder hier her! Sonst weiß ich nicht, was ich mit dir tun werde!"

„Ja ... ich gehe schon, mein Prinz ... gehe schon."

Tarot ging zur Tür und wollte schon die Räumlichkeiten des Prinzen verlassen, plötzlich drehte er sich und kam wieder schnell nah an ihn heran.

„Mein Prinz, was ist schlecht daran, wenn deine Schwägerin

über dich so was gesagt hat, um dich in den Tagen, wenn du so traurig bist, zu trösten? Achte, sonst hat sich niemand um dich gekümmert außer ihr! Nur der Königin waren deine Leiden nicht gleichgültig!“

„Ja, ich weiß“, antwortete Fenge viel weicher, „sie war schon immer gut zu mir.“

„Das ist sehr wichtig, mein Prinz, dass man die Freunde um sich hat, die einen in schweren Tagen unterstützen, hinter einem stehen. Ohne das wird es schwer für uns alle.“

Tarot wartete etwas ab, um zu sehen, wie seine Worte auf den Prinzen wirkten. Bald setzte er fort: „Danach sagte die Königin, dass sie mit dir sogar glücklicher wäre als mit deinem Bruder...“

„Wirklich?“ Fenge sah sehr erstaunt aus. „Ich dachte doch, dass sie sehr glücklich mit meinem Bruder ist.“

Tarot lächelte listig.

„Jetzt siehst du aber, dass das nicht so ist.“

Der alte Mann wartete wieder etwas ab, beobachtete den Prinzen und sagte dann: „Wenn Haurwendil stürbe, könntest du der neue König werden und die Gerud heiraten.“

„Warum soll er sterben? Er ist ganz gesund, soweit ich weiß. Außerdem sollte den Thron sein Sohn übernehmen, Hamlet, nicht ich“, antwortete Fenge bedenklich.

„Hamlet? Er ist doch erst ein Jahr alt!“

„Trotzdem: Ich könnte dann nur Hamlets Regent werden und in seinem Namen regieren!“, antwortete Fenge entschlossen.

„Wie kann aber jemand ein Land regieren, wenn er so einen Namen trägt wie Hamlet?“, fragte der alte Mann.

„Mein Bruder hatte Angst, dass sein Sohn nicht überlebt

und noch als Kind stirbt; denn so was passiert mit den meisten Kindern. Eine alte Frau empfahl ihm, dem Kind einen Namen mit schlechter Bedeutung zu geben, daher nannte er seinen Sohn Hamlet."

Tarot grinste gehässig.

„So bezeichnen die Isländer die Menschen, die verrückt, das heißt, seelisch gestört sind. Und ein Mensch wird früher oder später die Bedeutung seines Namens erfüllen. Also Hamlet kann kein König von Jütland werden. Dann sollst du wirklich den Thron übernehmen, wenn mit Haurwendil etwas passiert."

„Er kann noch lange regieren, er zeugt einen anderen Sohn mit Gerud, der dann zum König wird, wenn Haurwendil stirbt", sagte Fenge überzeugt.

„Wir wissen aber nicht, ob er wieder einen Sohn mit Gerud bekommt und wie er diesen dann benennt – vielleicht mit einem noch schlimmeren Namen als Hamlet" Der Alte grinste.

„Tarot, von dir hört man nur schlimme Sachen! Ich bin schon müde davon! Bitte geh jetzt, ich möchte mich erholen" Fenge wollte ihn wieder rausjagen.

„Ich gehe schon, Fenge, und möchte dich nicht stören", antwortete ihm Tarot sehr gehorsam. „Ich möchte dir aber etwas schenken, damit du aus deinem Kummer wieder herauskommst."

Aus seiner Tasche holte er dann einen Ring mit einem großen Edelstein.

„Nimm diesen Ring, Fenge! Das ist ein sehr teurer und guter Ring."

Tarot erhob den Deckel, worauf der Stein befestigt war, und zeigte ihm, was darunter lag.

„Das ist ein Schächtelchen, wo man etwas verstecken kann. Es gab früher Herrscher, die in diesem Schächtelchen Gift getragen hatten. Bei Gelegenheit schütteten sie das Gift in den Teller ihrer Gegner. Das ist ein sehr starkes Gift, tötet den Menschen sofort. So habe ich diesen Ring schon geschenkt bekommen, mit dem Gift drin. So übergebe ich es dir auch."

Fenge nahm den Ring mit dem geöffneten Schächtelchen an sich und schaute das grau-grüne Gift, das drin lag, lange an.

„Ich muss schon gehen", sagte Tarot. „Ich wünsche dir viel Erfolg, mein König!"

Fenge konnte nicht antworten, er folgte Tarot mit seinem Blick bis zur Tür, hinter der der alte Mann bald verschwunden war.

Fenge schaute wieder den Ring an, den er in seiner Hand hielt, und geriet wieder in Gedanken.

„Wie hat er mich genannt? Mein König?"

Abends schickte Haurwendil jemanden zu Fenge und lud ihn zum gemeinsamen Frühstück mit der Königsfamilie am nächsten Morgen ein. Fenge verspätete sich zum Frühstück. Es sah aus, als ob er die Nacht schlecht geschlafen hatte. Das Königspaar, das den berühmten Helden fröhlich begrüßt hatte, bemerkte das auch. Haurwendil zeigte ihm den Platz neben sich und fragte ihn: „Wie lebst du, mein Bruder, erzähl uns davon!"

„Ach, wie sollte ich noch leben! Wie immer!", antwortete ihm der jüngere Bruder.

„Machst du dir wieder Sorgen wegen der Heirat?" Haurwendil legte seine große starke Hand auf Fenges Schulter. „Tue das nicht, mein Bruder! Wir finden für dich eine andere Prinzessin zum Heiraten, vielleicht eine noch schönere als Dela! Nicht wahr, meine Königin?"

Nach diesen Worten schaute der König von Jütland lächelnd seine Gemahlin an, die ihnen sehr aufmerksam zuhörte. Als auch Fenge sie anschaute, sah er ein tiefes Gefühl in Geruds Augen. Als ob sie ihren Schwager bedauerte wegen der nicht gelungenen Heirat mit ihrer Schwester, aber sie strahlte auch eine tiefe Leidenschaft und Liebe Fenge gegenüber aus.

‚Hatte dann Tarot wirklich recht?', fragte sich der Königsbruder. ‚Liebt sie in Wirklichkeit mich und nicht Haurwendil?'

„Warum bist du so nachdenklich geworden, mein Bruder?", fragte der König von Jütland. „Und was für ein Ring ist das? Ich habe das früher bei dir nicht gesehen."

„Nichts besonders", antwortete Fenge, „ich habe einfach die Nacht nicht gut geschlafen. Und diesen Ring schenkte mir gestern Tarot."

„Ist das alles?" Haurwendil lachte. „Gestern konntest du nicht gut schlafen, so schaffst du das heute. Sowieso gibt es bis zum Frühling kein Wanderleben: Wir müssen wie immer abwarten, bis die Gewässer für unsere Kriegsschiffe wieder geeignet sind, um uns weiter Richtung Süden zu bewegen. Ich muss dir noch etwas sagen: Sei vorsichtig mit diesem Tarot und schenk ihm nicht viel Vertrauen."

Haurwendil schwieg eine Zeitlang, dann setzte er fort: „Fenge, mein lieber Bruder, du bist der beste Krieger und der beste Feldherr von Jütland! Ich bin mir ganz sicher, dass auch Odin selbst dich für so einen hält. Was mir aber nicht gefällt, mein Bruder, ist, dass du dich manchmal zurückziehst, nachdenklich und traurig aussiehst. Ist das wirklich immer noch wegen deiner verfehlten Heirat mit Dela?"

„Nein, Bruder! Ich habe das schon vergessen! Du hast mir schon damals geholfen, nachdem der König Rörik es verweigert hatte, seine Tochter mir zur Frau zu geben: Du hast mich überzeugt, dass ich eine andere und bessere Frau heiraten würde."

Haurwendil lachte wieder sehr laut und umarmte seinen Bruder.

„Ja stimmt, Fenge! Stimmt! Bald schaffen wir das auch! Du siehst aber immer noch traurig aus..."

„Das geht bald vorbei, Haurwendil! Mach dir keine Sorgen!", antwortete ihm Fenge.

Die Hofköche brachten einen ganzen gebratenen Rehbock und stellten diesen auf den Tisch vor dem König. Drauf folgten die großen Krüge mit dem Met.

Haurwendil trank aus seinem Krug und lachte wieder laut und zeigte auf den Rehbock.

„Ha-ha! Ich möchte diesmal gern sein Herz verschlingen. Ich habe gehört, man wird noch mutiger, wenn man das Herz eines Tieres frisst."

„Du solltest besser die Augen dieses Rehbocks fressen, mein Bruder, denke ich", bemerkte Fenge leise und wieder etwas traurig.

„Wieso die Augen?", fragte ihn der König. „Ich sehe, dank Odin, noch ganz gut!"

„Du hast einen Schleier vor deinen Augen, mein Bruder, und daher siehst du nicht, was vor deiner Nase läuft."

Fenge begegnete den Augen Geruds, diese strahlten nun Empörung und Wut aus. Haurwendil stand auf.

„Ich selbst muss jetzt sehen, ob ich wirklich einen Schleier vor meinen Augen habe."

Der König von Jütland ging zum großen Holzfass voller glasklarem Wasser und schaute sich dort an.

„In den Augen? Nein, da habe ich nichts! Du irrst, mein Bruder“, gab er Fenge von dort aus zu verstehen.

Gerud starrte Fenge an: Ob sie ihm mitteilen wollte, dass die Zeit der Tat für ihn gekommen ist? Dem Königsbruder war es schwer, ihren Blick zu ertragen. Er machte den Deckel des Ringschächtelchens auf und schüttete dessen Inhalt in den halbvollen Krug seines Bruders.

Kurz darauf kehrte Haurwendil wieder zu seinem Platz zurück.

„Du irrtest wirklich, mein Bruder“, sagte er zu Fenge erneut. „Ich habe nichts in meinen Augen. Sie sind ganz sauber und ich sehe immer noch sehr gut.“

Danach zerfetzte er mit den bloßen Händen die Brust des Rehbocks, machte den Weg zu dessen Herz frei und riss dieses heraus. Er biss in großen Stücken in das Tierherz und sagte laut: „Das schmeckt aber wirklich!“

Darauf trank er den Honigwein und aß wieder. Fenge und Gerud schauten ihn sehr aufmerksam und in einer großen Spannung an, verfolgten unruhig jede seiner Bewegung.

Plötzlich wurde dem König schlecht. Er begann zu husten.

„Was ist das...?“, fragte Haurwendil und hustete sehr tief und stark. „Wer hat ... Fenge ... hilf mir ... hilf ... mein Bruder...“

Er konnte nichts weiter sagen und stürzte zu Boden.

Nach vielen Jahren, als Hamlet schon fünfzehn Jahre alt wurde, rief Fenge seine Gemahlin, Hamlet und auch Frode zu sich und begann zu erzählen: „Ich möchte mich dafür entschuldigen und meine Schuld gestehen, dass ich meinen älteren Bruder, unseren vorigen König Haurwendil, umgebracht habe. Was war der Grund, warum ich das getan hatte? Gerud, die Ehefrau meines verstorbenen Bruders, wurde von ihrem Mann immer unterdrückt, verfolgt, geschimpft und beleidigt, sie musste sein sehr schweres Gemüt dulden, während sie selbst ein harmloses Wesen ist und keinen kränken könnte. Ich habe auch gemerkt, dass ich ihr nicht gleichgültig bin und sie auch eher meine Gemahlin werden wollte als die meines Bruders. Was sollte ich dann tun? Ich fühlte eine Pflicht Gerud gegenüber, ich habe verstanden, dass ich sie von diesem Monster – meinem Bruder – retten muss. Das war aber nicht der einzige Grund, warum ich meinen Bruder umgebracht habe. Denn Haurwendil stellte außerdem immer mehr Gefahr für Jütland, sogar für ganz Dänemark dar. Er strebte sogar danach, den alten Rörik zu stürzen und selbst zum dänischen König zu werden. Das wäre nicht zulässig; so habe ich mich gleichzeitig verpflichtet gefühlt, sowohl Gerud als auch ihren Vater zu schützen."

Als Hamlet das gehört hatte, wurde er nachdenklich. Wie möchte nun sein Onkel mit ihm umgehen? Fenge hatte seinen eigenen Sohn, Frode, den er mit Gerud gezeugt hatte und der nur zwei Jahre jünger war als Hamlet, schon zu seinem Thronfolger erklärt. Bis dahin hatte Hamlet von der Mutter nur gehört, dass sein Vater beim Essen zufällig erstickt und verstorben wäre. Danach hätte Fenge den Thron übernommen, daher sollte nicht Hamlet, sondern Frode zum Thronfolger werden. Jetzt aber hatte Hamlet etwas anderes gehört. Sein Onkel selbst hatte zugegeben, dass er Mörder des eigenen Bruders sei. Fenge ist also dann ein ungesetzlicher König. Würde das nicht bedeuten, dass der richtige Thronfolger

Hamlet war und nicht sein Stiefbruder Frode – der Sohn von Fenge und Gerud? Stünde Hamlet jetzt nicht unter Gefahr, nachdem diese Lüge aufgedeckt war? Würde sein Onkel nun nicht fragen, ob Hamlet sich zum Thronfolger erklärt und die Anhänger findet, die ihn dazu anerkennen würden? Vielleicht wollte ihn sein Onkel jetzt als wahren Thronfolger beseitigen?

Mit solch schweren Gedanken stand Hamlet auf, verbeugte sich vor dem König und der Königin und bat um Erlaubnis: „Ich bin krank, daher bitte ich darum, mich gehen zu lassen."

Fenge schaute seinen Neffen misstrauisch an und sagte: „Du kannst gehen, Hamlet, wenn es dir schlecht geht. Ich hoffe auch sehr, dass du bald wieder gesund wirst."

Nachdem Hamlet das königliche Empfangszimmer verlassen hatte, rief der König den Thronfolger zu sich: „Hör mir gut zu, Frode! Lass deinen Ziehbruder Hamlet nicht aus den Augen, kläre, was mit ihm los ist, ob mein Geständnis auf ihn schlecht gewirkt hat. Du musst immer ein Auge auf Hamlet haben, ihn immer beobachten, sehen, mit wem er verkehrt, was er denen erzählt. Danach musst du mir das alles ohne Verzögerung mitteilen. Jetzt geh ihm hinterher und frag ihn darüber aus, was mit ihm los ist."

Nach Frode verließ auch die Königin das Empfangszimmer mit der Ausrede, dass sie ebenfalls sehen wolle, was mit ihrem Sohn los ist. Gerud machte sich wirklich Sorgen. Was würde ihr Sohn nun von ihr denken? Würde er seine Mutter der Beteiligung am Mord seines Vaters beschuldigen? Würde er nicht von ihr erfahren wollen, wer der wahre Thronfolger ist? Würde er sie danach nicht der Lüge und des Betruges beschuldigen und fragen, warum sie die Wahrheit so lange von ihm verheimlicht hatte? Oh, Fenge! Warum musste er heute nur alles gestehen? Sonst hätten sie doch weiter in Ruhe leben können, und Hamlet hätte auch in Zukunft niemals gewusst, was am Hof vorher geschehen war.

Für Fenge war es wirklich schwer, damit weiterzuleben. Er wollte das Verbrechen, das er vor vierzehn Jahren begangen hatte, gestehen, um damit sein eigenes Gewissen zu erleichtern. In den letzten Jahren erzählte er seiner Frau öfter davon, wie die Szenen der Vergiftung seines Bruders und dessen Todeskampf ihm noch immer vor den Augen standen. Gerud warnte ihren Gemahl mehrmals: Das dürfe er nicht tun, denn es würde schwere Folgen für alle haben. Daher war sie erschüttert vom Fenges Geständnis darüber, wie er seinen königlichen Bruder umgebracht hatte. Am selben Abend wollte sie mit ihrem Gemahl darüber reden und sagte zu ihm: „Ich verstehe nicht, warum du das heute erzählen musstest".

Fenge antwortete darauf: „Gerud, vergiss bitte nicht, dass ich nicht alleine diese Absicht hatte, Haurwendil zu vergiften."

„Der alte Tarot wollte mich immer wieder überzeugen, dass du, ein junger Prinz mit dem guten und erhobenen Heldenherzen, für mich würdiger wärest, als der grobe und unanständige Haurwendil!", antwortete die Königin. „Ich wusste davon vorher, was du und Tarot vorhattet, ich sagte aber niemals ja oder nein dazu! Und das alles ist schon lange vorbei und außer uns beiden wusste bis heute Morgen niemand davon, wie Haurwendil ums Leben kam. Das war auch unnötig, das unseren Söhnen zu erzählen..."

„Ja, das stimmt, schöne Königin! Wir wollten immer, dass darüber die anderen nicht erfahren."

„Ja, ich war davon völlig überzeugt, mein König! Deswegen

müsste das auch unser Geheimnis bleiben! Vergiss bitte auch nicht, dass nämlich du es warst, der Haurwendil vergiftet hatte."

„Ich habe es nicht vergessen, Gerud! Ich war aber nur derjenige, der das von Tarot beabsichtigte und von dir unterstützte Verbrechen verwirklicht hatte. Und ihr beide wart dann die, die einen Grund für den Tod meines Bruders erfunden und verbreitet hatten: dass er so fröhlich beim Essen war, so viel lachte, dass er beim Lachen am Fleisch erstickte. Obwohl du es gesehen hattest, wie mit dem grün-giftigen Schaum Teile seines Inneren aus dem Mund herausquollen."

Gerud stand auf und flehte ihren Mann an: „Fenge, hör bitte auf! Welchen Sinn macht das jetzt, mir diese schrecklichen Dinge nochmals zu erzählen? Bitte erbarme dich! Erbarme dich meiner und meines Sohnes!"

„Soll ich mich deiner und Hamlet erbarmen?", fragte Fenge. „Aber hat sich denn jemand meiner erbarmt? Der Todeskampf meines Bruders, sein Hilferuf an mich verfolgen mich in diesen Jahren immer wieder. Das gibt mir auch heute keine Ruhe! Man wird nach meinem Tode über mich sagen, dass ich Brudermörder war und das getan habe, um selbst König von Jütland zu werden und die Gemahlin des alten Königs zu heiraten. Aber daran, dass Tarot mich, nicht ohne deine Zustimmung, dazu heraufbeschwören hatte, wird sich keiner erinnern. Das ist traurig."

„Du hast Tarot schon kurz danach umbringen lassen..."

„Das ist wahr. Ich musste mich von diesem gefährlichen Menschen befreien. Sonst wollte er zum zweiten Mann werden in Jütland. Er hätte auch mich selbst verraten und einen anderen unterstützen können, wenn er mich hätte stürzen wollen. Deswegen musste er sterben."

„Und was ist dann mit mir und Hamlet, Fenge? Müssen wir jetzt auch sterben?“, fragte Gerud.

„Das hängt davon ab, wie ihr euch benehmt.“

„Hamlet glaubte bis heute daran, dass sein Vater beim Essen verstickt und verstorben war. Du selbst aber hast ihm heute die Wahrheit erzählt. War das wirklich nötig, Fenge?“

„Es war schwer, weiter mit dieser Last zu leben, Gerud“, antwortete der König von Jütland, „deswegen habe ich es heute Hamlet und Frode erzählt, um mir mein Gewissen zu erleichtern.“

Gerud weinte: „Ich fürchte, dass du dadurch Hamlet in Gefahr gebracht hast...“

„Bleibt er still, erzählt nicht weiter, was er heute von mir gehört hat, passiert ihm nichts. Er soll aber auch niemals den Thron beanspruchen: nicht jetzt, nicht in der Zukunft. Und er soll Frode als Thronfolger anerkennen.“

Gerud weinte wieder: „Ich bin mir sicher, dass Hamlet niemals Anspruch auf den Thron hatte und diesen auch weiter nicht übernehmen wollen wird.“

„Gut, wenn das wirklich so ist, sehe ich keinen Grund, sich Sorgen zu machen“, beruhigte sie Fenge.

„Ich mache mir wegen Hamlet dennoch Sorgen“, setzte Gerud fort. „Welchen Namen man bei der Geburt bekommt, wird im Leben auch verwirklicht. Dass sein Vater ihn von ‚Hamlothi‘ als Hamlet, das heißt, als einen Verrückten benannt hat, hängt über ihm wie ein Schwert. Er benimmt sich manchmal merkwürdig, unklug, nicht immer kann man verstehen, was er will. Ich fürchte, dass diese Nachricht darüber, dass du seinen Vater umgebracht hast, ihn jetzt noch verrückter machen wird... Ich habe Angst, dass mein Sohn jetzt wirklich ein Irrer wird...“

„Hamlet wirkte bis heute wie ein sehr kluger und begabter Junge. Ich kann aber leider nicht helfen, wenn er einst verrückt wird, weil er so einen Namen trägt. Ich weiß nicht, wie man die verstellten Leute heilt. Aber man kann trotzdem immer einen Weg finden. Mach dir keine Sorgen..."

„Ich möchte jetzt gehen, um zu sehen, was mit ihm los ist, wo er sich jetzt befindet, und was er tut."

Der König war nicht dagegen.

„Ja, geh und finde deinen Sohn; Frode hat Hamlet bestimmt gefunden und die beiden verweilen jetzt sicher zusammen."

Nachdem Gerud den Empfangssaal verlassen hatte, suchte sie überall nach Hamlet, dieser war aber nirgends zu sehen. Sehr beunruhigt über ihren Sohn, kam Gerud in ihr Zimmer zurück und schickte kurz drauf einen Bediensteten, um Hamlet zu finden. Dieser brachte etwas später Hamlet und Frode zusammen zur Königin. Nur das Aussehen ihres Sohnes war beängstigend. Er hatte ein schmutziges Gesicht, ebenso dreckig war seine Kleidung. Als seine Mutter ihn gefragt hatte, warum und wo er das getan hatte, antwortete er ihr nicht, lachte nur laut und begab sich zum Holzkamin: Er holte dort die Asche heraus und beschmierte damit sein Gesicht.

„Hamlet, was tust du?", schrie die Königin. „Hör damit auf! Sofort!"

Anschließend wendete sie sich an ihren jüngeren Sohn:

„Frode, sag du ihm auch, dass er das nicht mehr tut".

Frode schaute die Mutter hilflos an, und Hamlet bellte als Antwort laut wie ein böser Hund, warf sich auf den Boden und machte wieder schreckliche Geräusche. Als Gerud das sah, begann sie zu weinen.

Allerdings half das nicht: Hamlets beschmierte hingegen sein Gesicht erneut mit Asche, und die Geräusche, die er machte, wurden immer schrecklicher. Er verließ dann Mutters Zimmer und ließ sich in der langen Flur vor ihrer Tür nieder. Frode folgte seinem Halbbruder und nahm still neben ihm Platz. Hamlet begann, irgendwelche Geschichten und Ereignisse zu erzählen, die angeblich mit ihm geschehen waren. Bald hat sich um die jungen Prinzen eine Menge der Hofleute versammelt, die über jede Tat, jedes Wort Hamlets lachten. Auch die Königin kam heraus, und nachdem sie das alles eine Zeitlang still beobachtet hatte, fand sie das schließlich sehr peinlich und wollte diese törichte Handlung beenden. Sie setzte sich zu ihrem Sohn, der weiterhin auf dem Boden verweilte, streichelte seine Haare, holte ein Taschentuch hervor, wischte ihm den Schmutz aus dem Gesicht und fragte: „Wie fühlst du dich mein Sohn? Hast du auch nicht vergessen, wer du bist?"

Ohne sich zu seiner Mutter zu wenden, antwortete der junge Mann wieder närrisch: „Ich weiß, wer ich bin. Ich bin der Enkelsohn vom großen und alten Dänenkönig Rörik und selbst sein Unterkönig von Jütland Hamlet!"

Die Versammelten lachten sehr laut, als sie diese Worte des jungen Prinzen hörten. Die empörte Königin befahl ihrem Sohn: „Hamlet! Hör auf mit dieser Spielerei! Du lässt die Leute nicht nur über dich, sondern auch über deine Mutter und den König lachen! Hör damit auf! Ich befehle es dir – ich, die Königin!"

Hamlet bellte abermals laut, dann aber wurde er völlig ernst und sagte zu seiner Mutter: „Womit soll ich aufhören? Ich sage immer das, was ich denke, und nur die Wahrheit entkommt meinen Lippen."

Hamlet stand auf und ging wieder zum Kamin im Zimmer der Königin. Dort nahm er ein umherliegendes Holzstück, meisterte daraus mit einem Messer Holzpflöcke, das er in seiner Tasche mitführte, und machte diese im Feuer hart. Auf ihren Spitzen befestigte er dann die Widerhaken, die er in der anderen Tasche versteckt hatte, und brachte schließlich diese dahin, wo die neugierige Menschenmenge auf ihn wartete.

Die Königin fragte ihn: „Was machst du jetzt, mein Sohn?"

Der Prinz antwortete wieder belustigt: „Ich fertige Pfeile an, um meinen Vater zu rächen."

Die Gelächter der Versammelten erschütterte diesmal die ganze Königshalle. Die Königin wurde rot im Gesicht; sie drohte den Anwesenden mit Konsequenzen für ihr Lachen über den Prinzen und jagte alle weg. Danach bedeckte sich ihr Gesicht mit den Händen und verließ schnell ihre Söhne.

Gerud kam zum König und erzählte ihm alles, was mit Hamlet geschehen war und was dieser ihr erzählt hatte.

„Ist er jetzt wirklich verrückt – meinst du?", fragte Fenge.

Die Königin antwortete ihm unter Tränen: „Das, was du das letzte Mal erzählt hast, wie du seinen Vater umgebracht hattest, wirkt auf ihn so! Das ist die Sache, die ihn so verrückt gemacht hat... Du hättest das nicht verraten dürfen, was damals mit Haurwendil geschehen war, Fenge!"

„Ich bin der König von Jütland, ich selbst weiß es besser, was zu tun ist", antwortete ihr der Gemahl unhöflich.

„Was sollen wir mit Hamlet jetzt tun, Fenge, sag mir bitte? Mit seinen Torheiten, mit seinen närrischen Handlungen macht er die ganze königliche Familie lächerlich. Auch unser Sohn Frode war dabei und schämte sich sehr wegen Hamlets

Taten... Vielleicht schicken wir die beiden zusammen, sich für eine Zeitlang woanders zu langweilen als hier am Hof? Vielleicht würde es Hamlet wieder gut gehen, wäre er nicht mehr so verstellt, wenn er sich für ein paar Monate in einem entfernten Dorf aufhält?"

Fenge wurde nachdenklich und sagte seiner Gemahlin: „Gerud, ich verstehe deine Sorgen! Dass dein Sohn jetzt verstellt aussieht und sich unklug benimmt, ist eine Sache, die du kaum ertragen kannst. Deinen Rat finde ich trotzdem gut, man könnte zurzeit nichts Besseres für Hamlet tun. Mich beunruhigt aber eine Sache dabei: Du meinst, dass Hamlet gesagt habe, dass er mit den im Feuer angefertigten Pfeilen seinen Vater rächen wolle. Diese Aussage gefällt mir nicht, Gerud! Das bringt mich sogar zum Zweifel, ob er hinter diesem Spiel als Verrückter seine echten Ziele zu verbergen sucht. Dann nannte er sich einmal auch, sagtest du mir, König von Jütland Hamlet. Vielleicht will er mich wirklich umbringen und selbst König werden?"

Gerud wollte ihren Gemahl beruhigen: „Wovon redest du, Fenge? Hamlet weiß überhaupt nicht, was er tut. Er ist einfach erschrocken davon, was du über die Ermordung seines Vaters erzählt hast..."

„Ja, es ist schon genug", unterbrach sie der König ungeduldig. „Vergiss bitte auch das nicht, dass Hamlet auch mir nicht fremd ist, ich bin sein Onkel! Ich muss mich auch um meinen Neffen kümmern. Jetzt geh besser wieder zu deinem Sohn, sag dort deinen Dienern, dass sie ihn in ein ruhiges Zimmer bringen und auf die Reise vorbereiten sollen. Morgen früh werde ich Hamlet mit Frode zusammen zu einem Walddorf schicken."

„Ja, das wäre wirklich besser“, sagte Gerud und ging.

Fenge selbst war wirklich besorgt und entschied sich, wieder seine Berater um sich zu versammeln. Als diese da waren, schilderte er ihnen den Fall Hamlets und fragte nach deren Rat. Viele der Königsberater wussten schon davon, was Hamlet in dieser Zeit am Hof getrieben hatte. Sie überlegten, ob der junge Prinz wirklich verrückt war oder sich so benahm, um dahinter ein böses Ziel zu verstecken. Die meisten der Königsberater waren sich einig, dass Hamlet ihnen in einigen Sachen doch sehr klug und geschickt schien. Sonst konnte man sich nicht vorstellen, dass ein verrückter junger Mann solch vollkommene Pflöcke herstellen könnte. Unter diesen war noch einer, Heleg, der als alter schlauer Mann bekannt war.

Heleg empfahl dem König Folgendes: „Wenn wir Hamlet in den Wald bringen, können wir dort auch eine junge schöne Frau vorbeiführen. Die Frau muss vorher dazu gelehrt werden. Sie soll mit dem jungen Mann offen sein und ihn verführen. So wird ans Licht gebracht, ob Hamlets bisheriges Benehmen eine Vortäuschung war oder er wirklich seine Vernunft verloren hat. Denn er wird es nicht mehr schaffen können, sein Spiel fortzusetzen, wenn er dahinter eine böse Absicht hatte.“

„Warum denkst du so, Heleg? Wenn das wirklich eine Täuschung seitens Hamlet war, hat er das sehr geschickt gemacht. Warum kann er das nicht mehr fortsetzen, wenn wir ihn in den Wald bringen und er dort eine junge Frau trifft?“, fragte ein anderer Mann.

„Ja, das wollte ich wissen.“ Fenge stimmte ihm zu. „Heleg, erklär bitte, was du damit meinst.“

„Das ist ganz einfach“, antwortete Heleg. „Hamlet ist ein junger Mann, der bis jetzt noch keine Liebe gefunden hat.

Sieht er jetzt eine schöne junge Frau im Wald, die ihm gegenüber offen ist und ihn verführen will, kommt seine Lust hoch und er kann dann dieser nicht widerstehen. Nur ein Wahnsinniger könnte sich dagegen taub stellen, sonst keiner. Wenn er nicht so jemand ist und das alles nur vortäuscht, wird er sich durch seine Lust bloßstellen. Wenn sein Spiel, einen Verrückten darzustellen, entlarvt ist, wird es auch nicht mehr schwer, ihn darüber gestehen zu lassen, ob er irgendwelche Hintergedanken bezüglich des Throns hat."

„Das ist wirklich klug! Danke dir, Heleg!", rief der König aus. „Wir machen das nun wirklich so: Ich schicke Hamlet in Begleitung von Heleg, Frode und zwei Bediensteten in einen Wald. Heleg, ich kümmere mich darum, dass dir auch eine junge schöne Frau zur Verfügung gestellt wird. Du sollst diese dann mitnehmen, aber immer vorsichtig sein – Hamlet darf sie vorher nicht sehen. Es soll dann später so aussehen, dass er dieser Frau zufällig alleine im Wald begegnete."

Auch die anderen Ratgeber fanden diese Entscheidung gut, wünschten dem König Erfolg und verließen ihn.

Am nächsten Tag, in der Früh, wurde Hamlet nach dem Königsbefehl zu einem Schiff gebracht und verließ mit Frode zusammen den Hof Richtung Süden. Ihnen folgte ein weiteres Schiff mit Königsbediensteten und Heleg, der ein schönes Mädchen mit einem Mantel bedeckt hatte.

Einige Tage später landeten die Schiffe an einer Waldküste an der Ostsee. Frode führte zwei Pferde aus dem ersten Schiff heraus; eines bestieg er selbst, das zweite gab er Hamlet. Einer der königlichen Berater, der früher gute Beziehung zum Haurwendil gehabt hatte, wollte dennoch dessen Sohn retten und verriet zuvor Frode, dass hier etwas Schlechtes mit

Hamlet passieren sollte. Frode wollte nun deswegen seinen Halbbruder weit weg bringen, damit er ihm erklären konnte, was für eine Falle für ihn vorbereitet wurde. Bald hatten aber Fenges Gesandte sie erreicht und wollten hören, was er Hamlet erzählte. Es dauerte auch nicht lange, bis das schöne Mädchen barfuß an ihnen vorbeilief. Hamlet, begeistert von ihrer Schönheit und ihrem offenen Verhalten, folgte der jungen Frau. Fenges Leute dachten, dass Hamlet sich endlich selbst entlarvte, indem er sich seiner Liebeslust hingäbe. Frode wollte das verhindern und Hamlet irgendwie erklären, was für eine Gefahr ihm drohe, benahm dieser sich mit der jungen Frau nicht richtig. Er fand ein Stöckchen, machte dies am Schwanz eines Vogels fest und ließ diesen in die Richtung, wo sein Halbbruder mit dem Mädchen unterwegs war, fliegen. Als der Vogel an Hamlet und dem Mädchen vorbeiflog, sah der Sohn von Haurwendil ihn und bemerkte auch das Stöckchen an dessen Schwanz. Ihm wurde durch dieses Zeichen klar, dass er sehr vorsichtig sein sollte. Hamlet brachte das Mädchen zu einem Sumpf an einem engen, entfernten und dunklen Waldort. Hier bewunderte er in Ruhe die Schönheit der jungen Frau, zog sie aus und befriedigte seine Lust. Danach, bevor er sie zurückbrachte, lehrte er sie, still und schweigsam zu sein und nie zu verraten, was zwischen den beiden am Sumpf geschehen war.

Als sie zu Fenges Leuten zurückkamen, fragten diese Hamlet danach, was er dort im Wald mit dem Mädchen getan hatte, ob der Prinz seine Lust befriedigen konnte.

„Ja“, antwortete Hamlet, „ich habe es getan.“

„Wie aber?“, fragten ihn die Hofleute. „Du nahmst sie in den tiefen Wald zu einem Sumpf, wo konntet ihr dort euch hinlegen, um sich der Liebe zu begeben?“

„Ich hatte dabei Pferdehuf, Hahnenkamm und Dachmoos!“, antwortete der junge Prinz. „Ich lag darauf.“

Alle lachten wieder, ohne zu verstehen, dass Hamlet damit die Kräuter meinte, die er zu dieser Reise mitgenommen hatte.

Wenn sie das Mädchen darüber nachgefragt hatten, wie sich der junge Prinz in der Waldtiefe mit ihm benommen hatte, sagte sie: „Er tat mir nichts. Wir gingen zusammen bis zum Sumpf in der Waldtiefe, blieben dort stehen, während er mir einige Geschichten aus seinem Leben erzählte, dann kamen wir wieder zu euch zurück.“

Alle waren mit dieser Antwort zufrieden, nur Heleg nicht.

„Hamlet ist sehr schlau“, sagte er Fenges Leuten. „Wir müssen ihn diesmal noch härter nachprüfen. Jetzt müssen wir den König überzeugen, Hamlet ins königliche Schlafzimmer zu bringen und dort mit der Königin allein zu lassen. Vorher sollte jemand dort versteckt werden, damit er alles hören kann, was er seiner Mutter erzählt.“

Als sie abends zurückgekehrt waren, erzählte Heleg dem König von der neuen Falle für Haurwendils Sohn. Fenge unterstützte diese Schläue und befahl ihm, sich selbst im königlichen Schlafzimmer zu verstecken, bevor Hamlet dort auftauchen sollte.

Als der König Hamlet im Schlafzimmer mit dessen Mutter alleingelassen hatte, war der junge Prinz sehr froh über diese Gelegenheit, denn schon lange suchte er nach einer Möglichkeit, mit ihr reden zu können, ohne dieses Gespräch von fremden Ohren belauscht zu wissen. Die Königin sah sehr traurig aus, aber war trotzdem froh über die Rückkehr ihres Sohnes.

„Hamlet, du siehst wieder vernünftig aus, mein Sohn“, sagte sie in Tränen. „Die Wanderung sollte dir geholfen haben, nicht wahr?"

„Ich war immer vernünftig, Mutter", antwortete der Prinz, „all das, was ich vorher machte, war nur ein Spiel."

„Ich bin sehr glücklich darüber, mein Sohn, dass du wirklich vernünftig geblieben bist. Sonst kannst du dir nicht vorstellen, was für einen Kummer ich über deine Laune hatte. Odin hatte Mitleid mit mir und gab dich mir wieder zurück..."

„Zurück? Nein, Mutter... Odin gab mich dir noch nicht zurück! Da er weiß, dass du eine sündige Frau bist. Er weiß, dass du an der Ermordung deines Mannes beteiligt warst. Odin kam hinter den Tod meines Vaters, nachdem er von Fenge durch deine Unterstützung seiner Verschwörung ermordet wurde, um ihn, den großen Helden, den mutigen und unbesiegbaren Recken nach Walhall zu holen..."

Die Königin weinte wieder. „Hamlet, bitte, hör auf, mein Sohn... Du brichst mir das Herz..."

„Und du und Fenge habt aber mir auch das Herzen gebrochen! Sogar noch Schlimmeres mir getan, indem ihr meinen Vater getötet hattet, mir das Recht zum Thron entzogen hattet..."

„Ich habe deinen Vater nicht getötet, mein Sohn, glaub mir", sagte die Königin wieder in Tränen, „ich habe dir dein Recht zum Thron nicht entzogen..."

Hamlet lächelte traurig und bitter.

„Du möchtest sagen, Mutter, dass das alles alleine der Onkel zuwege gebracht hatte? Nein! Ohne deine Zustimmung hätte er das nicht tun können. Wenn er nicht sicher gewesen wäre, dass du ihn unterstützen würdest, hätte er meinen Vater, deinen Gemahl, nicht umbringen können. Ich war damals sehr klein, aber ich kann es mir vorstellen, wie mein Vater sich im Todeskampf gequält hatte. Du hast danach diesen Mörder geheiratet, hast seine Hände dich streicheln lassen, seine Lippen dich küssen! Schäm dich, Mutter!"

„Hamlet, sei nicht so grausam zu mir, bitte! Ich bin doch deine Mutter!" Die Königin weinte wieder.

„Ich muss sagen, wie es ist. Ich kann nicht lügen."

„Was willst du jetzt, Hamlet? Willst du wirklich deinen Vater rächen? Hast du die ganze Zeit einen Verrückten gespielt, um deine echten Absichten über die Machteroberung zu verstecken?", fragte ihn Gerud.

„Ja, Mutter, das ist wahr. Nachdem Fenge den Mord an Haurwendil gestanden hatte, hing eine große Gefahr über mir. Er würde mich nicht am Leben lassen – das wurde mir schon damals klar. Einerseits wollte ich mich vor dieser Gefahr schützen, andererseits Zeit gewinnen, um die Rache am Onkel vorbereiten zu können."

Die Königin schrie: „Hamlet! Welch schreckliche Dinge beschäftigen dich, mein Sohn... Fenge lässt dich wirklich nicht am Leben, wenn er davon erfährt!"

„Besser, wenn du irgendwo hingehst, den Hof verlässt", sagte die Königin zu ihrem Sohn, „sonst würde Fenge dich umbringen lassen."

„Nein, Mutter", antwortete Hamlet ihr stolz, „ich gehe nirgendwo mehr hin. Es ist die Stunde der Rache gekommen."

„Hamlet", flehte die Königin, „tue das bitte nicht. Schütze dich, mein Sohn! Denke auch an deine Mutter."

Hamlet lächelte wieder bitter.

„Hast du aber an mich gedacht, Mutter, als du die Verschwörung gegen meinen Vater mit Fenge zusammen ins Leben gerufen hattest? Hast du darüber nachgedacht, was mit deinem Sohn wird, wenn sein Vater durch Macht- und Liebesgierige umgebracht wird?"

„Sei nicht so grausam zu deiner Mutter!" Die Königin weinte wieder. „Erbarme dich meiner!"

„Erbarmen? Nein, Mutter, erwarte bitte nicht das von mir!"

Hamlet merkte plötzlich, wie sich etwas unter dem Bett bewegte.

„Siehst du, auch hier möchte Fenge wissen, worüber wir reden! Hier hat sich jemand versteckt, um uns zu belauschen!", sagte er zur Mutter.

Hamlet nahm danach Fenges Schwert, das an der Wand hing, ging zum Bett und durchstach damit mehrmals das Bett. Stöhnen und ein Todesschrei waren daraufhin zu hören. Hamlet durchsuchte das Unterteil des Bettes und entdeckte dort Heleg, der schon tot war.

„Jetzt wirst du wissen, was es heißt, die Gespräche anderer zu belauschen!", sagte er zu Heleg, während er das blutige Schwert Fenges an dessen Kleidern abwischte, um es anschließend wieder dort hinzuhängen, wo es vorher gewesen war.

„Was hast du getan, Hamlet?" Die Königin war durch dessen Tat erschrocken.

„Hätte ich das nicht getan, würde Fenge bald alles erfahren, worüber wir gerade gesprochen hatten", folgte die Antwort.

Hamlet verließ kurz darauf die Mutter und ging durch die Flure des Hofes, bellte, schrie wieder laut und erzählte erneut wahnsinnige Sachen. Es dauerte nicht lange, bis sich die Hofleute wieder um den Prinzen versammelt hatten und ständig über alles lachten, was dieser erzählte.

Als Fenge vom Tod Helegs erfahren hatte, wuchsen seine

Zweifel an der Zuverlässigkeit seines Stiefsohns und Neffens weiter. Er entschied sich, ihn jetzt zu seinem Freund, dem König von Britannia zu schicken. Einen in Runen verfassten Brief gab der König von Jütland zweien seiner Leute, die den Prinzen nach Britannia begleiten mussten. Unterwegs hat Hamlet ein paar Mal deren Gesprächen belauscht und verstanden, dass sein Onkel etwas Schlechtes gegen ihn beabsichtigte. In einer Nacht stand Hamlet auf, durchsuchte die Taschen seiner Begleiter und fand den Brief. Fenge äußerte hier seine Bitte an den britannischen König, Hamlet beim Ankommen zu töten.

Ach, du alter Fuchs, dachte der Prinz an seinen Onkel, *jetzt wirst du sehen, was ich daraus mache.*

Er stellte die Runen so um, dass der Brief völlig anders gedeutet werden konnte. Jetzt stand hier die Bitte des jütländischen Königs an den britannischen König: „Bitte empfange meinen Stiefsohn gut und mach ihn zu deinem Schwiegersohn." Unten stand das Siegel von Fenge.

Der britannische König war sehr froh über das Kommen des Stiefsohnes seines Freundes, nachdem er den Brief gelesen hatte. Im Gespräch mit Hamlet war er auch beeindruckt, wie klug und scharfsinnig der junge Prinz war.

„Hamlet", sagte er schließlich zu ihm, „es freut mich sehr, so einen Schwiegersohn zu bekommen, wie dich. Meine Enkelkinder werden bestimmt auch so tugendhaft und würdig sein wie ihr Vater."

Hamlet hatte mit seinem Schwiegervater verabredet, dass er seine Braut etwas später nach Jütland mitnehme. Als Hamlet alleine zurückkam, war Fenge entsetzt, als er über Hamlets Vorkommnisse in Britannia erfahren hatte. Der König war jetzt überzeugt: Sein Neffe war kein Verrückter, sondern ein sehr kluger und schlauer junger Mann, der etwas Schlimmes gegen ihn vor hatte. Fenge entschied sich, nun seinen Neffen töten zu lassen.

Hamlet wusste nun eins: Er musste sofort handeln. Dann bekam er entweder alles oder verlor sein Leben. Er trat nachts ins königliche Schlafzimmer ein, nahm Fenges Schwert von der Wand, nagelte vorsichtig an dessen Stelle sein eigenes Schwert und weckte seinen Stiefvater auf.

„Fenge, steh auf!", schrie er seinen Onkel an. „Es ist die Stunde der Rache gekommen!"

„Ach, du schlauer Fuchs", schrie Fenge und warf sich zur Wand, um sein Schwert zu holen. Da aber dieses angenagelt wurde, konnte er es nicht mehr abnehmen.

„Ja, Onkel", sagte Hamlet wütend zu ihm, „du wirst jetzt sehen, was es heißt, einen Waffenlosen zu töten!"

„Hamlet, du bist doch ein kluger, ehrenvoller junger Mann!", flehte der Onkel jetzt. „Lass mich ein Schwert holen. Danach kannst du mich töten, aber mit dem Schwert in der Hand, damit ich nach Walhall kommen kann. Ich möchte nicht sterben wie ein Sklave, sondern wie ein Held, mein Sohn..."

„Hast du vielleicht Haurwandil zu einer Schlacht herausgefordert? Hast du ihn vielleicht mit dem Schwert in der Hand sterben lassen? Nein, Fenge, das hast du nicht getan, daher stirbst du auch ohne Schwert in der Hand und kommst nicht nach Walhall."

Hamlet erschlug den Onkel und legte danach Feuer in der Königshalle.

„Mein Sohn, Hamlet, willst du auch mich umbringen?", fragte ihn die Königin weinend und schreiend, hustend vom Rauch.

„Du hast diese Bestrafung durch deine Sünde verdient, Mutter", waren die letzten Worte, die er zu seiner Mutter sagte.

Danach ließ Hamlet sie neben Fenge am Boden liegen und lief hinaus.

Nachdem er die ganze Königshalle abgebrannt hatte, entschied Hamlet, sich in einem alten und leeren Häuschen zu verstecken. Er wollte zunächst feststellen, welche Stimmung das Volk nun haben und was es zum Sturz Fenges sagen würde.

Drei Tage lang redete man in Jütland über das jüngste Geschehen, am vierten Tag kam Hamlet aus seinem Versteck heraus.

„Oh Leute von Jütland!", rief er auf. „Hunderte von Jahren herrschen wir über die gewaltigen Wässer, unsere Schiffe sind heute überall auf der Welt gelandet. In vielen Ländern der Welt regieren heute die Nachkommen unserer Ahnen! Unsere Schiffe waren immer die schnellsten, unsere Schwerter die schärfsten, unsere Helden die stärksten und mutigsten! Der Ruhm der Seefahrer verbreitete sich überall und wurde zu einem Zeichen des Heldentums! Hinter all diesen Erfolgen, die wir erreicht hatten, stand immer der Wille des einfachen Kriegers – frei zu sein, mutig zu sein, dem König, den Göttern treu zu dienen und auf dem Schlachtfeld, mit dem Schwert in der Hand zu sterben! Vielen anderen Menschen in anderen Ländern haben wir diese Werte beigebracht. Diesen gelehrt, wie man stark, mutig, frei und glücklich sein kann. Solange mein Vater, König Haurwendil, euer König war, lebtet ihr frei, würdig und glücklich. Einst hatte sein jüngerer Bruder Fenge Neid gegen ihn, er begehrte auch seine Frau, danach den Thron. So fiel eines Tages euer König Haurwendil, mein Vater, durch die blutige Hand seines eigenen Bruders. Wie es weiterging, wisst ihr längst alle: Fenge heiratete Gerud, die Witwe seines Bruders, und wurde zum König. Danach raubte er eure Freiheit – das ist das Schlimmste! Ein Volk, für das die Freiheit immer der höchste Wert war und über alles in dieser Welt stand, hatte diese nicht mehr, als Fenge sich zum König erhob. Ihr wisst, dass nur die Feigen und Unwürdigen die anderen ohne Grund verfolgen, sie unterdrücken, weil sie Angst vor ihnen haben, auch Angst vor der Freiheit der anderen. Daher halten solche wie Fenge an der Macht fest. Jetzt gibt es diesen Mann nicht mehr, ich habe euch von ihm, von seiner grausamen Macht befreit. In den Flammen der Königshalle, die von mir in Schutt und Asche gewandelt wurde, kam auch meine Mutter, Königin Gerud, die einst die Gemahlin von Haurwendil war, ums Leben. Ich trauere um meine Mutter, ihr seid bestimmt auch traurig wegen ihrem Tod. Aber das war der Wille der Götter: Eine untreue Frau kann nicht lange Ruhm und Ehre genießen, einst sollte ihr Ende kommen. Oh Volk von Jütland! Ich habe euch alles so erzählt, wie es war. Ihr sollt jetzt entscheiden: Wollt ihr mich wegen der Rache meines Vaters und dem Tod meiner Mutter verurteilen und bestrafen, oder wollt ihr, dass ich, der Sohn eures Lieblingskönigs Haurwendil, der Enkelsohn des Königs Rörik, zu eurem neuen König werde? Entscheidet ihr!"

Nachdem die Einwohner von Jütland das alles von Hamlet gehört hatten, unterhielten sie sich lange. Manche waren dafür, Hamlet für seine Taten zu bestrafen, die anderen wollten ihn dagegen mit dem Thron dafür belohnen. Zum Schluss entschied man, Hamlet zum neuen Unterkönig von Dänemark und damit zum König von Jütland zu erklären.

Hamlet fuhr danach nach Britannia, um seine Frau zu holen. Als aber der britannische König, der ein guter Freund von Fenge war, davon erfahren hatte, dass Hamlet seinen Onkel getötet hatte, um seinen Vater zu rächen, war er sehr enttäuscht von seinem Schwiegersohn. Er wollte sogar seinen getöteten Freund rächen, denn einst hatten beide sich gegenseitig verpflichtet, füreinander zu rächen. Der britannische König ersann nun eine Falle für den neuen König von Jütland.

„Mein Sohn", sagte er zum jungen König, „in Schottland lebt die junge, schöne und heldenhafte Prinzessin Hermutrud. Fahr dahin, gib ihr den Brief von mir, wirb sie zur Braut für mich und bring sie hierher."

Hamlet brachte den Runenbrief seines Schwiegervaters nach Schottland und gab diesen der Prinzessin Hermutrud.

Die schottische Prinzessin begrüßte ihn und fragte: „Wer bist du, junger Mann?"

„Ich bin König von Jütland und Unterkönig von Dänemark. Der König von Dänemark, der alte Rörik, ist mein Großvater mütterlicherseits, mein eigener Vater hieß Haurwendil, er war auch bekannt in der Umgebung für seine Tapferkeit und Heldentaten."

„Gut, der alte Rörik ist auch bei uns berühmt, der Name deines Vaters sagt mir auch was", antwortete die Schottin. „Dich hat aber der britannische König zu mir geschickt. Mit welchem Ziel?"

„Er ist mein Schwiegervater", antwortete Hamlet. „Er ist aber allein, seitdem seine Gemahlin verstorben war. Er bat mich deswegen darum, dich für ihn zur Braut zu werben und dir diesen Brief zu reichen."

„Mich für ihn zu werben?" Hermutrud lachte. „Er ist aber ein alter Mann, der König von Britannia."

„Ich musste dir seine Bitte übergeben“, sagte Hamlet.

„Gut, ich überlege, lese auch den Brief und gebe dir in den nächsten Tagen meine Antwort.“

Nachdem Hamlet weggegangen war, machte sie den Runenbrief auf und las diesen. Der britannische König bat wirklich um ihr Herz. Er hatte dabei aber eine zweite Bitte: Sie sollte Hamlet töten. Sie war dadurch empört. Der junge König hinterließ bei ihr sehr gute Eindrücke, sie war schon fast in diesen jungen Mann verliebt. Jetzt entschied sie sich, den Brief zu verändern: Sie stellte die Runen so um, dass diese nun eine andere Bedeutung hatten. Als ob der britannische König sie darum gebeten hätte, eine große Ehre Hamlet gegenüber zu zeigen und ihn zu heiraten.

Nach zwei Tagen bat Hermutrud Hamlet wieder zu sich.

„Ich habe den Brief gelesen. Hier steht, dass du, nicht der König von Britannia, mich heiraten sollst.“

Als sie den Brief ihm vorzeigte, verstand der junge König ihre Schläue: Sie tat dasselbe wie Hamlet damals unterwegs nach Britannia.

„Hör mir zu, Hamlet“, sagte Hermutrud danach, „ich weiß, dass du deinen Onkel, den König Fenge, umgebracht hast, um deinen Vater zu rächen. Das ist eine Heldentat, die dich überall berühmt gemacht hat, und den Thron des Unterkönigs von Dänemark und Königs von Jütland hast du voll verdient. Mich wundert nur, dass du die Tochter des britannischen Königs geheiratet hast. Du wusstest aber, dass ihr Vater und ihre Mutter von Sklaven abstammen. Und ist das dir würdig, demjenigen, der einen Großvater wie den mächtigen Rörik hat, dessen Ahnen als große Seekönige in der ganzen Welt bekannt sind? Ich bin aber anders, Hamlet! Ich besitze königliche Schätze und Ahnenwürde, und bin selbst Prinzessin von Schottland! Wenn du mich heiratest, erhältst du das Königreich von Schottland als Vermögen!"

„Ich bin aber, wie du gesagt hattest, schon verheiratet, meine Königin!", antwortete Hamlet. „Und habe schon einen kleinen Sohn! Wie kann ich dann zum zweiten Mal heiraten?"

„Das wäre für uns keine Schwierigkeit", erläuterte die stolze Hermutrud. „Du kannst mich trotzdem hier heiraten und dann mit mir über Britannia nach Jütland ziehen. Keine würdige Frau würde dann bei dir bleiben wollen, wenn sie erfahren hätte, dass ihr Mann nun eine andere geheiratet hat."

„Die britannische Prinzessin soll dann auf die Ehe mit mir verzichten? Was wird dann mit unserem Sohn?", fragte Hamlet unruhig.

„Wegen deinem Sohn solltest du dir keine Sorgen machen. Es wäre besser, wenn wir ihn nach Jütland mitnehmen und dort selbst erziehen", erwiderte die schöne Schottin.

Hamlet küsste sie auf die Lippen und äußerte sein Einverständnis, sie zu heiraten.

Am schottischen Hof wurde ihre Hochzeit sehr prachtvoll gefeiert, von überall kamen die Königspaare, Prinzessinnen und Prinzen, Fürsten und Fürstinnen, um an der Feier teilzunehmen.

Als der britannische König davon erfahren hatte, dass Hamlet die schöne Hermutrud geheiratet hat, war er sehr beleidigt; zunächst, weil er sie für seine Braut hielt, dann sah er darin eine Erniedrigung seiner Tochter als Frau von Hamlet und für sich als deren Schwiegervater.

Warte, Hamlet! Wenn du wieder hier erscheinst, erschlage ich dich für diesen Verrat und räche dadurch auch meinen Freund Fenge!, dachte nun der britannische König und wartete, bis Röriks Enkel für seine Frau und seinen Sohn nach Britannia zurückkehrte.

Hamlet erwartete, dass er mit seiner zweiten Heirat den britannischen König erzürnt hatte. Daher wollte er besonders vorsichtig sein und bat Hermutrud, zweihundert schottische Krieger mitzunehmen.

Als sie nach Britannia kamen, wurden sie von einer großen Armee überfallen. Die völlige Vernichtung stand ihnen bevor, bis Hamlet wieder eine Schläue einfiel: Er setzte seine gefallenen Krieger auf die Pferde, fesselte sie auf den Sitz, band in ihren Händen das Schwert fest und schickte sie erneut gegen den Gegner. Bald führte das zum Aufschrecken in den Reihen der Britannier, nachdem sie gemerkt hatten, dass die Schotten nicht aus ihren Pferden fallen, wenn sie erneut erschlagen werden. Diese Angst vor Hamlets Totenkämpfern zwang den britannischen König aufzugeben und wieder den Frieden mit seinem Schwiegersohn zu suchen.

Nachdem diese beiden wieder versöhnt waren, traf die Königstochter, die ihren kleinen Sohn in der Hand trug, Hamlet.

„Ich bin nicht böse auf dich, Hamlet“, sagte sie zu ihm, „obwohl du einen Ehebruch gegen mich geübt hast. Ich möchte dir unseren Sohn übergeben und hoffe, dass du dich um ihn gut kümmern wirst.“

Hamlet übernahm seinen Sohn von ihr und fragte sie: „Was willst du jetzt tun? Bleibst du bei deinem Vater?“

„Ich weiß selbst gut genug, was ich tun soll“, antwortete sie und ging wieder weg.

Am nächsten Tag zog Hamlet mit seiner neuen Gemahlin, seinem Sohn und dem Rest der schottischen Krieger nach Jütland. Haurwendils Sohn wurde traurig, als er unterwegs erfuhr, dass sich die Mutter seines Sohnes das Leben genommen hatte.

Zurück in Jütland machte sich Hamlet auf den Weg nach Lejre, um seinen Großvater Rörik zu treffen. Der mächtige Nachkomme der dänischen Seekönige war nun sehr alt. Er kritisierte zunächst seinen Enkelsohn wegen der Rache am Onkel, wobei auch seine Tochter Gerud ums Leben gekommen war. Es war für ihn schwer zu verstehen, warum Hamlet zum zweiten Mal geheiratet hatte. Schließlich aber vergab der alte König von Dänemark seinem Enkelsohn und lobte ihn sogar für seine Klugheit und seinen Mut. Danach äußerte er noch seine Sorge um die Zukunft des Throns von Dänemark.

„Hamlet, es bleibt mir nicht mehr lange zu leben! Ich möchte, dass du nach mir zum König von Dänemark wirst. Was sagst du dazu?"

„Was soll ich sagen, Großvater? Wenn du das so siehst, bin ich einverstanden", antwortete ihm Haurwendils Sohn.

Der Alte umarmte ihn und sagte: „Du wirst ein würdiger König von Dänemark!"

Es gingen noch fünf Jahre vorbei, Hamlet zog seinen Sohn groß, lebte glücklich in der Ehe mit Hermutrud. Plötzlich hörte er, dass sein Großvater verstorben sei. Diese Nachricht war traurig für Hamlet, er war aber auch verantwortungsvoll gegenüber dem dänischen Thron, auf dem er nachfolgen sollte. Er befahl, sein Schiff für die Reise nach Lejre vorzubereiten, um an der Trauerfeier seines Großvaters teilzunehmen und den Thron zu übernehmen. Gerade vor der Reise passierte ein Unglück mit dem Sohn Hamlets. Er fiel beim Reiten vom Pferd und verletzte sich dadurch schwer. Da er sich um seinen Sohn kümmern musste, konnte Hamlet nicht zur Trauerfeier seines Großvaters fahren. Lange wurde sein Sohn behandelt, und alle hofften, dass er wieder gesund würde, doch nach zwei Monaten verstarb der Junge. Das machte Hamlet sehr traurig, wodurch er sich für mehrere Wochen zurückzog. Am dänischen Hof wartete man lange auf Hamlet, um ihn zum Nachfolger seines Großvaters zu erklären. Sein Nichterscheinen deutete man so, als dass er kein König von Dänemark werden wollte. Dazu wurde nun ein junger Mann namens Viglet empfohlen, der ein Enkelsohn von Röriks Schwester war. Hamlet gratulierte ihm und schickte dem neuen König Dänemarks teure Geschenke. Viglet zeigte sich Hamlet gegenüber zunächst freundlich, aber nachdem er von dessen Ruhm und großen Namen gehört hatte, wurde er eifersüchtig. Die Gerüchte darüber, dass gerade Hamlet Rörik auf dem Thron nachfolgen sollte, machten Viglets Eifersucht noch stärker. Ihm schien es, dass der Unterkönig von Jütland sich sogar dem dänischen König gleichstelle und ähnliche Rechte und Macht genießen wolle, ohne Rücksicht auf den König von Dänemark zu nehmen. So entschied sich Viglet, Krieg gegen Hamlet zu führen und schickte seine Gesandten mit einer Kriegserklärung zu ihm.

Hamlet wusste, dass es für ihn nicht möglich war, dem König von Dänemark Widerstand zu leisten. Viglets Armee war größer und stärker als die jütländische, außerdem holte Viglet noch Verstärkung aus anderen Ländern dazu. Sollte er jetzt seine Schwäche vor den eigenen Kriegern gestehen und vor dem

König Viglet knien? Seine Krieger würden das nicht verstehen, könnten ihn vielleicht sogar verlassen. Es blieb nur, diesen ungleichen Kampf anzunehmen und im Schlachtfeld zu sterben. Hamlet beunruhigte nun auch, was mit Hermutrud geschähe, wenn er nicht mehr am Leben würde. Er ging zu seiner Frau und sagte zu ihr: „Hermutrud, diese Jahre, die ich mit dir verbracht hatte, waren die schönsten in meinem Leben! Du hast mir viele gefühlvolle Zeiten geschenkt und mich dadurch glücklich gemacht! Du standest immer hinter mir, in allen Schwierigkeiten, die ich im Leben oder Schlachtfeld hatte. Ich bin dir sehr dankbar dafür! Jetzt ist aber eine andere Zeit gekommen: Trotz all meiner Bemühungen lehnte Viglet, der König von Dänemark, meine Freundschaft ab und erklärte uns den Krieg. Ich muss diese Herausforderung annehmen, anders geht es nicht. Aber ich muss dir gestehen, dass uns die Niederlage erwartet und es nicht sicher ist, ob ich selbst überlebe. Ich mache mir große Sorgen um dich. Was passiert mit dir, wenn ich nicht mehr lebe? Ich möchte dir eine Lösung vorschlagen: Seit langem habe ich einen Freund, der im Frankenland lebt. Bevor ich in den Krieg gegen Viglet ziehe, lasse ich dich mit ihm vermählen, damit du in Sicherheit weiterleben kannst."

Hermutrud umarmte ihren Mann.

„Wie kannst du mir solche Dinge erzählen? Schämst du dich nicht? Ich habe mein Glück mit dir erlebt, du bist der einzige Mann, den ich liebe! Ich war mit dir im Leben zusammen, möchte auch im Tod mit dir zusammen sein."

Hamlet küsste seine Gemahlin und bedankte sich bei ihr für ihre Treue.

„Wer weiß, vielleicht schenken uns die Götter auch diesmal den Sieg!"

Als es zum Krieg kam, kämpfte Hamlet ganz vorne gegen Viglets Krieger. Und er kämpfte mit allen Kräften, so zornig, so hart, so rücksichtlos, dass sich seine Leute, beeinflusst davon, auch mutig auf den Feind warfen, der ihnen vielmals überlegen war. Eine Zeitlang sah es so aus, als ob die Jütländer doch die Schlacht gewönnen, aber bald änderte sich die Lage. Von Hamlets Anhängern waren viel weniger auf dem Schlachtfeld geblieben als Viglets. Dennoch kämpften sie weiter und fielen bis zum letzten Mann, unter ihnen auch Hamlet selbst.

Hamlets Frau hielt sich zu dieser Zeit in einem Zelt auf, das nicht weit vom Schlachtfeld gebaut war. Als sie die Nachricht darüber erhielt, dass Hamlet und alle anderen jütländischen Krieger in der Schlacht gefallen waren, wurde sie sehr traurig. Es dauerte nicht lange, bis ein Mann seitens Viglets vor ihrem Zelt erschien und sagte: „Du, die Frau von Hamlet! Der große König von Dänemark Viglet schickte mich nach dir. Du sollst schon Bescheid wissen, dass dein Mann wie auch alle Krieger Jütlands heute gefallen sind. Du hast jetzt die Wahl: Du kannst dich selbst töten und dadurch das Recht bekommen, mit deinem Mann zusammen begraben zu werden. Oder ich werde dich zur Gefangenen des Königs Viglet erklären. Er wird sich dir gnädig zeigen, du sollst aber sein Bett mit ihm teilen. Sag mir, was du wählst!"

Hermutrud überlegte nicht lange und antwortete dem Krieger Viglets: „Ich bin einverstanden, zur Gefangenen des großen Königs Viglet erklärt zu werden. Ich bin bereit, mit ihm auch sein Bett zu teilen."

Hamlet wurde nach seinem Tode am Ostseeufer begraben. Die Wellen wuschen sein Grab und brachten den Bescheid über diesen klugen und mutigen Mann in die ganze Welt. So wurde Hamlet überall berühmt.

DER LUSTIGE JUNGE MANN TIL EULENSPIEGEL

Nach Motiven der deutschen und niederländischen Narrengeschichten

Einst wurde im Dorf Morgenstrahl (manche behaupten, dass dieses Dorf Kneitlingen hieß) ein Junge geboren und man nannte ihn Til. Tils Vater, ein Viehhändler, zog durch die Dörfer, kaufte den Bauern für möglichst wenig Geld das Vieh ab, pflegte es eine Zeit lang und verkaufte es danach auf dem Marktplatz im nächsten Ort – im Städtchen Steinmühle – weiter.

Als Til noch klein war, hörte er von seinem Vater viele lustige Geschichten: Jedes Mal brachte Jörg Eulenspiegel eine Geschichte mit, wenn er mit dem gekauften Vieh aus einem Dorf heimkehrte. Der Vater machte sich lustig über die Leute, die seiner Meinung nach sehr raffsüchtig, öfter noch gierig, aber trotzdem auch zu dumm waren, um ihm das Vieh teurer verkaufen zu wollen, als es eigentlich wert war. Tils Vater erzählte seine jüngsten Erlebnisse immer laut, nachdem er ein paar Gläser Apfelwein getrunken hatte, sodass auch die Nachbarn kamen, um seiner neuen Geschichte zu lauschen.

Jörg Eulenspiegel erzählte meistens davon, wie er es den gierigen und unehrlichen Leuten immer beweisen konnte, dass ihr Vieh viel weniger wert sei als der Preis, zu dem sie es verkaufen wollten.

„Im Dorf Holzbeine sah ich auf dem Viehmarkt eine Kuh, die unglaublich dick aussah“, erzählte Jörg einst. „Als ich diese zu wiegen bat, wog die Kuh fast zehn Zentner. Aha, dachte ich, dieser Kerl hat sie gezwungen, viel Wasser zu trinken. Die unehrlichen Bauern tun es so: Ein Tag vor dem Viehmarkt geben sie der armen Kuh nichts mehr zu kauen und stellen einen Salzstein vor sie; sie leckt den ganzen Tag nur den Salzstein, wird dadurch immer durstiger und trinkt sehr viel Wasser. Wenn der Bauer die arme Kuh am nächsten Morgen zum Viehmarkt führt, wiegt sie durch das getrunkene Wasser viel mehr als sonst. Für so einen Fall nehme ich immer ein Thymian-Bündel mit und gebe das dem Vieh. Und diesmal, als die arme Kuh Thymian aus meiner Hand gefressen hatte, begann sie zu kotzen und so kam das ganze Wasser aus ihr heraus. Danach wog sie nur sechs Zentner; der Bauer zwang das arme Vieh vier Zentner Wasser zu trinken, zwei volle Fässer! Und der Bauer bekam von mir vier Gulden statt der geforderten sechs.“

Die Nachbarn lachten laut über solche Geschichten und baten Tils Vater immer darum, wieder eine lustige Geschichte davon zu erzählen, was er in anderen Dörfern erlebt hatte. Und der Vater erzählte wieder eine lustige Geschichte, bis den Zuhörern vom Lachen die Tränen kamen, bis sie vom Gelächter von den Sitzbänken herunterfielen.

Til mochte diese lustigen Geschichten Vaters am meisten und wartete ungeduldig, wie auch alle Dorfbewohner, bis Jörg Eulenspiegel aus dem nächsten Dorf zurückkehrte und allen seine jüngsten Erlebnisse erzählte. Einmal sagte Jörg Eulenspiegel seinem Sohn: „Til, du musst eins wissen: Es gibt immer gierige, bösartige Menschen, die die anderen betrügen und ihnen alles wegnehmen wollen. Wenn so jemand nur ein Bauer oder ein Müller ist, kann man das noch ertragen. So jemand kann aber einmal auch Priester werden, sogar Bürgermeister oder Richter. Dann wird es dort, wo diese Macht haben, den Menschen schlecht gehen."

Til träumte davon, es selbst einmal zu lernen, lustige Geschichten zu erzählen und die Betrüger und Gierigen dadurch ans Licht zu bringen. Er sah auch, dass die Menschen ihren Kummer vergaßen, wenn sie eine lustige Geschichte hörten. Um diese den Leuten nacherzählen zu können, müsste man nicht unbedingt für den Viehhandel in die Dörfer gehen.

Man könnte es auch anders anstellen. So kam dem jungen Til der Gedanke, ein Kasper zu werden, sich wie ein Narr zu kleiden, in den Straßen und auf dem Marktplatz herumzuspringen und den Menschen lustige Sachen zu erzählen. So könnte er die Leute glücklicher machen und sie vor bösen Menschen schützen.

Mit fünfzehn zog er das erste Mal das Kasper-Kleid an, ging zum Marktplatz und begann lustige Geschichten zu erzählen, die er von seinem Vater gehört hatte. Aber nachdem er die Geschichte des Vaters von der mit Wasser schwer gemachten Kuh erzählt hatte, kamen zwei Männer zu Til und fragten ihn: „Wo hast du diese Geschichte gehört?"

„Das erzählte mir mein Vater", antwortete Til.

„Ach, dieser Aufschneider ist dein Vater? Das war doch völlig umgekehrt – dein Vater hat uns mit der Kuh betrogen. Und ihr macht euch nun über uns lustig?", fragten die Männer, die aus dem Dorf Holzbeine stammen sollten, und fingen an, ihn mit Stöcken zu schlagen, die sie bei sich führten.

Wenn sich die auf dem Marktplatz versammelten Menschen nicht eingemischt hätten, wäre vielleicht das Schlimmste mit Til geschehen.

Jetzt wusste Til: Man kann sich auf die Glaubwürdigkeit keiner Geschichte verlassen, selbst, wenn sie der eigene Vater erzählt hatte. So entschied sich Til, nicht mehr die fremden Geschichten zu erzählen, sondern es selbst zu erleben und dann nachzuerzählen. So zog er von Stadt zu Stadt, wurde überall zum Gesellen von verschiedenen Handwerkern. Aber noch lieber trat er überall auf, tanzte und erzählte die selbst erlebten lustigen Geschichten, bis den Menschen vor Gelächter die Tränen kamen und sie sich den Bauch hielten.

Einmal kam Til nach Köln, wo man schon von ihm gehört hatte, und ging jeden Abend zum Marktplatz, den Menschen was zu erzählen. Was er aber von Spenden für seine Auftritte sammelte, reichte wie immer knapp für ein Bett in einer Herberge aus, in einem Zimmer mit fünf anderen Männern. Manchmal hatte er nicht mal einen Pfennig für etwas zu essen. Im Zimmer war es im Winter noch kalt; um es richtig zu wärmen, verlangte der Besitzer höhere Miete, das aber konnten Til und die anderen Mitbewohner nicht leisten.

Die Straße, wo sich die Herberge befand, war aufgeteilt. Auf einer Seite standen die Häuser von reichen Stadtbewohnern – das waren Handwerker und Kaufleute –, gut ausgestattete Kneipen und noch ein großes, teures Wirtshaus. Auf der anderen Seite standen wie diese Herberge die kleinen, kargen Häuschen der armen Stadtbewohner – in diesen lebten die

Knechte, Wagenfahrer, Gesellen und andere arme Leute – und kleine schmutzige Kneipen.

Eines Abends, als Til nach seinem Auftritt vom Marktplatz zurückgekommen war, war er wieder sehr hungrig. Nachdem er aus dem für ihn gespendeten Geld zehn Pfennig für eine weitere Übernachtung bezahlt hatte, blieben ihm nur noch zwei Pfennige. Er wollte wieder in eine Kneipe neben der Herberge gehen; dort könnte man für einen halben Pfennig gutes Essen und Trinken kriegen.

Das gute und teure Wirtshaus stand gegenüber der Herberge, Til hörte sogar manchmal aus seinem Zimmer, wie dort gebraten und gekocht wurde und roch die gebratene Gans und gegrillten Schweinshaxen.

Der Wirt war ein böser, dicker Mann, der entweder, mit den schlimmsten Wörtern schimpfend, seinen Knecht – einen dünnen jungen Mann – hin und her jagte oder selbst mit den Gästen zusammensaß. Das Wirtshaus war gut besucht; dort gastierten immer die reichen Stadtbewohner, die daneben wohnten; manchmal sah man dort noch die gut angekleideten Damen und Herren, die aus den Pferdewagen ausstiegen und herein gingen.

Til stand in der Straße und machte schon ein paar Schritte Richtung Kneipe, wo er immer hinging, da gingen an ihm einige Männer von der Gegenseite vorbei. Einer von ihnen sagte zu den anderen: „Männer! Der Dicke sagte, dass uns heute wieder Elsa mit den runden Hüften bedienen werde."

„Oh wie schön!", sagte einer der Männer.

„Sie war lange nicht da!", erläuterte der andere.

„Sie ist wieder zum Dicken zurückgekommen? Das ist doch schön!", freute sich der dritte Mann.

Dann gingen sie alle schneller zum Wirtshaus.

Jetzt wollte Til auch unbedingt ins Wirtshaus, um diese Elsa zu sehen. So kam er dort herein und fragte zunächst nach den Preisen, als er den Knecht traf.

„Was kostet ein Teller Suppe bei euch?", fragte Til.

„Wir haben heute Gemüsesuppe gekocht", antwortete ihm der Wirtsknecht. „Ein Teller Gemüsesuppe ohne Fleisch kostet ein Pfennig, mit Fleisch zwei Pfennig."

Diese Preise schienen Til sehr hoch zu sein. Er wollte schon zurückgehen, als er der Kellnerin Elsa begegnete. Sie trug mit ihren großen runden Hüften das bestellte Essen und Trinken zu den Kunden.

Hier sah ihn der Wirt selbst und fragte: „Was suchst du hier?"

„Ich will etwas bestellen", antwortete Til.

„Hier in meinem Wirtshaus? Das ist doch kein Ort für dich!", sagte der Wirt bös.

Den reichen Kunden gefiel es ebenso wenig, jemanden aus dem armen Stadtviertel unter sich zu sehen.

„Das ist ein Kasper aus Braunschweig", wollte der Wirt nun den Gästen etwas erklären. „Er heißt Til Eulenspiegel."

„Man kennt ihn schon", sagte einer der gut gekleideten Männer. „Er tritt auf den Markplätzen und Straßen auf und erzählt böse Geschichten. Über uns, die guten Bürger, macht er sich öfter lustig. Es wäre besser, wenn du ihn jetzt davonjagst", empfahl dieser Mann dem Wirt.

"Ja, scher dich raus!", schrie der Wirt nun Til an. „Hier ist kein Platz für dich – einen Kasper! Hier sind die guten Bürger der Stadt!"

„Ich will aber was essen", sagte Til.

„Was willst du denn essen?“, fragte ihn der Wirt.

„Eine Gemüsesuppe ohne Fleisch.“

„Hast du einen Pfennig?“, fragte der Wirt wieder bös, aber auch gierig.

Til holte aus der Tasche einen Pfennig und zeigte ihn vor allen.

Dem Wirt blitzten die Augen und er sagte zu Till: „Gut! Dann geh in die Küche und bestelle und hole das auch selbst. Für dich wird hier niemand kellnern.“

Til ging in die Küche und wollte schon die Gemüsesuppe bestellen, merkte aber, dass keiner auf ihn achtete, denn es war viel los: Einige Köche brieten Gänse und Hennen, die anderen Schweinestücke mit Zwiebeln, die dritten kochten Kartoffeln, Eintöpfe und Suppen.

Til stand in der Küche und beobachtete das alles lange und schaute der Kellnerin Elsa nach, wenn sie mit den vollen Tabletts zu den Gästen ging und ihre großen, runden Hüften bewegen ließ.

Til wollte gehen, doch der Wirt hielt ihn vor der Tür auf.

„Hast du schon für die Gemüsesuppe bezahlt?“, fragte ihn der Mann.

„Ich habe aber keine Gemüsesuppe gegessen“, antwortete ihm Til.

„Du siehst aber ganz satt und zufrieden aus“, sagte der Wirt. „Aha! Du hast die Gemüsesuppe gefressen und willst aber nicht dafür bezahlen! Mit mir geht das nicht! Du muss mir einen Pfennig für die Gemüsesuppe bezahlen!“

„Ich habe keine Gemüsesuppe bestellt und gegessen, Herr Wirt!“ Till wollte den Wirt überzeugen.

„Aber warum siehst du so satt und zufrieden aus? Was machtest du die ganze Zeit hier?“

„Ich wurde satt, weil ich das Braten und Kochen in der Küche beobachtete und die Düfte roch."

„Du musst mir trotzdem einen Pfennig zahlen!", sagte der gierige Mann.

„Gut, wenn das so ist", sagte Til. „Du kriegst dein Geld auch so, wie ich dein Essen gekriegt hatte."

Nach diesen Worten ließ er einen Pfennig auf den Boden fallen. Der Wirt griff schnell nach dem Geld, aber sein Bauch störte ihn, dieses zu heben. Und bald darauf war der Pfennig wieder in Tils Hand.

„Ich habe das Braten und Kochen in der Küche gesehen und den Duft genossen. Du hast meinen Pfennig wiedergesehen und dessen Klang gehört. So sind wir beide quitt! Ich gehe schon, adieu!", sagte Till und ging.

Der Wirt folgte ihm nach, aber nach kurzem Rennen atmete er schwer, blieb stehen und schrie dem jungen Mann hinterher: „Du wirst mir diesen Pfennig sowieso bezahlen! Wenn ich dafür auch ins Gericht gehen muss, du blöder Kasper!"

Nach einigen Tagen brachte man Til ein Schreiben vom Gericht. Er musste bald auf einer offenen Gerichtsversammlung erklären, warum er an den Wirt nicht einen Pfennig für das Essen bezahlt hatte.

Als der Wirt gehört hatte, dass nach seiner Anklage eine offene Gerichtsversammlung auf dem Gerichtsplatz stattfinden würde, rannte er sofort zum Richter.

„Herr Richter!", sagte der Wirt. „Stimmt es, dass es zu einer offenen Gerichtsversammlung gegen Eulenspiegel kommt? Dann wird ganz Köln dort sein. Eulenspiegel ist ein Kasper, den man in der Stadt gut kennt; er kann das

in eine Vorstellung wie auf dem Marktplatz verwandeln."
„Keine Angst, Herr Wirt!" Der Richter wollte ihn beruhigen. „Hier braucht man wirklich ein offenes Gericht: Das Volk muss die Kraft des Gesetzes spüren, es muss sehen, wie ein Verbrecher gerecht betraft wird, damit es sich immer im Zaum hält. Sonst muss Eulenspiegel für sein Essen bezahlen, es ist ganz gleichgültig, ob er ein Kasper ist oder ein Narr. Vor dem Gesetz sind alle gleich! Und nicht nur das, er muss viel mehr bezahlen: Für die Störung und den Schaden für Ihr Wirtshaus..."

„Oh das ist richtig! Das ist gut!", schrie der Wirt vor Freude. „Er muss mir viel mehr bezahlen. Für alle Störungen und Schäden!"

„Er muss auch alle Gerichtskosten übernehmen." Der Richter zeigte auf seinen Tisch und die darauf liegenden Papiere.

„Woher hat der Kerl denn aber so viel Geld?" Die letzte Aussage des Richters brachte den Wirt zum Zweifeln. „Er ist nur ein Geselle!"

„Es ist nicht wichtig, wer er ist!", sagte der Richter feierlich. „Vor dem Gesetz sind alle gleich!"

Die Antwort des Richters erfreute den Wirt wieder sehr und er kehrte gut gelaunt ins Wirtshaus zurück.

Am genannten Tag war auf dem Gerichtsplatz die ganze Stadt versammelt: Viele dachten, dass Eulenspiegel hier die nächste Vorstellung gibt. Als Til selbst zum Gericht kam, sah er, dass ihm das Gesicht des Richters bekannt vorkam. Dann konnte er sich an diesen Mann erinnern. Til sah es öfter aus dem Fenster, wie dieser Mann mit einem teuren und wundervoll ausgestatteten Pferdewagen vorm Wirtshaus vorfuhr. Er war also auch ein Kunde des Wirts! Und er kam nicht alleine, immer mit einer Dame. Hier fiel ihm gerade etwas ein: Der Richter wurde aber öfter von verschiedenen Damen begleitet. Aha!

„Verehrter Wirt!", eröffnete der Richter. „Sie haben eine Klage gegen Til Eulenspiegel erhoben. In Ihrer Klage geht es ums Folgende: Vor einer Woche sollte Til Eulenspiegel, der als Kasper auf dem Kölner Marktplatz auftritt – sonst ist er aber der Geselle bei einem Schmied – ins Wirtshaus kommen und eine Gemüsesuppe bestellen. Danach sollte er aber es verweigert haben, für sein Essen zu bezahlen. Stimmt das, verehrter Herr Wirt?"

„Ja, verehrter Herr Richter, das stimmt!", antwortete der Wirt.

„Dadurch sollte es zur Störung der Arbeit im Wirtshaus kommen und dort Schaden verursachen", setzte der Richter fort. „Der verehrte Wirt behauptet, dass Eulenspiegel ihm zwanzig Gulden für alles bezahlen muss. Ist das so?"

„Nein, verehrter Richter", sagte der Wirt. „Es müssen mindestens hundert Gulden für die Schäden sein, die ich durch Eulenspiegel erlitten habe. Ich bin aber großzügig, deswegen bin ich auch mit fünfzig Gulden als Schadenersatz einverstanden."

„Wenn das Gericht feststellt, dass Eulenspiegel schuldig ist", erläuterte der Richter, „muss er außerdem die Gerichtskosten übernehmen, die einhundertzwanzig Gulden betragen. Noch fünfzig Euro an Herrn Wirt, also dann insgesamt einhundertsiebzig Gulden bezahlen. Aber es gibt noch weitere Kosten für das Gericht und deswegen müssen zusätzlich dreißig Gulden dazu kommen. Insgesamt muss dann Eulenspiegel zweihundert Gulden zahlen, wenn er schuldig gesprochen wird".

„Wo nimmt aber Eulenspiegel so viel Geld?", fragte ein älterer Herr aus der Menge. „Er ist nur ein Geselle, haben Sie selbst gesagt".

Der Richter antwortete ihm ruhig: „Wenn seine Schuld bewiesen wird, werden in diesem Fall vom Gericht zwei Vollstrecker gestellt, die Eulenspiegels Einkommen begutachten und ihm alles kupieren werden, was er verdienen wird, falls er diesen Betrag nicht sofort bezahlen kann."

„Das wäre sehr gerecht", sagte Wirt mit Freude.

„Verehrter Herr Wirt", sagte der Richter jetzt zu ihm, „aber bevor das Gericht ein endgültiges Urteil verabschiedet, möchte ich die Zeugen hören und dann auch den beiden Seiten das Wort geben. Wen haben wir hier als Zeuge? Ist der Wirtsknecht Johan hier?"

„Verehrter Richter!", sagte der Wirt. „Johan ist nicht da. Wer soll dann das Wirtshaus betreiben, während ich hier bin? Johan ist heute für den Wirt im Wirtshaus."

„Gut!", sagte der Richter. „Angenommen. Es gibt also keine Zeugen."

„Ich bin die Zeugin, verehrter Richter!", rief Elsa von ganz hinten.

„Ja? Warst du an diesem Tag dabei? Hast du etwas davon gesehen und gehört, was zwischen dem Wirt und Kasper Eulenspiegel gelaufen war?", fragte der Richter.

„Ja, verehrter Richter!", antwortete Elsa. „Ich war an diesem Tag im Wirtshaus und habe davon etwas gesehen und gehört, was zwischen dem verehrten Wirt und Kasper Eulenspiegel gelaufen war."

„Was machst du hier, Elsa?", fragte jetzt der Wirt sehr empört. „Wer macht deine Arbeit im Wirtshaus?"

„Johan ist heute für Sie und mich im Wirtshaus geblieben", antwortete ihm Elsa ruhig.

„Nein, so geht es nicht!", schrie der Wirt wieder empört. „Ich habe es dir nicht erlaubt, in der Arbeitszeit her zu kommen! Jetzt marsch ins Wirtshaus! Zur Arbeit! Du hast hier nichts zu suchen! Warte noch: Ich schmeiße dich raus aus dem Wirtshaus, du Faulpelz!"

„Dann kommen wir nicht mehr in dein Wirtshaus!", sagten daraufhin viele anwesende Männer. „Wenn Elsa nicht mehr dort ist, dann gehen auch wir woanders hin!"

„Verehrter Herr Wirt!", sagte der Richter. „Wenn Elsa schon da ist, soll sie dann als Zeugin das sagen, was sie an dem Tag gesehen und gehört hatte."

Dann sagte der Richter laut nach hinten: „Die Zeugin Elsa! Komm bitte nach vorne!"

Elsa bewegte sich durch die versammelten Zuschauer zum Richter. Es war allerdings für sie nicht leicht. Die Männer fassten sie an ihren großen Hüften und Brüsten an, knabberten, kniffen und zwickten sie; die arme Elsa musste sich immer wieder von denen befreien und schreien: „Lasst mich los! Hand weg! Finger weg! Ah-ah! Das tut aber weh, du Schamloser! Lasst mich durch!"

Als sie endlich vor dem Richter stand, sagte er ihr: „Sprich es mir nach: Ich schwöre bei Gott, die Wahrheit und nur die Wahrheit zu sagen!"

Elsa wiederholte es und erzählte: „Ich wunderte mich sehr, als ich Eulenspiegel ins Wirtshaus kommen sah. Ich bin ihm vorher dort nie begegnet. Er sprach mit Johan und fragte ihn, was eine Gemüsesuppe koste, dann wollte er eine ohne Fleisch für einen Pfennig bestellen. Der Herr Wirt hörte das und sagte ihm, dass er selbst in die Küche gehen und seine Suppe bestellen müsse. Sonst würde niemand für ihn kellnern. Eulenspiegel stand lange in der Küche und ging dann raus, ohne die Suppe zu bestellen. Als der Herr Wirt von ihm das Geld für die Suppe verlangte, warf Eulenspiegel einen Pfennig auf den Boden und sagte: ‚Ich habe es nur gesehen und gerochen, was in deiner Küche vorbereitet wird. Du hast jetzt auch den Klang von meinem Pfennig gehört. So sind wir quitt'. Er sagte das und ging wieder raus."

„Gut, Elsa!", sagte der Richter. „Du kannst jetzt gehen. Ich möchte das hören, was der Kläger und der Angeklagte dazu sagen. Bitte, verehrter Herr Wirt!"

„Dieser Eulenspiegel, dieser Kasper ist ein Betrüger!", fing der Wirt an. „Er hat mir das Essen nicht bezahlt, die ganze Arbeit in der Küche eine lange Zeit gestört und dadurch meinem Wirtshaus große Schäden zugefügt. Deswegen verlange ich von ihm für alles fünfzig Gulden!"

„Was sagst du dazu, Eulenspiegel?", fragte der Richter jetzt Til.

Als Til nach vorne kam, jubelte das ganze Publikum; alle Männer und Frauen, Kinder und Erwachsenen schrien laut: „Eulenspiegel! Eulenspiegel!"

Til stand mit dem Gesicht zum Publikum und sagte: „Jetzt will ich den verehrten Richter selbst fragen: Kann es dasselbe sein, wenn man nur das Essen riecht oder etwas wirklich isst und dadurch satt wird? Deswegen bot ich dem verehrten Wirt als Ausgleich, den Klang von meinem Pfennig zu hören dafür, dass ich vom Essensgeruch satt geworden war! Oder ist es das gleiche, wenn man eine Frau nur am Hintern knabbert oder mit dieser Frau wirklich schläft?“

„Du Kasper!“, schrie der Richter sehr empört. „Das Gericht ist für dich kein Marktplatz, wo du alles Mögliche sagen kannst, was dir einfällt. Sei sachlich und deutlich!“

„Verehrter Richter! Es gibt aber die Männer, die eine Frau nur am Hintern knabbern, und es ist genug für sie, und es gibt die Männer, die mit der Frau schlafen und es ist nicht genug für sie; diese wollen mit mehreren Frauen schlafen. Ich kann auch sagen, wie diese Frauen aussehen.“

Der Richter hatte verstanden. Dieser Kerl weiß etwas davon, dass er sich mit mehreren Frauen trifft. Wenn er das vor dem Volk sagt, wird das für ihn in der ganzen Stadt zur großen Peinlichkeit. Er würde dadurch sein Amt verlieren, denn jemand mit so einem Ruf kann nicht mehr Richter sein.

„Du hast Recht, verehrter Eulenspiegel!“, sagte der Richter. „Das war schon ein Gleichgewicht, wenn du den Wirt den Klang von deinem Pfennig hören ließest. Und das war eine Verleumdung seitens des Wirtes dir gegenüber. Für die Verleumdung gibt es auch eine Bestrafung. Jetzt kündige ich das endgültige Gerichtsurteil für den Tatbestand: Da der Wirt den verehrten Eulenspiegel verleumdet hat, muss der Wirt dem verehrten Eulenspiegel zweihundert Gulden bezahlen. Hingegen schuldet der verehrte Eulenspiegel dem Wirt nichts, weil er schon vorher in von ihm erklärter Weise den Ausgleich für seinen Besuch im Wirtshaus erbracht hatte. Der Wirt muss auch dafür bezahlen, dass er das Gericht zu verwirren versuchte, also muss der Wirt auch alle Gerichtskosten übernehmen. Ans Gericht muss er alles zusammen fünfhundert Gulden zahlen, insgesamt wird von ihm siebenhundert

Gulden verlangt. Es werden zwei Gerichtsvollstrecker gestellt, wenn er den ganzen Betrag nicht sofort bezahlt. Es wird sein ganzes Einkommen und Eigentum überprüft und daraus der gesamte Betrag genommen. Das ist ein endgültiges Urteil und es kann keine Klage dagegen erhoben werden."

„Nein", flehte der Wirt den Richter an. „Bitte schicken Sie zu mir keine Vollstrecker. Ich schicke morgen früh mit meinem Knecht Johan siebenhundert Gulden."

Alle lachten und jubelten wieder.

„Eulenspiegel! Eulenspiegel!", schrien alle.

Und Til lächelte nur und kündigte an, wovon er morgen auf dem Marktplatz erzählen wird.

Vougar Aslanov wurde 1964 in der Stadt Geranboj in Aserbaidschan geboren. 1990 absolvierte er die Staatsuniversität Baku im Fach Literaturwissenschaften. 1990-1997 – war er als Autor und Publizist für mehrere Literaturzeitschriften und Zeitungen in Baku tätig.

Seit 1997 lebt er in Deutschland, machte einen Magister-Abschluss an der J. Gutenberg-Universität Mainz im Fach Slawistik. Viele Jahre war er freier Mitarbeiter von mehreren deutschen Zeitungen und Zeitschriften, darunter Frankfurter Rundschau, Frankfurter Neue Presse, Thüringer Allgemeine, Wostok usw.

Seit Jahren ist Aslanov als deutschsprachiger Autor tätig, mehrere seiner Erzählbände und historischen Romane wurden in deutschen Verlagen veröffentlicht.

In diesem Buch der Edition Ourbird werden Aslanovs Erzählungen aus seiner Mythen-Sagen-Märchen-Reihe dargestellt, die der Autor nach den Motiven der alten Überlieferungen aus verschiedenen Ländern und Epochen entwickelt hat. Aslanov ist überzeugt, dass diese Reihe dazu dienen kann, dass die Menschen aus verschiedenen Kulturkreisen eine bessere Verständigung und ein besseres Zusammenleben miteinander haben.

BEREITS ERSCHIENEN IN DER EDITION OUTBIRD:
Florentine Joop & Holger Much - So weit die Flügel tragen...

Der literarische Briefwechsel von Florentine Joop und Holger Much geht weiter. Herr von Ableben und der stille Wanderer haben neue Begleiter bekommen, Reisen wurden unternommen, Kinder wuchsen ein Stück heran, eine Freundschaft geht in die Tiefe. So ist auch das Märchen, das sich die beiden im neuen Buch erzählen, wagemutiger, rasanter, stürmischer. Fast meint man die Raben zu hören, das Meer zu riechen, und atemlos und mit Spannung hofft man, dass am Ende alles gut wird.

Ein alter todmüder Mann und das Meer, doch das ist nur der rabenschwarze Anfang einer rasanten Abenteuerreise von Raban und Kareen auf Rabenschwingen durch die Welt der Rabenkönige, des Meervolkes, der Luftgeister bis hoch hinauf zum Turm der Zeit.

Und wenn sie nicht gestorben sind, dann kann man ihr sehnsüchtiges Rufen immer noch hören, wenn im Frühling die Raben singen.

ISBN: 978-3-948887-69-8 | eBook: 978-3-948887-72-8
Preis: 18,50 € | eBook: 9,99 €

Erhältlich im gut sortierten Buchhandel sowie unter **shop.outbird.net**

BEREITS ERSCHIENEN IN DER EDITION OUTBIRD:
Pia Lüddecke - Transmission

Sommer 2010. Roman Engel schlägt die Zeit mit knüppelharter Musik und Killerspielen tot. Beim Hochschulsport begegnet ihm Julia. Sie ist aufregend anders und begeistert sich sogar für schwedischen Prog Metal! Roman schwebt auf rosa Wolken – bis er ihr Geheimnis erfährt: Julia hieß ursprünglich Julian, sie wurde als biologischer Junge geboren und wünscht sich eine geschlechtsangleichende Behandlung. Ein rätselhafter therapeutischer Rat schickt das ungleiche Paar auf eine Odyssee durch das nächtliche Ruhrgebiet.

„Transmission" ist eine tragikomische Lovestory und ein rasanter Roadtrip, der in einem Fechtturnier auf der Autobahn gipfelt. Einmal mehr setzt Pia Lüddecke ihre Leserschaft unter eine kaum auszuhaltende Spannung, die erst am Ende ihre Erlösung findet.

ISBN: 978-3-948887-73-5 | eBook: 978-3-948887-75-9
Preis: 17,00 € | eBook: 7,49 €

Erhältlich im gut sortierten Buchhandel sowie unter **shop.outbird.net**

BEREITS ERSCHIENEN IN DER EDITION OUTBIRD:
Ulrike Serowy - Highway to Hel

Der sympathische Bummelstudent Max hat einen makabren Nebenjob: Er sieht Toten beim Totsein zu. Eines Tages gerät er in eine besonders bizarre Lage: Eine junge Frau wacht in ihrem Sarg auf und Max ist der Einzige, der ihr helfen kann. Von da an gilt es für die beiden, ein paar lebenswichtige Fragen zu klären: Was hat Claire überhaupt in diesem Sarg zu suchen? Was ist dieser Vegvísir, der andauernd auftaucht? Und warum sollte man im Jenseits immer eine Salami zur Hand haben? Auf der Jagd nach Antworten geraten die beiden immer wieder in skurrile Situationen und reisen von Köln über Berlin bis nach Island, wo sie bis in die Totenwelt hinabsteigen müssen, um Claire ganz zurück ins Leben zu holen.

In ihrem Roman „Highway to Hel", einmal mehr dem Thema Grenzgang gewidmet, schlägt Ulrike Serowy eine Brücke zwischen den weltlichen Problemen der irgendwie untoten Claire und ihres Retters Max, und dem Helheim als Ziel einer Reise, ohne die es für Claire keine Erlösung geben würde.

ISBN: 978-3-948887-58-2 | eBook: 978-3-948887-68-1
Preis: 17,00 € | eBook: 7,49 €

Erhältlich im gut sortierten Buchhandel sowie unter **shop.outbird.net**

Ihnen hat dieses Buch gefallen?
Empfehlen Sie es gern weiter - vielen Dank!

Außerdem (im Onlineshop) erhältlich:
Fenster zur Nacht - Die Klangarchive der Edition Outbird
mit Kelpy feat. Luci Van Org, Gruftschlampen, 45 Colors u.v.m.